江苏省高等学校重点教材(编号：2021-2-259)

新文科背景下
语文课程与教学论新编

主编 史成明 刘艾清
参编 （按音序排列）
　　　崔秀兰　丁学松　黄友芹　孔凡成
　　　刘艾清　马　磊　史成明　韦存和

东南大学出版社
·南京·

图书在版编目(CIP)数据

新文科背景下语文课程与教学论新编/史成明,刘艾清主编. —南京：东南大学出版社,2022.12
ISBN 978-7-5766-0543-3

Ⅰ.①新… Ⅱ.①史… ②刘… Ⅲ.①语文教学-教学研究-高等学校 Ⅳ.①H193

中国版本图书馆 CIP 数据核字(2022)第 247859 号

新文科背景下语文课程与教学论新编
Xinwenke Beijing Xia Yuwen Kecheng Yu Jiaoxuelun Xinbian

主　　编：	史成明　刘艾清
出版发行：	东南大学出版社
社　　址：	南京四牌楼 2 号　邮编：210096　电话：025-83793330
网　　址：	http://www.seupress.com
电子邮件：	press@seupress.com
出 版 人：	白云飞
经　　销：	全国各地新华书店
印　　刷：	江阴金马印刷有限公司
开　　本：	700 mm×1 000 mm　1/16
印　　张：	15.25
字　　数：	290 千字
版　　次：	2022 年 12 月第 1 版
印　　次：	2022 年 12 月第 1 次印刷
书　　号：	ISBN 978-7-5766-0543-3
定　　价：	56.00 元

本社图书若有印装质量问题，请直接与营销部联系。电话(传真)：025-83791830。

责任编辑：刘庆楚　责任校对：子雪莲　封面设计：毕真　责任印制：周荣虎

自　序

"语文课程与教学论"教材,是汉语言文学(师范)专业必修课程如"语文教学论""语文课程与教学论"等的教学用书。该教材主要目的是引导语文师范生掌握基础教育语文课程改革发展的关键理念、教学设计、教学策略等内容。不同历史时期,语文课程与教学论的理论与实践研究者们,出版过多个版本的教材。进入 21 世纪 20 年代后,随着信息技术的迅猛发展及其对教育的深远影响、新文科理念的提出、核心素养课程改革的推进、中高考改革等新形势,急切需要更新语文课程与教学论的知识体系,纳入最新理论和实践成果,以使所培养的语文师范生能够跟上基础教育改革的步伐。因此,有必要新编语文课程与教学论的新教材。这本《新文科背景下语文课程与教学论新编》聚焦新文科视角,吸纳语文课程改革的前沿要求和最新研究成果,与已有相关教材可相互补充。

一、新编依据

2019 年 4 月,教育部、科技部等 13 个部委在天津正式启动"六卓越一拔尖"计划 2.0,"发展新工科、新医科、新农科、新文科,推动全国高校掀起一场'质量革命'"。2020 年,教育部发布了《新文科建设宣言》。在新文科背景下,本教材新编的依据包括以下几个方面。

(一) 依据高等教育本科高质量发展的内在要求

2018 年,为了全面贯彻习近平新时代中国特色社会主义思想和党的十九大精神,教育部召开新时代全国高等学校本科教育工作会议,提出"高教大计、本科为本,本科不牢、地动山摇",全面推进"回归常识、回归本分、回归初心、回归梦想"的"四个回归",全面重塑本科教育教学新形态[1]。当前与新文科高度相关

---

[1] 中华人民共和国教育部.坚持以本为本　推进四个回归　建设中国特色、世界水平的一流本科教育[EB/OL].(2018-06-21)[2022-10-30].http://www.moe.gov.cn/jyb_xwfb/gzdt_gzdt/moe_1485/201806/t20180621_340586.html.

的"四+"(+现代信息技术、+学科交叉融合、+中国实践、+国际视野)改革正推动本科教育向高质量发展深度迈进。

"语文课程与教学论"作为汉语言文学(师范)专业主干课程的教材,承担培养未来语文教师的重任,应该融入新文科背景下的新理念、新要求,重构课程模块和教学内容,满足职前教师教育高质量发展的内在要求。

(二)依据我国新文科人才培养的新形势

我国随着"四新"(新工科、新医科、新农科、新文科)建设工程的稳步实施,2020年发布了《新文科建设宣言》,2021年发布了《新文科研究与改革实践项目指南》,不断探索构建具有世界水平、中国特色的文科人才培养体系,着力培养知中国、爱中国、堪当民族复兴大任的新时代文科人才,旨在传承与发展光耀世界、光耀时代的中华文化。

《新文科建设宣言》提出坚持"尊重规律、立足国情、守正创新、分类推进""构建世界水平、中国特色的文科人才培养体系"的建设任务,要求文科教育必须加快创新发展。作为汉语言文学(师范)专业的主干课程,"语文课程与教学论"教材必须顺应新时代、新文科的发展要求,进行课程提质、模式创新、内容更新、方法革新,从而走出一条中国特色的文科教育教改之路。

(三)依据基础教育语文学科改革的新发展需求

21世纪以来的基础教育和语文学科课程改革不断深化。从国家文件来看,《普通高中语文课程标准(2017年版)》《义务教育语文课程标准(2022年版)》的颁布,标志着语文核心素养改革全面实施;从教材使用来看,统编版教材在全国的统一使用,标志国家对母语课程教育的严格管理;从教学和考试改革来看,凸显学科学习与学生生活的关联,强调在情境中开展语文学科的教学与评价实践。总之,当前语文课程已经在理念、课程、教材、教学、评价等多个方面发生了深刻的变革,语文课程与教学改革也取得了一系列的成果。这些基础教育改革的理论与实践,重视文化传承和中国元素运用,重视新技术和语文学科深度融合,重视以生为本的教学方式变革,重视学生核心素养和关键能力的习得和养成,也契合新文科背景下的新语文教学需求。所有这些内容,都需要在培养师范生的教育教学中总结、反思和引领。

在此背景下,高等教育的课程和教材建设不能缺位。"语文课程与教学论"作为具有理论引领和实践指导意义的汉语言文学(师范)主干课程,更应该与时俱进,从而能更好地把全球发展尽收眼底,把中国发展刻在心里,把本科发展担在肩上,把语文发展落在脚下。

二、改革思路

立足新文科背景,关照职前语文教师培养改革,从以下方面思考《新文科背景下语文课程与教学论新编》教材。

(一) 新文科建设与时代新人培养目标相结合

时代新人培养是新文科和语文学科教育的应有之义。引入新文科背景,有利于明晰语文学科教育培养目标,提高语文学科育人站位,提升语文学科教学的有效性和针对性,拓宽语文学科教育的广度、厚度和深度,增强语文学科教育培养时代新人的使命感,对语文课程与教学"培养什么人""为谁培养人""如何培养人"给出明确的答案,从而对语文课程与教学的改革方向,具有引领性意义和价值。

(二) 新文科建设与专业教育相结合

围绕语文课程与教学的课程标准、核心模块,深度探索语文课程与教学中的理念、阅读、写作、实践性活动、大单元教学、支架式教学、教学评价、教师专业发展等内容,在新文科背景下发生的应然和实然变化,在潜移默化中融入新文科、新时代元素。

(三) 新文科建设与语文学科实践性相结合

新文科建设强调"学科交叉融合",强调在具体的"中国实践"中习得未来社会需要的核心素养。在语文课程与教学中,坚持在丰富鲜活的语文实践(如当代中国文化实践生活、未来社会语文生活)中去实现文史哲的交叉、文与理的融合,是语文课程与教学在新时代的新探索,也是融通学生学习、生活和社会的新突破,还是打通过去、现在、未来界限的新平台。

(四) 新文科建设与新技术应用相结合

新技术和语文学科深度融合,是语文课程与教学改革中的重要内容。新文科特别强调通过新技术应用推进学习革命,通过改变"教""学""生态",来实现从"教师教"为中心到"学生学"为中心的转变,这些为新技术与语文课程和教学深度有机融合提供了理念和实践的有益借鉴。

(五) 新文科建设与优秀教材建设相结合

新文科建设重视教学内容优化和教材质量提升,强调推动习近平新时代中国特色社会主义思想进教材,强调"讲好中国故事,传播中国声音",希望充分反映时代发展最新要求、学科专业发展最新进展、学科教育教学改革最新成果等,以此来指导语文课程教材建设,凸显语文教材建设的高度,从而更好地提升语文课程与教学质量。

三、主要特色

新编教材填补了新文科背景下语文课程与教学论教材的空白,有助于新文科的研究与改革在职前教师教育领域落地生根。

(一)体现"守正"与"创新"的追求

"守正"体现在:(1)回归常识,遵循教育学和语文学科本身的相关规律、原理,重视学习者的学习和心理特点;(2)回归本分,遵循教材的常规编写体例,重视理论引领和案例展示;(3)回归初心,遵循教师立德树人和学科育人常识,探索语文教师专业发展的途径和策略。

"创新"体现在:(1)彰显新文科的学科交叉融合。创新"语文课程与教学论"教材中的阅读、写作两个模块的内容、理念、教学设计、教学案例等方面,如跨媒介阅读、整本书阅读、微写作、任务型写作和创意写作。(2)彰显新文科的新技术应用。创新利用新技术和语文学科教与学深度融合的路径,如"智慧中小学"平台、语文教育相关的优质网络资源、智慧教学等,引发语文学科"学习的革命"。(3)彰显新文科的中国实践。增加了"新实践活动类教学"模块,如新闻阅读采访写作类、家乡文化生活两个实践活动单元,充分体现了语文学科实践特征,打破了语文学习边界。(4)彰显新文科的国际视野。纳入了语文课程改革的大单元教学、支架式教学等母语教学实践,拓宽了语文课程与教学论的视野。

(二)遵循理论与实际结合的编写思路

新编教材将"新时代、新文科、新视野、新语文"的编写理念贯穿全书章节。首先,理论探寻。在探索新文科的相关理念及其对语文课程与教学改革的影响后,深度探讨了新文科背景下语文课程改革及其新理念。其次,实践探索。对新文科背景下语文课程与教学论的核心内容展开分析,覆盖了阅读、写作、实践教学、教学评价和教师专业发展等内容,体现了理实一体的编写理念。

四、内容分工

《新文科背景下语文课程与教学论新编》教材由主编史成明、刘艾清规划整体思路,拟写提纲。全书各章的编写分工如下:史成明(盐城师范学院)撰写第一章、第二章;崔秀兰(佳木斯大学)撰写第三章;刘艾清(盐城师范学院)撰写第四章、第九章;韦存和(盐城市大丰区实验初级中学)撰写第五章;黄友芹(盐城市东台实验初级中学)撰写第六章;丁学松(安徽省合肥市第三十五中学)撰写第七章;马磊(盐城师范学院)撰写第八章;孔凡成(淮阴师范学院)撰写第十章、第十一章。

  最后由史成明、刘艾清完成全书统稿工作。感谢编写团队各位老师的智慧和辛苦工作。感谢东南大学出版社的各位编辑为本书的出版付出的辛勤劳动。限于时间和知识局限等原因,书中存在的疏漏之处,恳请读者批评指正,在此深表感谢!

史成明　刘艾清

盐城师范学院文学院

2022 年 10 月

目　录

第一章　新文科与语文教育 …… 1
第一节　新文科的内涵和特点 …… 1
第二节　新文科建设的意义 …… 5
第三节　新文科建设的价值 …… 6
第四节　新文科建设对语文教育的影响 …… 8

第二章　新文科背景下的语文课程改革 …… 12
第一节　21世纪语文课程改革的发展历程 …… 12
第二节　21世纪语文课程改革成就 …… 16
第三节　新文科背景下语文课程改革趋势 …… 20

第三章　新文科背景下的语文课程改革新理念 …… 24
第一节　增强文化自信，坚持立德树人 …… 24
第二节　立足核心素养，强调跨界与深度 …… 30
第三节　坚持实践导向，面向致用和顺应 …… 34
第四节　紧扣时代发展，彰显开放及多元 …… 39
第五节　注重质量水平，体现分层分类 …… 44

第四章　新文科背景下的新阅读教学 …… 50
第一节　整本书阅读教学 …… 50
第二节　跨媒介阅读教学 …… 63

第五章　新文科背景下的新写作教学 …… 76
第一节　微写作教学 …… 76
第二节　任务型写作教学 …… 86
第三节　创意写作教学 …… 96

第六章　新文科背景下的新实践活动类教学 … 102
　　第一节　新闻阅读采访写作活动单元教学 … 103
　　第二节　家乡文化生活实践活动单元教学 … 114

第七章　新文科背景下的大单元教学 … 126
　　第一节　大单元教学概述 … 126
　　第二节　大单元教学设计的依据及步骤 … 133
　　第三节　新文科背景下语文大单元教学策略 … 139
　　第四节　新文科背景下的大单元教学案例 … 141

第八章　新文科背景下的支架式教学 … 148
　　第一节　支架式教学概述 … 148
　　第二节　语文课程中的支架类型 … 153
　　第三节　语文课程中支架式教学的实施程序 … 158
　　第四节　语文课程中支架式教学的案例评析 … 162

第九章　新文科背景下新技术与语文学科的融合 … 169
　　第一节　新技术与语文学科融合的理念 … 169
　　第二节　新技术与语文学科融合的策略 … 175
　　第三节　新技术与语文学科融合的案例 … 177
　　第四节　新技术与语文学科融合实施的注意点 … 183

第十章　新文科背景下的新语文教学评价 … 185
　　第一节　新文科背景下新教学评价的基本理念 … 185
　　第二节　新文科背景下课堂教学评价的特点与类型 … 188
　　第三节　新文科背景下新语文教学评价举隅 … 194

第十一章　新文科背景下的语文教师专业发展 … 203
　　第一节　新文科背景下语文教师专业发展概述 … 203
　　第二节　新文科背景下语文教师专业发展过程 … 208
　　第三节　新文科背景下语文教师专业发展取向 … 215
　　第四节　新文科背景下卓越教师专业发展策略 … 218

参考文献 … 227

第一章　新文科与语文教育

正如英国大文豪狄更斯在他的名著《双城记》中说的:"那是最美好的时代,那是最糟糕的时代。"①"最美好的时代"指的是现在——以互联网产业化、工业智能化为标志的第四次科技革命和人力资源"云服务"3.0时代,带来了重大的发展机遇和弯道超车、跨越式发展的可能性。"最糟糕的时代"指的是现在到了百年未有之大变局,出现了太多的不确定性和变数,一不留神,就可能被甩出时代发展的轨道之外。在这个重大的机遇和严峻的挑战面前,为了主动把握新的科技革命和社会变革带来的机遇,适应百年未有之大变局带来的挑战,我国出台了一系列行之有效的政策。2018年8月,在全国教育大会召开之前,中共中央正式提出"高等教育要努力发展新工科、新医科、新农科、新文科"。2019年4月,教育部、科技部等13个部委在天津正式启动"六卓越一拔尖"计划2.0,发展新工科、新医科、新农科、新文科,推动全国高校掀起一场"质量革命"。2020年,教育部发布了《新文科建设宣言》。

新文科的提出,对高校语文师范生培养,对中小学语文教育教学的教学内容、教学方法、教学评价等,对中小学语文教师专业发展,都产生了重大影响。

第一节　新文科的内涵和特点

一、新文科的内涵

"新文科"一词起源于国外,国内部分学者认为该词是由美国希拉姆学院于

---

① 狄更斯.双城记[M].宋兆霖,译.北京:作家出版社,2015:2.

2017年率先提出的。但经学者赵奎英考证,据美国学者希拉·托拜厄斯的《回顾1980—1990年的新文科倡议》报告,1980年斯隆基金会针对美国人文学科出现的危机,就提出了新文科倡议,并实施了一系列的课程和项目。2017年,美国希拉姆学院对学院课程和专业进行重组,力图打破课程界限,进行跨学科学习,使其"成为一个综合学习、高影响力经历和正念技术的典范"[1]。此次实践获得巨大成功,也使"新文科"概念广为人知。因此,部分学者在谈到"新文科"这一概念的起源时,认为其来源于希拉姆学院,实际上"新文科"的实践在美国已经有40余年的发展历史了。

"新文科"一词在我国正式提出是在2018年8月的全国教育大会会前文件中,文件针对国内需求和国际形势,强调要发展"新工科、新医科、新农科和新文科"的"四新"专业。自此,我国的新文科建设正式拉开序幕。经过比较可以发现,虽然国内外都提出了"新文科"的概念,但两者不可一概而论,它们有着不同的背景和语境,"我国的新文科建设是结合我国国情和需求而提出的一种具有'中国本土特色'的全新的'新文科'"[2]。

目前,国内学界对于我国的"新文科"并没有给出统一明确的概念,权威专家们从不同角度对"新文科"的内涵做出了不同角度的阐释。教育部前部长陈宝生从时代发展需求角度对"新文科"的内涵作了阐述:"新文科是发展社会主义先进文化的重要载体,要把握好新时代哲学社会科学发展的新要求,推动哲学社会科学与新科技革命交叉融合,培养新时代的哲学社会科学家,积极投身社会主义文化强国建设,提升国家文化软实力和中华文化影响力。"[3]教育部新文科建设组组长樊丽明则从新文科建设的出发点和落脚点解释了"新文科"一词,她指出:"建设新文科就是要立足新时代,回应新需求,促进文科融合,提升时代性,加快中国化、国际化进程,引领人文社会科学新发展,从而服务于社会主义现代化国家建设中'人的现代化'建设目标的实现。"[4]也有学者将"新文科"

---

[1] 赵奎英."新文科""超学科"与"共同体":面向解决生活世界复杂问题的研究与教育[J].南京社会科学,2020(7):131.

[2] 张雷生,魏莲莲,袁红爽,等.我国新文科建设研究现状与未来趋势瞻望[J].新文科教育研究,2021(2):51.

[3] 陈宝生.掀起一场高等教育"质量革命" 助力打造"质量中国":在"六卓越一拔尖"计划2.0启动大会上的讲话[EB/OL].(2019-04-29)[2022-10-21].https://jwc.tynu.edu.cn/info/1071/1422.htm.

[4] 樊丽明,杨灿明,马骁,等.新文科建设的内涵与发展路径(笔谈)[J].中国高教研究,2019(10):10.

拆解成"新"和"文科"两个词,从两方面着手理解:"新文科之'新'主要集中在新文科要'体现中国特色,跨学科、跨地域交叉融合,更加注重人文精神和价值引领,与现代科学和信息技术相结合,理论性与实践性并重,产学研相结合'等方面"[1];而新文科的"文科"则是以"人类社会独有的政治、经济、历史、文化等为研究对象的一门学科"[2]。它在所有学科门类中占据半壁江山,对工、农、医科也产生价值引领作用。

总而言之,新文科是为回应时代和国家发展需求,推动政治、经济、历史、文化等课程内部及与其他理科课程的交叉融合,促进其与现代信息技术的深度结合,培养具有交叉学科背景的国际性人才,提升国家文化软实力,具有中国性、国际性特点的学科。

二、新文科的特点

新文科的提出是科技发展、实际需要和国情变化三者共同呼唤的结果。首先,在信息技术革命的背景下,新技术的不断出现和应用改变了传统的育人方式,为传统的课程内容、组织和实施带来新的可能;其次,随着科学技术的飞速发展,新兴技术的产生导致了传统文科岗位的替代、缩减以及新岗位的产生,社会发展需要新型文科人才;最后,我国进入新发展阶段,民族复兴进入不可逆转的历史进程。凸显中国特色,增强民族自信,创建中国话语体系,走向世界舞台是新时代文科的使命。正因如此,新文科建设以问题和需求为导向展开,具有以下特点。

(一)学科交叉

新文科的"新"最突出的特征就是多学科的交叉和融合,不断打通人文内部,人文与社科,文科与理科、工科、医科以及其他学科,乃至古今融合、中西贯通。伴随着科技的不断发展、世界格局的不断变化,社会问题也日益复杂化、综合化,传统科目界限分明、相互割裂的模式已难以培养出现代社会所需的人才。以南海争端问题为例,相关研究者以 1998—2016 年在 CSSCI 和 Web of

---

[1] 张雷生,魏莲莲,袁红爽,等.我国新文科建设研究现状与未来趋势瞻望[J].新文科教育研究,2021(2):40.
[2] 操太圣.知识、生活与教育的辩证:关于新文科建设之内在逻辑的思考[J].南京社会科学,2020(2):130.

Science 上相关的期刊和图书类引文为样本,对文献引文所涉学科进行了分析,发现所涉科目众多,如 Web of Science 上这一期间的相关文章引文就涉及政治学、法学、环境科学、军事学、经济学、能源动力学等 18 个科目。① 可见,应对国际变化、技术发展,解决复杂问题需要跨学科专业知识的整合,进行学科的交叉与融合,培养复合型、综合化的时代新人是大势所趋。

(二) 强调创新

教育部前部长陈宝生在"六卓越一拔尖"计划 2.0 启动大会上指出,新文科中"新"是"创新"的"新"。所谓创新,就是不割裂传统,就是推陈出新;就是在传统文科的基础之上,重新定义文科内涵和人才培养目标,建设新时代哲学社会科学的中国学派,以满足国家建设的需求、顺应时代和社会的需要。这种创新是在"知识生产上寻求知识的增量建设,而不是知识的存量重组"②。我国传统的文科最初是依照西方文科建设起来的,然而中国近几十年来发生的翻天覆地的变化是西方不曾经历的,中国特色愈来愈突出,发展中国自身的知识话语势在必行。

(三) 技术融合

现代信息技术的更新迭代引领着各行各业的发展与变革,新文科建设意在培养新型文科人才,面向信息技术、推进学术与信息技术的融合是其绕不开的话题。一方面,新文科建设需要面向信息技术。信息技术的发展不断改变着人们生存的现实世界,新兴行业不断产生,行业准则、行为规范的相关法律法规需要不断完善;此外,现代信息技术也冲击着人们的精神家园。互联网的发展、元宇宙的出现,创造了"此在"之外的虚拟世界。根据中国网络空间研究院在 2022 年世界互联网大会上发布的数据,截至 2022 年 6 月,我国网民规模达 10.51 亿人。互联网成为人们的精神生活空间,对人们的社会交际产生了巨大影响,需要相应的专业对人们的精神现象进行研究和解释。另一方面,新文科建设需要运用数字工具。现代信息技术赋能教育,打破时空限制,为提高教育和研究的效能提供了新方案。

(四) 问题导向

以问题为导向是新文科建设的应有之义。一方面,这是由学科设立的初心

---

① 王新才,杨千,王海宁.国内与国际跨学科研究人员文献需求的对比分析:以南海争端问题为例[J].图书情报工作,2018(5):12.
② 陈凡,何俊.新文科:本质、内涵和建设思路[J].杭州师范大学学报(社会科学版),2020(1):8.

所决定的。正如王学典先生指出的,分科是为了治学,但治学绝不是为了巩固分科,而是为了"解决问题"①。另一方面,社会对人才素养的期望,要求新文科建设以问题为导向。当今国际形势不断变化,科技革命和产业变革不断发展,要解决日趋复杂的现实问题,必须创新培养一大批国家急需的交叉型、应用型文科人才。

(五) 中国特色

中国特色是新文科的本色,建设中国特色哲学社会科学,发展中国学派,就是建设中国特色的学科体系、学术体系和话语体系,去解释中国的变迁,解决中国问题②。习近平总书记指出,中国特色哲学社会科学应体现继承性、民族性、原创性、时代性、系统性、专业性③,这正是对中国特色最精当的概括。

(六) 全球视野

此外,新文科建设要具有开放性,具备全球视野。在内容上中西贯通,培养具有全球视野、中国立场,通晓规则的高素质国际组织人才;在建设过程中灵活对待、积极加强对外合作交流,借鉴其他国家丰富的教育资源和先进的管理模式,学习其他学科建设的经验理念,灵活把握新文科建设的内涵和发展方向。

第二节 新文科建设的意义

新文科在我国的提出具有划时代变革的重要意义。

首先,新文科建设,把文科教育、文科专业建设提升到国家教育的层面,更好地回答"培养什么人"和"为谁培养人"的问题,标志着文科人才培养规格要适应时代和国家需求。传统的文科教育,特别强调清晰的学科界限。就语文学科而言,经过百年的争论,在知识取向、生活取向中最终更强调知识本位和学科本位。如《义务教育语文课程标准(2011年版)》强调培养学生的"三维目标"(知识与能力、过程与方法、情感态度与价值观),全面提升学生的语文素养,仍然偏重于语文学科"教什么"和"如何教"。而新文科和核心素养课程改革视角下的语

---

① 王学典.新文科与新时代[J].新文科理论与实践,2022(1):44.
② 樊丽明."新文科":时代需求与建设重点[J].中国大学教学,2020(5):6.
③ 习近平.在哲学社会科学工作座谈会上的讲话[N].人民日报,2016-05-19(2):5-7.

文学科教育,则突出强调"立德树人",把语文学科教学放到人才培养的高度,放到为国育才的高度,也就是"培养什么人"和"为谁培养人"的高度,然后才是"如何培养人"的问题。也就是说,语文教育首先要培育知中国、爱中国、兴中国的人,即以中华民族伟大复兴为己任的有理想、有本领、有担当的时代新人。换句话说,新文科下的语文教学,完成了从知识教学到教育性教学的转型。因此,《义务教育语文课程标准(2022年版)》倡导核心素养为本、突出课程内容的时代性和典范性、促进学习方式变革等理念,甚至将"跨学科学习"作为专门的任务群。

其次,新文科的建设,从高等教育的层面,标志着文科培养模式的变化和新一轮的教育教学改革。传统的文科教育和新技术往往有着疏离和隔膜。而新文科视角下的文科教育,则彰显着文科与理科、文科与科技的深度交叉和有机融合。无论是课程内容,还是教学过程和教学评价,都体现出新技术和文科深度融合的必要性、必然性和价值性。

最后,新文科的建设,从师范生培养的角度,标志着从相对单一到复合融通的转向。就语文学科而言,"学富五车""才高八斗"不再是好的语文教师的关键性特征;阅读也不再仅仅是读文学经典,还应该读哲学、政治学、历史学、文化学、教育学、心理学、管理学和科技方面的经典,即跨学科阅读。同时,新文科还强调中华优秀传统文化的创造性转化和创新性发展,因此,使家国情怀、家国认同在学生心中牢固植根,也是新一代文科教师的使命担当。

第三节　新文科建设的价值

当前,时代瞬息万变,科技日新月异,我国也正面临着百年未有之大变局。新时代带来了新使命、新要求,文科教育只有创新发展、顺势而为,才能立于不败之地。

一、提升文科地位,发挥人文价值

新中国成立以来,由于经济发展的需要,理工科一直是国家和社会重点扶持的学科,而文科则处于相对弱势的地位。理科重视理性思维,文科则强调人文精神,长期重理轻文的导向,也一定程度上导致了人才培养过于重视工具性、有效性,而忽视了德性。人文社科具有知识性和价值性的双重属性,因此,建设新文科,大力发扬文科的人文精神和价值引领功能,可以促进人才培养更关注德性的发展,为其他学科注入深厚的人文底蕴,提高文科影响力,提升文科地位。

二、遵循学科融合规律,改善文科发展现状

分科课程能够有效提高现代学校教学效率,但随着分科课程的发展,课程分类精细,界限分明,这与学生面对的完整复杂的世界无疑产生冲突,不利于培养全面发展的人才,因而也无法回应社会对于全面型人才的需求。因此,发展融合性、交叉性的课程是当代学校课程的必然趋势。文科课程也只有顺应课程发展的外部需求,注重与其他学科的融通,打破文理分明的界限,建设新型文科课程,才能发挥自身的巨大价值,培养社会真正需要的人才。

三、顺应科技革命浪潮,促进文科融合化发展

随着时代的进步,以人工智能、大数据、物联网、生命科学等技术为代表的第四次科技革命俨然已经来到我们身边,极大地改变着我们的生活面貌和学习方式。面对这样的变化,对于文科而言,也必须因变而变,进行新文科建设:一方面,应该一定程度上改变自身教育形态,与新兴技术深度融合,发展跨媒介教学;另一方面,人才培养方向应转变为培养出"知识更复合、学科更融合、实践能力更增强的新型人才"[1],以满足时代和社会对人才的需求。

四、承担时代使命,建设高水平文科

习近平 2016 年在哲学社会科学工作座谈会上强调:"一个国家的发展水平,既取决于自然科学发展水平,也取决于哲学社会科学发展水平。"[2]如今,中国正在以强有力的姿态走向世界舞台,要想进一步增强中国在国际上的话语权,就必须提升国家软实力,弘扬文化自信,构建中国特色社会主义话语体系,建设文化强国。新文科建设的重点任务在于新专业或新方向、新模式、新课程、

---

[1] 樊丽明,杨灿明,马骁,等.新文科建设的内涵与发展路径(笔谈)[J].中国高教研究,2019(10):10.
[2] 习近平.在哲学社会科学工作座谈会上的讲话[N].人民日报,2016-05-19(2):2.

新理论等方面的探索与实践。① 建设本土化、中国化和国际化的文科,正是完成这一时代使命的重要策略之一。

第四节　新文科建设对语文教育的影响

新时代的发展推动新文科建设人才培养质量规格的变化,要求新时代青年在继承中创新,这对语文教育也有很大影响,语文教育需要促进学生创新能力提升。

一、注重学科融通,全面提升学生语文核心素养

传统语文教育突出强调知识教育,形成了重识记、轻思考的局面,忽视了学生思维逻辑的发展,造成了语文学科与其他学科(如数理化等学科)的割裂。这一弊端也导致文科成为理科弱势学生的避风港。"新产业新业态的快速发展产生了对知识复合、学科融合、实践能力强的新型人才的切迫需求。"② 因而传统的单一化的学科课程无法适应智能化社会的发展方向,这要求语文学科在教学过程中融入其他相关课程,提升学生的综合素养。如历史学习为语文学科提供反思经验,哲学学习为语文学科提供多重视角,数学学习为语文学科提供缜密逻辑等。同样,语文学科对于其他学科也有着锦上添花的作用,如语文学科教会学生阅读,为其他学科的学习打下基础。因而新文科建设融合发展的思路也为语文教育指明了方向,进一步指明语文学科与其他学科的交叉发展迫在眉睫,需要着眼于"全面"二字,培养出社会需要的新型人才。

二、注重文化自信,提高学生学习语文的热情

在过去的很长一段时间内,尤其是科技革命以来,理工科推动的科技创新对人类社会发展的各个方面做出了举世瞩目的贡献。由于学科性质的巨大差别,以人文社会科学为代表的文科,更加注重学生的感性思维和批判能力的培

---

① 樊丽明."新文科":时代需求与建设重点[J].中国大学教学,2020(5):7-8.
② 樊丽明."新文科":时代需求与建设重点[J].中国大学教学,2020(5):5.

养;而以自然科学为代表的理工科,则更加强调提高学生的理性思维、计算能力和逻辑思维能力。整个社会和企业对理工科的重视,使绝大部分学生重理轻文,在学科选择上也是弃文择理。文科生相应地就被打上难以就业的标签。"文科是学不好理科的出路"这一观念更是深入人心。我国历史悠久的古代教育,都以培养政治人才为目的;教学内容也以偏重文科的政治、历史、法律和语文等为主;且因文史哲不分家,培养的政治人才也可称得上是上知天文、下知地理。所以我国的文科发展历史悠久且成就斐然。但是,近代随着理工科地位的提升和文科分科越来越细,文科的地位大不如前,且培养的人才也成了只精一门的专才。"新文科"概念的提出,有利于提升文科的地位、中小学生学习语文的热情,甚至对中华文化自信的提升也有着深远的影响。其主要体现在以下两个方面:

第一,新文科让人们重新审视文科的重要性。"新文科"注重跨学科、跨媒介的交流和融合,更加注重吸收优秀传统文化、当代优秀文化的成果。新文科在高等教育教学领域掀起风云后,势必会引起中小学教育的改革与创新。在中小学教育中人文社科类课程必然也会更受学生的追捧。学生对中华历史、政治、地理和文学的兴趣必定会增加,学生对中华优秀传统文化的认识和理解也会更加深刻和全面。

第二,新文科强调与时代同步发展。在互联网技术飞速发展的今天,学科的内容和结构也在与时俱进,不断随时代更新,以满足培养顺应时代发展的新人的要求。文科的建设与创新关乎高等教育的发展,高等教育的发展与中小学教育又密切相关。因此,新文科必须随时代的变化进行创新改革,与世界接轨。中小学的教育包括语文教育也必须进行改革和创新。尤其是语文教育更不能故步自封,而是要兼容并包,最主要的就是吸收国内外优秀文化成果,引进国外优秀的教育资源和教学技术。对外国文化的优秀成果的借鉴和吸收,无疑也是文化自信的表现之一。

新文科人才的培养对于坚定文化自信、培养时代新人、建设教育强国具有重大意义,也影响中小学语文学科与高等教育中文科的发展。因此须处理好"应试"和"应世"的关系,摒弃生产"做题机器"的想法;树立为新时代培养全面发展的时代新人的目标,就目前基础教育语文课程改革而言,即培养学生的语文核心素养。

三、重视科技教育,影响语文科普文阅读教学

新文科相比于传统文科而言,"新"在与其他学科的交叉融合、对新媒介的创新运用、吸收新的信息技术等方面。科普类作品是语文学科与时俱进、与其他学科交叉的重要成果,对于激发学生对其他学科的兴趣有着重要作用,但是科普类文章本身文体的特点、在中小学教学中的低下地位以及老师单一的教学方法等原因,使这类文章打破学科壁垒、打通学科知识的作用未能发挥出来。而新文科理念的提出,势必会对中小学语文的科普类文章的阅读产生重大影响。

首先,对科普类文章在中小学语文教学中的地位提升和数量增加有积极作用。"新文科"建设是"立足新时代,回应新需求,促进文科融合化、时代性、中国化、国际化,引领人文社科新发展,服务人的现代化新目标"①。新的科技革命和产业变革,需要教育教学培养既有科学技能又有人文素养的新型人才。中小学的科普文,既包含科学知识的介绍,又蕴含探索、坚持等人文精神的熏陶。统编本新教材在科普作品名著导读模块不仅更注重阅读科普作品整本书的方法的指导,还注重培养学生广泛阅读科普作品整本书的兴趣,更向学生推荐了我国优秀科普作品阅读的书目,展现了我国科普类著作的魅力。但是当下科普作品教学出现教学地位偏低、应试教学倾向明显、教学方法传统、评价模式单一等现状。② 因此,从长远来看,增加中小学语文书本中科普类文章的数量,重视科普类文章教学意义非凡。

其次,新文科中的跨媒介,如运用信息技术、虚拟空间等新的文科学习方式,为中小学在学习没有生动形象的人物和激动人心的故事情节的科普类文章提供了新的思路。老师在教学时,一方面,可以创新教学技术,根据科学知识运用新的信息技术辅助教学,帮助学生更好理解科学知识,激发学生对科学知识的学习和探索的兴趣;另一方面,可以使用新的教学方式,跨越学科,与相关老师合作共同教学,让学生在一篇文章的学习中收获双倍知识,达到教学"1+1>2"效果。当然,还要注意,语文教学应以语文知识和人文精神的教学为主,而不能让科学知识的讲授喧宾夺主。

---

① 樊丽明."新文科":时代需求与建设重点[J].中国大学教学,2020(5):5.
② 宁丽盈.整本书阅读理念下的初中科普作品阅读教学研究[D].广州:广州大学,2021:摘要 I.

总之,中小学的科普文阅读十分契合高等教育提出的"新文科"概念,对激发学生对于跨学科、跨媒介学习的兴趣意义重大。

四、注重跨媒介,在智慧教学中逐步解决语文教育难题

科技的迅猛发展促成了新文科的开放性、包容性,也给语文教育带来了新的启发。进入智慧时代,有了更为先进的信息技术,"互联网+""人工智能"等新技术不断发展。教师需要及时更新教育理念,以丰富且优质的教育拓展资源来应对传统语文教育的套路与凝滞性,最终满足智慧化时代的发展要求。"文科之新,首先是科技革命带来的,反逼我们思考新问题,更新方法、拓展学术视野。"[1]语文教育需要注入新鲜的血液,使之更为现代化,更具发展性。从某种层面来说,科技革命与语文教育相互成就:新技术带来的更为智能化、多元化的教育场域,能够使语文教育改换传统的静止面貌,实现语文教育的动态化、平衡化、国际化;而语文教育所具备的人文内涵,也为新技术发展提供了更为人性化的理念,实现技术的人文化。新文科的建设过程也是语文教育的发展过程,语文教育离不开跨媒介发展,但语文教育人文性的特点也为媒介发展提供理念上的支持,因而语文教育采用跨媒介的方式十分重要。

综上,新文科建设的提出及其建设是新时代的需求,是培养新型文科人才的需要。基础教育的语文学科改革应与新文科建设同向而行,协力培养国家需要的时代新人。在语文教育的发展过程中,应当学科融通,加强跨学科学习;注重使用跨媒介的方法,开展智慧教学;更加注重文化自信的培养和科普类作品阅读的引导,以响应新文科建设的号召,全面提升学生的核心素养和综合素养,培养顺应时代需求的复合型人才。

---

[1] 樊丽明,杨灿明,马骁,等.新文科建设的内涵与发展路径(笔谈)[J].中国高教研究,2019(10):10.

第二章　新文科背景下的语文课程改革

面对21世纪的新时代和新挑战,为未来社会培养人才的教育,也必须思考和调整自己的培养目标、课程内容、教学方式、评价机制,以适应未来社会的需要。同样,在新文科背景下,语文课程改革也需要提出相对应的理念,并以此对培养目标、课程内容、教学方式、评价机制进行改革。本章将阐述21世纪语文课程改革的发展历程、改革成就、改革趋势。

第一节　21世纪语文课程改革的发展历程

21世纪以来,随着课程改革的深入发展,语文课程改革的侧重点也在不断发生变化,改革的成果不断丰富。根据语文课程改革的侧重点可以将其发展历程大致分为以下几个阶段。

一、"双基"培养阶段(1960年代前后—1990年代末)

"双基"即"基础知识"和"基本能力"。对"双基"的重视,标志着对语文学科作为工具性和实用性学科的认同与回归。根据一些研究者对"双基"发展历程的梳理[①];受1950年代的社会环境影响,语文课被上成文学课、政治课;后引起"怎样教好语文课"的讨论;后语文教育界明确提出了加强"双基"的口号,并将"字、词、句、篇、语、修、逻、文"八个字称为语文教学的"八字宪法";直到1963年教育部颁布的中小学语文教学大纲强调,"能够正确地理解和运用祖国的语言

---

① 郑昀,徐林祥.从"双基"到"三维目标",再到"核心素养":新中国成立以来语文学科教学目标述评[J].课程·教材·教法,2017(10):43-45.

文字,使他们具有……阅读能力和写作能力",从此"双基"得以确立并在实践中开展。

围绕着"双基"培养目标,不少语文教育名家开展了相关研究或改革实践。叶圣陶先生1978年在《大力研究语文教学 尽快改进语文教学》一文中提出:"'教'都是为了达到用不着'教'……语文教材无非是个例子,凭这个例子要使学生能够举一反三,练成阅读和写作的熟练技能。"[1]魏书生的"六步教学法"和"语文知识树"改革、欧阳代娜的"初中语文能力基本过关"教改实验、张孝纯的"大语文教育"、章熊的语言思维训练、钱梦龙的"三主四式"导读法、陆继椿的"一课一得,得得相连"、蔡澄清的"点拨教学法",都产生了较大的反响。

到1990年代末,一方面,"双基"教学过于重视语文学科的工具性,忽视了语文教育对人情感、人文、文化方面的培育和滋养,偏离语文学科的自身特质,使语文教学最后越来越走向"科学化";另一方面,迈向21世纪的语文教育也需要应对信息技术发展带来的人才培养理念、方式的转变。因此,越来越落入知识性、应试化的"双基"教学和整个语文教育,招致越来越猛烈的批评和否定,亟须改革转变。

二、"三维目标"实施阶段(2000年—2015年)

随着语文课程改革不断深入,人们意识到:作为与人的生活与发展最为密切的学科,语文教育不仅仅局限于基本知识和基本技能的学习。"学生语文水平的提高,不能依靠教师对词法、语法、章法的讲解讲出来,也不能依靠教师对语文的详尽分析分析出来;学生语文水平的提高只有在学生听、说、读、写的实践活动中,才能实现,只有在学生自身主动参与的学习过程中才能实现……教师在语文教学过程中应扮演组织者、引导者、主持人的角色……时刻注意培养兴趣,激发情感,启迪思维,增益智慧,变要求学生'学会'为指导学生'会学'的教师才是最称职的语文教师。"[2]2001年《全日制义务教育语文课程标准(实验稿)》在政策层面确立了语文学科的"双性"(人文性和工具性),从而提出了"语文课程应致力于学生语文素养的形成与发展。语文素养是学生学好其他课程

---

[1] 叶圣陶.叶圣陶语文教育论集[M].北京:教育科学出版社,2015:112-113.
[2] 柳斌.坚持改革方向,为提高国民的语文素质而努力:在"21世纪中小学语文教育座谈会"上的讲话[J].人民教育,2000(4):40.

的基础,也是学生全面发展和终身发展的基础","注重语文应用、审美和探究能力的培养,促进学生均衡而有个性的发展"①。在此基础上,设计了以"知识与能力""过程与方法""情感态度与价值观"三个维度的课程目标,其中突出强调对学生"情感态度与价值观"的培养,提出了"自主、合作、探究"的新学习方式。

这一阶段出现很多优秀的语文教育和课程改革成果。如李镇西的"语文民主教育"提出了"民主、科学、个性"三个核心理念:所谓"民主"指把学生培养成为有灵性、有尊严、有人格、有情感的人;所谓"科学"指语文教育要遵循自身发展规律和学生身心发展规律;所谓"个性"指尊重学生的性格、情感、思想等独特之处,特别是尊重学生的精神世界,尊重学生的个性发展。李镇西认为:"真正科学的语文教育与素质教育是天然相连并融为一体的。提倡实施语文素质教育,绝不是在语文教学以外加进素质教育的内容,而是还'科学、民主、个性'的语文教育的本色。使学生具备高尚的人格、开放的思想、全面的能力和鲜明的个性,应是语文素质教育的重要内容。"②

韩军的"新语文教育观"则强调:"通过语言奠定学生的精神世界,其内涵包括对于语文教学方法和精神的回归、语文教学问题的总结和新语文教育观的理念",具体表现为:"一个本质"(通过民族文化精神和个性自由精神,培养学生的精神根底);"两个回归"(教育方法的回归、人文精神的回归);"三个反对"(反对伪圣化、反对技术化、反对萎靡化);"六个理念"(回归人文之本、回归积累之本、回归诵读之本、回归文化之本、回归文字之本、回归生活之本)③。新语文教育观"语言即人,即存在"以及"举三反一"的主张,也产生了很重要的影响。

赵谦翔的"绿色语文"是对应试教育背景下分数至上的"灰色语文"的匡正与纠偏。"绿色语文"教育观内涵包括:以培育人格为躯干、以训练能力为四肢、以追求活力为灵魂、以启迪悟性为脉络④。

三、"核心素养"确立阶段(2016年至现在)

十八大报告确立"立德树人"为我国教育工作的根本任务。2014年,《教育

---

① 中华人民共和国教育部.全日制义务教育语文课程标准(实验稿)[S].北京:北京师范大学出版社,2001:1-2.
② 李镇西.李镇西与语文民主教育[M].北京:北京师范大学出版社,2006:221.
③ 朴美慧.韩军新语文教育观及对初中语文教学的启示[D].延吉:延边大学,2018:8-16.
④ 赵谦翔.赵谦翔与绿色语文[M].北京:北京师范大学出版社,2015:82-83.

部关于全面深化课程改革落实立德树人根本任务的意见》颁布,"培养什么样的人"成为整个教育必须回答和落实的关键问题。2016年出台了《中国学生发展核心素养》,首次明确了学生核心素养,包括:文化基础(人文底蕴、科学精神)、自主发展(学会学习、健康生活)、社会参与(责任担当、实践创新)三个方面六大核心素养十八个基本要点。2017年出台了高中各学科核心素养版课程标准,提出高中各学科的"学科核心素养",取代了三维目标。《普通高中语文课程标准(2017年版)》文件中,以"语文学科核心素养"取代了"语文素养"。高中语文学科核心素养分为"语言建构与运用、思维发展与提升、审美鉴赏与创造、文化传承与理解"四个维度。在此基础上,从必修与选修角度确立了"整本书阅读与研讨,当代文化参与,跨媒介阅读与交流,语言积累、梳理与探究,文学阅读与写作,思辨性阅读与表达,实用性阅读与交流"等18个学习任务群。2020年修订了该份课程标准,《普通高中语文课程标准(2017年版2020年修订)》为目前所使用的最新高中核心素养课程标准文件。2022年颁布了义务教育阶段各科核心素养版课程标准。《义务教育语文课程标准(2022年版)》提出义务教育阶段的"语文核心素养",包括"文化自信和语言运用、思维能力、审美创造"四个方面。至此,我国基础教育核心素养课程改革有了全程的核心素养依据。

  语文统编版教材改革,从2012年启动,2017年开始在小学、初中、高中各学段起始年级全面使用,到2019年完成了全面覆盖。从"一纲多本"回归统编教材,有利于国家教育宗旨的落实,也是应对"大变局"的有效举措。值得注意的是,2020年1月教育部公布了《中国高考评价体系》,从高考的核心功能、考查内容、考查要求三个方面回答"为什么考、考什么、怎么考"的考试本源性问题,从而给出"培养什么人、怎样培养人、为谁培养人"这一教育根本问题在高考领域的答案[1]。

  这一时期,围绕着新课标、新教材、新课堂、新评价,也开展了轰轰烈烈的教学改革。如李仁甫的微博式作文教学改革,采用微博这种不限话题、不限文体、不限字数的新型话语表达形式,以"此在性写作""多向度交流""高频率展示"为维度,通过写作、交流、展示的一体化,把写作和社会、写作和生活、写作和学生

---

[1] 中华人民共和国教育部.教育部考试中心发布《中国高考评价体系》将立德树人融入考试评价全过程 联通"招一考一教一学"全流程[EB/OL].(2020-01-07)[2022-11-03]. http://www.moe.gov.cn/jyb_xwfb/gzdt_gzdt/s5987/202001/t20200107_414611.html.

高度关联。所谓"此在性写作",就是让学生与生活同行,从当下出发,由切己开始,把"此身在此时此地"的感受和想法随时随地写给他人看,产生视域上的融合、心灵上的碰撞、思想上的交锋。所谓"多向度交流",采取"学生公平抽签—读稿—点评""学生自由竞争—读稿—点评""教师特别推荐—读稿—点评"等方式,把师生之间的纵向交流建立在生生之间横向交流的扎实基础上,让生生之间的横向交流逐渐聚焦于师生之间的纵向交流之中。"分享你想表达的,让全世界都能听到你的心声",既满足了学生表达的欲望,又让学生拥有成就感。所谓"高频率展示",通过网络推广、荐稿等方式,"创造更多展示交流学生作品的机会或平台,把学生作文的亮点尽可能多地展示给别人",让"沉默的大多数在微博上找到了展示自己的舞台",获得了满满的成就感、获得感和存在感[1]。这样的语文改革,考虑的是学生,聚焦的是社会和生活,着眼的是发展和生长,自然获得了同行、学生和社会的高度认同。

第二节 21世纪语文课程改革成就

21世纪之交启动的语文新课程改革,经过20多年的理念重建、改革探索、反思推进等阶段,取得了较为确定性的成就,为新文科背景下语文课程改革的进一步深化提供了基础。具体成就概述如下:

一、从学科教学走向教育性教学

早在《义务教育语文课程标准(2011年版)》中就提出:"重视情感、态度、价值观的正确导向。培养学生正确的思想观念、科学的思维方式、高尚的道德情操、健康的审美情趣和积极的人生态度,是与帮助他们掌握学习方法、提高语文能力的过程融为一体的,不应该当做外在的附加任务。应该根据语文学科的特点,注重熏陶感染,潜移默化,把这些内容渗透于日常的教学过程之中。"[2]《义务教育语文课程标准(2022年版)》明确指出,推行语文课程改革的指导思想是"以

---

[1] 李仁甫,蒋婷婷.微博式作文"是这样生成的:李仁甫访谈录[J].语文教学与研究,2020(21):4-10.
[2] 中华人民共和国教育部.义务教育语文课程标准(2011年版)[S].北京:北京师范大学出版社,2012:13.

习近平新时代中国特色社会主义思想为指导,全面贯彻党的教育方针,遵循教育教学规律,落实立德树人根本任务,发展素质教育"①,"把育人蓝图变为现实,培育一代又一代有理想、有本领、有担当的时代新人,为实现中华民族伟大复兴作出新的更大贡献"②。《普通高中语文课程标准(2017年版2020年修订)》也明确指出:"坚持正确的政治方向。坚持党的领导,坚持社会主义办学方向,充分体现马克思主义的指导地位和基本立场,充分反映习近平新时代中国特色社会主义思想,有机融入坚持和发展中国特色社会主义、培育和践行社会主义核心价值观的基本内容和要求,继承和弘扬中华优秀传统文化、革命文化,发展社会主义先进文化……引导学生形成正确的世界观、人生观、价值观。"③

所有这些都表明基础教育语文课程改革和新文科方向同向而行,强调立德树人,培养具有家国情怀、以中华民族复兴为己任的有理想、有本领、有担当的时代新人。这是作为母语教育的语文学科课程和教学的应然要求,语文教学必然会发生一个重大改变:从学科教学走向教育性教学。由此带来的显著变化就是语文学科教学从"语文教什么、语文怎么教",走向"培养什么人、为谁培养人、如何培养人"的重大转变。也就是要培根铸魂,在语文学习中产生对中华优秀传统文化、革命文化、社会主义先进文化的深刻认同,产生对汉语言文字及其优秀作品的深切热爱。

二、从语文取向走向综合取向

长期以来,语文界一直存在着"小语文"和"大语文"的争论。很多语文教师和研究者认为:语文要有自己的特定边界和疆域;语文课就是语文课本身,不是历史课,不是地理课,也不是综合课。这种说法在语文教学科学化的过程中不能说没有道理,但在世界教育改革趋向综合化的当下,我国语文课程改革应走向统整化、综合化。结合生活情境、社会情境甚至其他学科,开展综合化、统整化、跨学科学习,培养学生在复杂情境下调动多学科知识解决问题的能力,成为

---

① 中华人民共和国教育部.义务教育语文课程标准(2022年版)[S].北京:北京师范大学出版社,2022:1.
② 中华人民共和国教育部.义务教育语文课程标准(2022年版)[S].北京:北京师范大学出版社,2022:4.
③ 中华人民共和国教育部.普通高中语文课程标准(2017年版2020年修订)[S].北京:人民教育出版社,2020:2.

语文教学的改革方向。

比如,《义务教育语文课程标准(2022年版)》中的六大任务群专门安排了"整本书阅读""跨学科学习"两大任务群。前者强调"综合运用多种方法阅读整本书;借助多种方式分享阅读心得……提高整体认知能力,丰富精神世界"[①],体现了学习内容和学习方法的统整性。初中学段的跨学科学习强调:"(1)结合数学、物理、化学、生物学等学科学习,或者自己参与的科技活动,学习撰写并分享观察、实验研究报告。(2)在心理健康、身体素质等方面,选择师生共同关心的问题,组织小课题组,开展校园调查,学习设计问卷、访谈、统计、分析,撰写并发布调查报告。(3)在环境、安全、人口、资源、公共卫生等方面,选择感兴趣的社会热点问题,查找和阅读相关资料,记录重要内容,列出发言提纲,参加班级讨论。(4)围绕仁爱诚信、天下为公、和谐包容、精忠报国、英勇奋斗、自强不息、明礼守法,以及科学理性、艺术精神等,选择专题,组建小组,开展学习与研究,运用多种形式分享学习与研究成果。"[②]以上内容都体现了语文取向和非语文取向的综合。

即使是语文学习本身也同样出现综合化的倾向。如有一个"整本书阅读"的教学是这样设计的:"苏轼作品是中考考查的重要内容之一,以《苏东坡传》作为'整本书阅读与研讨'学习任务群的内容组织教学,有利于学生形成对苏轼的整体认识,提高理解水平。教师以筹建'苏东坡纪念馆'为载体设计学习任务,创设一个整体化、系统化的应用情境。以'选址任务'引导学生了解苏轼生平,考查学生整合信息的能力;以'主展厅设计任务',考查学生对文本内容的深入理解、灵活运用能力以及对苏东坡代表性诗词的鉴赏评价能力;以'花园雕塑设计任务'考查学生对书中主要人物形象的把握能力;以'纪念馆主体楹联撰写任务'考查学生对苏东坡诗词的深度理解和迁移运用能力。在实践过程中,教师提供'绍兴鲁迅纪念馆介绍''人民英雄纪念碑浮雕说明'等样例供学生参考,并及时通过评价、反馈进行介入式引领。"[③]该案例通过情境任务,带动整本书阅读教学,综合培养了学生的阅读能力、转化能力、解决问题能力等。

---

① 中华人民共和国教育部.义务教育语文课程标准(2022年版)[S].北京:北京师范大学出版社,2022:31-32.
② 中华人民共和国教育部.义务教育语文课程标准(2022年版)[S].北京:北京师范大学出版社,2022:35-36.
③ 任明满.中考语文命题情境化趋势及其教学启示[J].中学语文教学,2019(3):71.

三、从更多面向过去到更多面向现在和未来

以往的语文教学,更多地强调传承,强调学科知识的系统学习。如提到经典诵读,就往往是文学经典诵读特别是诗词经典诵读。因此,很多中小学,在中华经典诗词诵读方面投入了太多的时间和精力。不可否认的是,语文教学面向过去有利于中华优秀传统文化的传承,也有利于家国情怀的落实;但同样不可否认的是,语文教学过多地面向过去,无法培养出堪当中华民族伟大复兴大任的时代新人。

新文科强调中华优秀传统文化的创造性转化和创新性发展。语文教学需要从更多面向过去转向更多面向现在和未来。因此,新文科和核心素养课程改革背景下的语文学科,其课程内容要融入与现在和未来相关性高的课程内容,融入与新时代人才培养规格对应性强的课程内容,比如:跨学科学习、跨媒介学习、科技文阅读等;语文教学方法改革,突出群文教学、对话教学、任务群教学、项目化学习、情境学习、深度学习等。学习文化方面,充分彰显学生的主体地位,营造自由和谐的教育氛围,在遵循语文学科内在规律的基础上,服务于学生的现实生活并为未来生活做准备,成为课程生态的重要导向。

四、从教考分离到教考统一

所谓教考分离,指的是中考、高考的内容与教师平时教学的内容关联性很低甚至严重脱节的情况。这种情况的存在,带来了很多的弊端。首先,从教学成效角度来看,教考分离使得语文教学成为高耗低效的学科,使语文学科成为沉淀成本最高的学科之一;其次,从教师的角度来看,教考分离可能导致教师为了考试而教,偏离语文核心素养培养的改革诉求;最后,从学生的角度来看,教考分离使得很多学生对语文课程改革存在抵触,更使得语文学科培养不出面向现在和未来的经世致用的人才。

2020年1月,教育部公布了《中国高考评价体系》,意图从根本上解决应试教育和素质教育长期的纷争,克服教考分离的痼疾;提出"一核""四层""四翼"的高考评价体系。"一核"指高考的核心功能,即"立德树人、服务选才、引导教学",回答"为什么考"的问题;"四层"指高考的考查内容,即"核心价值、学科素养、关键能力、必备知识",回答"考什么"的问题;"四翼"指高考的考查要求,即

"基础性、综合性、应用性、创新性",回答"怎么考"的问题①。在语文核心素养改革的新理念、新教材、新教学、新评价的共同作用下,语文教育教学改革正在"教学评一体化"的道路上推进和深入,教考越来越统一;同时以考试改革倒逼教学改革进一步深入。

五、从关注合格到着力卓越

2005年,时任总理温家宝去看望晚年病重的钱学森的时候,钱学森问了一个非常尖锐的问题:为什么我们的学校培养不出杰出的人才?时代要求必须关注卓越创新人才的培养。因此,语文教育教学也和整个教育的方向一样,既追求公平,也追求卓越。

在课程方面,特别提倡分层教育,让不同层次的学生都能受到适合他自身的教育,真正培养出适应时代和未来以及国家、社会需要的人才。在教学方式方面,重视社会生活中复杂问题的解决,从悦纳式、赏析式教学走向质疑式、项目式教学,教学内容情境化、教学过程情境化、教学评价情境化成为语文课程改革的一个重要方向。当然,语文教学在卓越人才培养方面还特别强调学生的感悟和实践,强调在潜移默化的渗透式教育中完成对学生家国情怀和报效意识的培养,强调对学生学习兴趣、毅力、特长的影响和培育,这是语文学科在卓越人才培养中区别于其他学科的特殊性。

第三节 新文科背景下语文课程改革趋势

在新文科建设的大背景下,语文课程与教学迫切需要加强中国声音,提升文化软实力,增强学生对中国文化的理解和认可,迫切需要强化新技术元素与语文课程和教学的深度融合,迫切需要强化语文学科与其他学科有机整合的跨学科学习,迫切需要学生真正参与、成长与发展。新文科背景下,语文课程改革趋势如下:

---

① 中华人民共和国教育部.教育部考试中心发布《中国高考评价体系》将立德树人融入考试评价全过程 联通"招—考—教—学"全流程[EB/OL].(2020-01-07)[2022-11-03]. http://www.moe.gov.cn/jyb_xwfb/gzdt_gzdt/s5987/202001/t20200107_414611.html.

一、强化国家立场、中国声音

前一阵关于"毒教材"的事件闹得沸沸扬扬,而这背后的深层因素不能不引起我们的反思和警惕。近代中国在经济上的落后,导致在文化方面呈现出慕强心态、自己民族声音弱化和自己民族文化失语等问题。正如迈克·富兰所提出的:"当我们面向21世纪的时候,就越来越希望它的公民在他们的一生中,在一个充满活力的、多元文化的全球变革的背景下能够独立地和相互协调地、积极主动地对待变革。"①

新文科背景下的语文课程改革,首先,在语文教育教学过程中,强调国家立场、中国声音,强调对中国文化的体认。我们并不反对跨文化合作和国际交流,更不反对国际理解和人类命运共同体,但必须坚定不移地强化学生对中国文化的自信,发出中国最强音,防止中国文化失语。同时,时代的复杂性要求语文教育不仅强调中华优秀传统文化的传承和创新,还要引导学生传承和发扬优秀的革命文化和社会主义先进文化。这样,才能彰显语文课程以文化人、立德树人的功能。

二、突出统整性、跨学科、跨媒介

长期以来,语文课程和教学存在碎片化、零散化的现象,没有严格的系统化的知识体系和教学体系。语文课程和教学同样存在过去性和滞后性,陈述性知识过多、过盛,而过程性知识和条件性知识过少,与信息技术的融合、统整不够,导致与人工智能时代不够匹配等问题。因此,当下的语文课程和教学不是要不要教语文知识的问题,而是应该思考让学生掌握什么样的知识最有价值和如何掌握知识最为有效的问题。

一方面,语文课程与教学越来越呈现出统整性,如单元整体教学、任务群、问题链、深度学习等,整本书阅读成为语文课程与教学的新宠;另一方面,随着语文课程与教学、社会、时代的发展同向而行,学科融合和媒介融合成为学科发展和媒介发展的趋势,语文课程与教学的创新成为语文课程与教学改革的前提。面向社会复杂问题的解决和未来创新人才的培养的需求,必须打破以前孤

---

① 富兰.变革的力量:透视教育改革[M].中央教育科学研究所,加拿大多伦多国际学院组织,译.北京:教育科学出版社,2004:11.

立的学科结构和单一的媒介方式,强调统整性、跨学科、跨媒介。

三、重视新技术、"双课堂"

习近平总书记2018年在全国高校思想政治工作会议上指出:"要运用新媒体新技术使工作活起来,推动思想政治工作传统优势同信息技术高度融合,增强时代感和吸引力。"[①]当下新技术的突飞猛进,同样为语文课程与教学的深度改革带来新的契机,无论是教学资源的极大丰富,还是教学环境的极大改善,抑或是教学方式的极大改变,都使得语文课程与教学发生了根本性的变化。

比如VR技术与语文课程和教学的整合,就是运用新型人机交互技术,建立一个沉浸式三维空间虚拟场景,给学生提供听觉、视觉、嗅觉、触觉的真实体验感,从而产生事半功倍的效果。"双课堂"教学是借助现代信息技术将现实课堂和虚拟课堂相结合而促进学生发展的一种教学方式,能够成功地实现线下和线上的教学资源、教学方式、教学评价的优化,真正意义上实现信息技术与语文课程和教学的优化。

四、推崇大概念、大视野、大格局

首先,目前的语文教学仍然存在散点化、碎片化、无序化的状态。理想的语文教学必须满足一些关键特征:如教学围绕学科大概念,目标指向清晰、聚焦,面向学生核心素养、关键能力的生成发展;教学逻辑聚焦递进,呈现出问题链,前后一贯;教学内容与教学目标高度匹配,层层推进;教学方式面向问题解决和成果生成,指向迁移;教学评价基于证据和数据,而这背后,就是大概念的支撑。其次,目前的语文教学仍然存在应试化、功利化、短视化的现象。而理想的语文教学必须指向大视野:从学科教学走向教育性教学,从育人高度和"五育"并举、学科融合、学段融合的高度去进行教学设计;从传承优秀文化走向创造性转化和创新性发展,从凝眸过去走向更多地展望未来;从第一课堂走向第二课堂、第三课堂,从即时学习走向异步学习和全域学习。最后,目前的语文教学也呈现出格局不大、情怀不高、缺少全局和全人视野的缺陷。有些人认为语文课程与教学就应该是语文本身的学习和教学,即小语文而非大语文;有些人认为语文

---

① 习近平.举旗帜聚民心育新人兴文化展形象 更好完成新形势下宣传思想工作使命任务[N].人民日报,2018-08-23(1).

教师就是一份养生糊口的职业，不需要教师全心全意投入；有些人认为让学生在语文课堂学习科学技术、培养对科技和科学的兴趣是吃力不讨好，没有从中华民族之崛起、复兴的高度去设计、组织语文课程与教学。理想的语文教学应该站在新文科、新时代的高度，重视语文教育教学立德树人的作用，要有为学生奠基母语教育的民族底蕴的大格局。

另外，新文科背景下语文课程改革趋势，还需要注意以下多个方面：一是丰富的课程资源与信息源的融入，能引领学生拓宽视野，有广度、有深度、紧跟前沿地学习；二是要引导学生站在全局的高度自主构建知识体系，了解知识的脉络及内外关联，避免"只见树木，不见森林"的学习；三是跨学科多元信息的融入、新颖多样化的互动教学形式、突出的课程使用价值，更能激发学生学习的兴趣和参与的积极性；四是学生的积极参与，能引发思维的碰撞、知识的内化和创新的生成；五是融通创新思维的培养和形成，对学生未来的学习成长将产生深远影响。

第三章　新文科背景下的语文课程改革新理念

新文科教育强调创新、信息技术融合等理念,师范教育作为高等教育的重要组成部分,理应主动实践新文科理念。国家颁布的基础教育课程标准文件是中小学各学段课程改革的重要依据。《普通高中语文课程标准(2017年版2020年修订)》《义务教育语文课程标准(2022年版)》,是基础教育核心素养课程改革的全学段政策文本,是对当前我国基础教育改革与全球时代背景的呼应。新文科背景下师范生教育的核心课程教材"语文课程与教学论",也应落实新文科和核心素养课程改革新理念,因此新编该课程教材是必要的,并应践行如下五个方面的新理念。

第一节　增强文化自信,坚持立德树人

习近平总书记在庆贺中国共产党成立95周年大会上,明确提出中国共产党人要坚持"四个自信",即中国特色社会主义道路自信、理论自信、制度自信、文化自信,并强调文化自信是最基本、最普遍的自信心[①]。"四个自信"的重要指示精神,体现了中国特色社会主义的文化基石、文化实质与文化理想。语文课程与教学一直是中国文化教育的重要途径。不论是古代文学经典,还是现当代文学经典、革命时期的文学著作等,都有极其丰富的文化价值。其不仅能让学生感受到汉语言的艺术魅力,也让学生了解与充实中国文化知识。青年兴则国

---

① 中共中央宣传部.习近平新时代中国特色社会主义思想学习纲要[M].北京:学习出版社,2019:138-142.

家兴,青年对文化的传承,是一个民族与国家兴亡之所系。有教养的青年应该优先具备的文化素养,就是能够精准而优雅地使用本国的语言。

一、增强文化自信,确立"中国话语"

近百年的中国史,是中国人民反帝反封建的英勇奋战史,是争取民主主义与社会主义革命的砥砺艰险史,是改革开放以来谱写中华崛起篇章的奋进光辉史。但是,当前西方站在道德的制高点上为所欲为地扭曲中国形象的现象仍然存在。对此,我们应坚信"四个自信",对我国优秀传统文化、革命文化、社会主义先进文化充满自豪,自强、自立地学好我国语言,确立"中国话语",向世界展现真实而又美好的中国形象。

(一)加强学生、社会与知识的多元整合

课程是培养人才的媒介。有研究者认为"课程的制约因素归根结底就是知识、学生、社会",三者形成相互角力的"三角形制约模型"[①]。因此,确立"中国话语",语文课程务必加强学生、社会、知识的多元整合。

就我国当代的发展情形而言,在将来一段时间内,在关心学生个体发展需要的前提下,课程专业知识、社会需要的目标取向,依然占据着重要的地位。在如此的教育情境下,语文学科课程发展应充分考虑到社会发展、学生身心状况、课程知识等多方面因素,保证多元结合,相辅相成。语文课程作为母语课程,以立德树人为目标,在传授学科知识的同时,引导学生认识社会,规划人生,形成积极向上的人生态度,增强历史使命感和社会责任感。

(二)坚持传承与创新发展的紧密结合

为确立"中国话语",讲好"中国故事",提供"中国方案",语文课程应该始终坚持传承与创新发展的紧密结合。随着中国社会主义理论体系的建立与发展,我国已逐步形成了符合中国国情、具有中国特色的话语体系。当今世界格局和经济全球化快速发展,科技创新日新月异。构建中国话语体系,实现中国式现代化,需有一种兼容并包的胸襟与气度;在继承中华优秀传统文化的基础上,弘扬社会主义先进文化,广泛汲取世界文化精华,实现习近平总书记所讲的"创造性转化与创新性发展"。

---

① 龙安邦,刘玉芳.构建课程位动态平衡模型:分析课程与知识、学生、社会关系的新视角[J].集美大学学报(教育科学版),2008(3):18-22.

语文课程是一门学习祖国语言文字的综合性实践课程。其不只是弘扬中华民族文化的媒介与工具,也是中华民族文化的关键组成部分。语文教学是助推学生把握自己的日常生活、创建民族文化艺术认同感的关键工具,应重视中华优秀传统文化经典层面的内容汇编。语文课程内容的发展趋向,已蕴含在我国的语文课程标准和统编版语文教材中。如与以往的高中语文课标相比,《普通高中语文课程标准(2017年版2020修订)》指出:"语文课程对继承和弘扬中华优秀传统文化、革命文化、社会主义先进文化,培养文化自信,推动文化的创新发展,具有不可替代的优势。"①统编版中小学语文教材大幅度增加了我国传统古诗文的篇目。统编版语文教材课文选篇更注重经典性、词章兼美,适合课堂教学,也兼具时代性。此外,课程标准还指出,语文课程资源丰富多样,如自然美景、历史古迹、革命传统、风俗民情、国内外重大事件、学生日常生活等,都能成为语文课程资源。教育者们要积极开发和运用这些资源,力争在教学实践中,有效落实课程目标,继承和弘扬中华优秀传统文化、革命文化和社会主义先进文化,在发展中开拓创新,增强文化认同感和自豪感,逐步树立民族文化自信。

(三) 注重语言的精准表达与运用

确立"中国话语",语文课程与教学应注重语言的表达与运用。无论是口语化的语言表达,还是文字化的书面语言,都是传达特定思想、观念、情感、文化与知识的信息载体或符号。换句话说,思想即实质,语言即中介。话语体系是思想理论与文化知识的形象呈现,既受思想理论体系与文化知识体系的牵制,又影响着思想理论体系与文化知识体系的表达。同时,不同途径的语言表达体系对思想理论体系与文化知识体系的影响力、感召力、传播力等具有不同作用。因而,话语体系的建设并不能随遇而安,而是要积极作为,不但包含对思想理论体系与文化知识体系的打造、丰富与促进,也包括对语言表达能力的发展与提升。作为母语教育的中小学语文课程,应坚定以语言表达与运用为基础性理论指导,在语文教学实践活动中,积极探寻培养学生口语表达能力的优良对策,建立以提升语言表达能力为目的的理论课程,优化与改革语文课程教育体系已是时代所趋。

---

① 中华人民共和国教育部.普通高中语文课程标准(2017年版2020年修订)[S].北京:人民教育出版社,2020:2.

语言学习是语文课程与教学的"根",如何定位语言教学目标,使语文学习从读懂语言转向习得语言,笔者主要从以下两点提出建议。其一,以提升学生的语言思维能力为突破口。在语文课程与教学中,为实现语言教学与思维训练的融合,应寻找思维能力与语言表达能力的切入点,推动学、思、读、写的结合,将思维逻辑能力的塑造融进语言理论知识学习与实践应用中。当语言与思维保持高度一致,思维落实伴随着语言生成,那么具有超强语言表达能力的人,必然是具备逻辑思维能力的人。其二,创建"听、说、读、写"交互式教学模式。在语文课程与教学中,应寻找四者的切入点,以"读"促"听",以"听"促"写",以"写"促"说",创建全方面交互式的教学,改变以往语文课程内容过于注重书面语言,而不看重口语表达的现象。

二、坚持立德树人,融入社会主义核心价值观

语文课程与教学是人的教育教学。从新课程标准来看,其明确指出语文教育的关键目标是"以德育人"。从作为语文教材主体的选文来看,不论是哪种题材和主题,还是何种场合为什么人而创作,都是思想内涵与语言的统一,二者相互依赖,相互影响,即"文以载道,文道统一"。在新时代新文科背景下,我国正在开创中国社会主义文化教育的新篇章。

(一) 提升教师德育素养,更新教育理念

教师务必积极地塑造与强化自身的道德观念,提升道德敏感度,时刻承担起育人职责,将注重知识传递转变为全方位的价值引领。《教育部关于在教育系统开展师德专题教育的通知》要求:组织深入学习习近平总书记关于师德师风的重要论述,强化教师"四史"学习教育,开展师德优秀典型先进事迹宣传学习,引导教师学习践行新时代师德规范,集中开展师德警示教育[①]。

教师师德素养的修炼,不但需要教师充分发挥自身的主观能动性,而且需要外界媒体的鼓励与支持。学校及教科研机构积极开展教师培训活动,对教师进行师德教育培训,能够在一定程度上提高教师的师德水准,提升教师的育人素养。一是做好教师的分层、分类,如根据教师年龄、职龄、职称等进行分类,有偏重性地进行培训。二是长效化地开展师德师风素质提升工程,保证方式多元

---

① 中华人民共和国教育部.教育部关于在教育系统开展师德专题教育的通知[EB/OL].(2021-04-30) [2022-11-30]. http://www.moe.gov.cn/srcsite/A10/s7002/202105/t20210510_530466.html.

化,以免造成教师的疲倦心理状态,能够将讨论座谈会、网上讨论会、专题研讨会、教育热点培训会等多渠道协同开展,或将业务知识培训与师德师风系统化学习培训相统一。

总之,语文教师提高德育素养,转变教育观念,坚持教书与育人统一,成为提升学生核心素养和培养学生道德情操的助力,只有将系统化与多层次的教育方式融合在一起,才能在语文学科课程与教学中实现育人的功效。

(二) 采用沉浸式道德教育,弘扬社会主义核心价值观

语文是一门至关重要的基础学科,同时又是一种极为重要的沟通与交流工具。在推动学生全方面发展的过程中,语文课程应超越学科的界限,以一种更为开放与包容的角度,与其他学科相融合,充分提升语文课程的道德育人价值。与此同时,语文课程要高度重视语文的融通性与独特性的结合,在多学科互动交流、整合资源的过程中实现语文学科与众不同的沉浸式育人作用。

目前,语文教学功利性过于明显。新文科背景下,为有效落实立德树人基本方针,语文课程与教学务必回归道德教育底线,学生既要成才,更要成人。自21世纪初推行新课改至今,语文教学开始重视学生情感态度与价值观等的教育,凸显课程与教学的育人作用。不过,教学评价主要依靠绝对性评价,使得语文教学的立德树人观念淡漠,缺乏全面性的构建。赫尔巴特曾说:"道德是人类发展的最高级目的,也是教学的最大目的。"[1]语文教师应以沉浸式道德教育的方式开展课内外教学,重视学生的品性特征和发展需要,从学生的本体特征考虑,以生动灵活的沉浸式教学进行道德教育,让学生在文化的清泉中得到浸润滋养,修身养性、陶冶情操,促进道德健康发展;从文化多样性中获取多种营养,进而形成以文化引领学生追求真善美、扬弃假丑恶的道德发展良性态势。同时,语文教学应当构建丰富多样的沉浸式学习情境,引导学生联结自己的生活体验,在新时代新文科背景下,在新修订的语文课程标准理念下,在语文道德教育的强化中,踔厉奋发、追求梦想,形成富有家国情怀的社会主义核心价值观。

(三) 拓展德育教学资源,促进学生品德发展

一方面,在统编版中学语文新教材的教学过程中,教师现有的讲课工作经验能够为课堂教学的贯彻落实提供更好的服务支持。在教学新语篇时,要进一

---

[1] 赫尔巴特.普通教育学[M].李其龙,译.北京:人民教育出版社,2015:1.

步扩大教育资源储备。另一方面,新文科背景下的母语教育资源日新月异,教师应及时将合适的资源引入语文教学。

教师应结合新教材中的经典作品,熟读与其相对应的一些东西方文学作品赏析与名家论述等,增加自身的文学知识积累,全面满足学生的认知需求。而且教师需熟读与中学语文教学有关的美学、哲学书籍,如王国维、钱钟书、冯友兰、钱穆、朱光潜等作家的经典作品,对提高教师的美学认知能力、丰富哲学思想研究角度、从美学哲学思想视角讲解文学著作具备很好的促进作用。另外,教师要进一步细读语文教学名家的一些经典著作,如叶圣陶、夏丏尊、周有光、钱理群、孙绍振等教育名家的一些经典著作,有利于教师专业发展和教学质量提升。此外,网络时代下,教师可以利用一些互联网资源,进行更为便捷的教科研活动。比如,中华人民共和国教育部网站、智慧中小学App、教研网等许多优质网络资源,对拓展教科研角度、协助教师贮备教学资源等都具有很好的推动作用。

(四) 开展大量语文实践活动,落实立德树人根本任务

伴随着新文科背景下语文课程标准新理念的推行,丰富多彩的实践活动逐渐进入语文教学。从本质上讲,实践活动课程归属于国家规定的中小学"必需课程",包含探究性学习、劳动技术教育、社区便民服务等实践活动,注重学生在活动中成长、从经历中成长、从行动中学习。其有时候也被称为"经验课程",它代表着中国基础教育行业课程管理体系结构创新。开展实践活动课程,致力于让学生联络社会实际生活,培养创新意识、实践能力和终身学习能力。语文实践活动既包括学科交叉型的结合,又能够指向课程内综合,即"读、写、听、说"几个方面的灵活运用。

为有效落实立德树人根本任务,教师可积极组织学生开展语文实践活动。比如,在辩论赛中立德树人,学生围绕一个话题进行正反两方的辩论,让真理越辩越明,可以增进同学之间的了解,促进自我审视,提升辩证思维能力,利于激发他们学习语文的兴趣。也可以在演讲中立德树人,教师利用课余时间,让学生阅读感动中国人物事迹、课内课外的名言警句等,在课上用几分钟让学生简单讲解平时积累的励志故事,并让其他同学给予相应的评论。学生从中积累作文素材,锻炼表达能力,感受道德的力量。此外,还可通过经典诵读来立德树人。学生通过诵读经典,享受阅读的乐趣,获得经典的修养,提高阅读水平,有效提升道德素养。诵读的内容既可为教材中的篇目,也可为课外经典篇目。教师可创新教学课型,注重学生对经典作品的诵读,并且可用比赛的形式,让学生自由地展示自己的诵读作品,提升他们的语言表达能力、思维能力、文化内蕴等。

第二节　立足核心素养,强调跨界与深度

核心素养是"双基"教育的高阶发展。我国基础教育的育人目标从"双基""三维目标"发展到核心素养,预示着我国正在向教育强国迈进。核心素养是推动素质教育取得新发展不可或缺的力量。高中语文核心素养所包含的四个维度,即语言建构与运用、思维发展与提升、审美鉴赏与创造、文化传承与理解。义务教育语文核心素养四个方面,即文化自信和语言运用、思维能力、审美创造,都体现出了我国新时代对于人才培养的新要求。核心素养是当前基础教育改革的宗旨,而跨界、深度,是立足核心素养的新课程理念的显著特点之一。

一、培养核心素养,推进语文课程深层次改革

2018年9月,教育部等六部门实施"基础学科拔尖学生培养计划2.0",标志着新文科的产生。新文科理念在教育内容上强调要融合不同专业知识,强调跨专业,从多方面培养人才。新文科教育与语文核心素养的基本理念高度一致。因此,语文学科教学应当紧跟时代步伐,以新文科为导向,以核心素养为本,充分发挥语文课程的育人价值。

(一)创新教学模式,注重跨媒介

新文科背景下,新课程标准强调要变革传统课堂教学模式,融入MOOC(慕课)、翻转课堂等,使教学更具情境性。教师在教学过程中可以借助信息技术,运用多媒体播放音频、视频等增加学生的情境体验。例如:在教学统编版高中语文必修上册《沁园春·长沙》时,可以借助教材中的插图,让学生深入体会诗人情感;还可以借助多媒体进行课外延伸,如让学生观看《中流击水》《觉醒年代》等影视片段,跨越时空感受经典,亲历发现、构想、感悟等心智活动。但需要强调的是,在信息技术与语文教学融合时切不能出现本末倒置的现象,避免过

于注重图像音频的播放而丧失语文教学本色。

(二) 拓展教学资源,强调多渠道

所谓多渠道,是指教师在教学资源的选择上,不能拘泥于书本,应学会立足书本,探寻多种多样的教学资源。获取资源的渠道可以是教辅资料,可以是互联网,也可以是当地图书馆等。在选择教学资源之前,教师应当做到"三备",即备教材、备学生、备学情。在此基础上,更加有针对性地选择教学资源,从而丰富教学内容,提升课堂教学质量。需要注意的是:教师所开发的教学资源必须强调高质量,有利于落实语文核心素养。例如,在教学《长征胜利万岁》时,可以在互联网上查找相关媒体资源,将中印边境冲突的真实视频作为课堂教学资源,也可以通过查阅有关长征、中印冲突的文献资料,引导学生关注国家大事和社会生活。《长征胜利万岁》是对新中国成立之前,中国共产党人带领中国人民英勇顽强斗争,争取民族独立的深刻表达。而中印边境冲突是对新时代祁发宝团长带领解放军保家卫国的生动诠释。两者相较,不仅可以激发学生的爱国情感,让其更多地了解革命传统,也有利于落实"文化传承与理解"的语文学科核心素养。

(三) 丰富教学评价,提倡多维度

《普通高中语文课程标准(2017 年版 2020 年修订)》在教学评价上同样顺应了新文科的发展趋势。其在教学评价上明确了五点要求:着眼于核心素养的整体发展;全面把握学习任务群的特点;倡导评价主体的多元化;选用恰当的评价方式;明确必修和选修课程评价的重点和联系[1]。

其体现了如下特点:(1)评价目的更加明确。即强调要着眼于学生核心素养的整体发展,也就是说语文教师要围绕"语言""思维""审美""文化"这四个方面来构建评价体系。(2)评价内容更加具体。即评价要紧紧围绕课程内容方面所提出的 18 个"学习任务群",在评价内容涉及的维度上应当指向"学习任务群"的"目标与内容"。(3)评价层次更加清晰。即在必修、选择性必修、选修三个不同的学习阶段和学习层次上要做出不同的评价设计,使评价真正地为学生主体服务。(4)评价主体更加多元。即让学生、家长进入评价体系中来,师生互评,家校共评,增强评价的效度和信度。除此之外,还要引入社会评价,促进评

---

[1] 中华人民共和国教育部.普通高中语文课程标准(2017 年版 2020 年修订)[S].北京:人民教育出版社,2020:44-46.

价体系更加完善。(5)评价方式更加恰当。即不再是传统"一刀切"的评价方式,强调要根据多种多样的评价方式来进行,如诊断性评价、形成性评价、终结性评价(总结性评价)等,确保真实且有效地反映学情。

《普通高中语文课程标准(2017年版2020年修订)》和《义务教育语文课程标准(2022年版)》的"新",表现出核心素养课程改革迎合了社会和时代的发展,符合国际化的浪潮对人才培养的要求。其也将语文课程推向了一个更高层次,使其不再单单满足个人生存发展的需要,即听说读写的需要,而且应满足社会乃至全球发展的需要,即综合运用知识,进行跨学科学习的需要。在教育信息化时代来临之际,新课标以核心素养为本,成为语文课程发展的风向标,推进语文课程深层次改革,引领学生在更广阔的空间发展各自的语文特长和个性。

二、以跨界和深度,培育语文核心素养

习近平总书记在二十大上指出要将教育、科技、人才作为社会主义现代化国家建设的基础。在当下,应当顺应新文科的发展趋势,突破传统文科的模式,以继承与创新、交汇与融合、合作与分享为基本途径,进一步推动学科与学科之间的融合,进而推动我国传统文科的转型升级,使教育的发展跟上时代步伐,更好地为我国社会主义现代化服务,最终将我国教育从适应服务转变为支撑引领。在这一背景下,以核心素养为导向的语文学科教育更应该突出跨界和深度的新课程特征。

(一)突破教科书限制

在新文科背景下,语文学科教学应打破目前学校教育尤其是教科书的限制。要进一步改革语文课程的目标和内容,不仅要关注知识技能的外显功能,更要重视课程的隐性价值,还要关注语文课程在社会信息化过程中新的内涵变化①。例如,统编版高中语文必修上册中《拿来主义》这篇课文,是一篇非常经典的杂文,该文的隐性价值在于其思辨性。在教学这篇杂文时,教师可开展思辨性的语文学习活动,设计以下三个问题供学生思考:一是"送去主义"真的是错的吗?请从"学习方法"的角度思考。二是作者将"学艺上的东西"与"地下的煤"进行类比,你认为合适吗?说出你的理解。三是你认同课文的前半部分论

---

① 中华人民共和国教育部.普通高中语文课程标准(2017年版2020年修订)[S].北京:人民教育出版社,2020:2.

述的是"对外开放交流",后半部分论述的是"继承文化"的观点吗?通过三个问题的深入思辨,可以使学生在与语言文字的互动中不断获得暗含于文本中的文化意蕴,特别是蕴含其中的当代价值,从而促进学生在"文化自信"的指引下不断提升"文化传承与理解"的核心素养,助力学生的思维发展与提升,这正是当代社会所需要的思维品质。

(二) 学科间跨界融合

在新文科背景下,语文学科不再是孤立存在的。夏丏尊认为:"国文科是语言文字的学科,和别的科目性质不同。"①显然,从根本上说,语文学科与其他学科还是有本质区别的。但语文课程与其他学科课程之间并不是泾渭分明的关系,语文学科的工具性决定了它的基础性地位:它既是解释说明其他学科的工具,又是启发学生思维的媒介,而且因其涉及面广,还几乎涵盖了所有其他学科。所以,学好语文是学好其他学科的基础。

尽管其他学科具有十分广泛的思维载体,如它们可以作为公式、符号、音符、图表等呈现在大众面前,但学科的教材仍然要用文字书写,要以语言文字作为基本的呈现方式,也需要通过语言文字为媒介,来串联起一系列的知识。因此,语文课程与其他课程之间的关系并不是相互独立的,而是相辅相成的。一方面,语言文字是人学习、成长以及未来发展的动力和根基,更是学生学好其他科目的基础;另一方面,其他课程的学习也能够丰富学生的语文知识面。语文课程的基础性特征,决定了它作为其他学科的基础而得以存在。同样,其他学科在启发学生思维方面给予了语文学科有力配合。因此,无论是语文教材上的语言还是除语文学科以外其他学科上的知识文字,都能够扩宽语言文字运用的范围。这也就是说,即便是在其他学科的学习当中,也会锻炼到一定的语文能力。例如,对一些学科专业术语以及说明性语言的积累和运用,会大大丰富学生的词汇量,锻炼学生的表达能力与逻辑思维能力。

(三) 借助信息技术贯通

在新文科背景下,语文学科教学应当借助信息技术平台,发展学生的高阶思维,进而达到深度学习的效果。"高阶思维,是发生在较高认知水平层次上的心智活动,主要指创新能力、问题解决能力、决策力和批判思维能力等。"②这与

---

① 夏丏尊.学习国文的着眼点[J].中华活页文选(教师版),2013(9):4.
② 李冲锋.焦点阅读教学与学生思维培养[J].语文建设,2021(18):5.

高中语文学科核心素养四个维度中的"思维发展与提升"有着紧密联系。深度学习,"所谓'深度',是与死记硬背、孤立易忘的浅层学习相对而言的,它强调学习者与知识、自我、环境三者的整体建构"①。这与高中语文学科核心素养四个维度中的"语言建构与运用""审美鉴赏与创造"有着紧密联系。语文教师在教学时应整合"生活化""信息化"的教学手段,使学生摆脱模式化学习的困境,在有深度的学习中提升高阶思维能力。这不仅是全球教育的风向标,也是新文科所倡导的把现代信息技术融入文学、语言思想、语文学习的集中体现。

"新文科"的提出为传统文科教育提供了一个新路径,为国家人才培养提供了一种新模式,是对传统文科教育的变革。将语文学科放在新文科背景下也是当下语文学科发展的新方向。因此,新时代教师必须在新文科、新课标的背景下开展教学活动,为语文学科注入新的力量,为社会主义现代化服务。

第三节 坚持实践导向,面向致用和顺应

新文科在传统文科的基础上开拓创新,逐渐从学科导向转向以需求为导向。新时代的语文课程更加强调综合性和实践性,通过创设真实的语言运用情境,引导学生自主参与实践活动,加深对语言文字的理解,提升运用语言文字解决实际问题的能力。因此,语文课程需要强化语文学科的实践性,以联系生活为途径,将学校所学致用于生活实践,以顺应学习型社会对人才素养的需求。

一、加强实践性,促进学生语文学习方式的转变

课程改革理念的转型发展,必然带来学习方式的变革。就基础教育学科而言,从三维目标(知识与能力、过程与方法、情感态度与价值观)到语文(学科)核心素养,越来越强调语文学科学习的实践性。语文课程应"立足课内,放眼课外",在具体的生活场域中开展语文实践活动,为学生创设语言文字运用的真实情境,通过自主、合作、探究学习,促进学生学习方式的转变。

---

① 王璐,肖培东.深度学习导向下的高中语文教学策略[J].语文建设,2020(9):41.

(一) 创设实践情境,学习方式由被动向主动、个体向合作转变

"真实、富有意义的语文实践活动情境是学生语文核心素养形成、发展和表现的载体。"[①]教师在教学中依据课标要求和学情特点,创设能引发学生积极思考、主动探究的语言实践情境,增强学生的实践体验,提升学生的思维能力。温儒敏提出,教师"要考虑如何让学生在某种学习情境下带着某些'问题'(课题)去读书、思考、探究"[②]。教师要善于创设情境,引导学生在实践活动中学习,在交互合作中探究。创设实践情境,需要注意两点:一是情境要真实,要让学生在真实的情境中获得真实的体验,获得真实的收获;二是实践要突出"做"和"学"两个方面,二者相辅相成,不可分割。

比如,《鸿门宴》一课是统编版高中语文必修下册第一单元第三课,这个单元属于"思辨性阅读与表达"学习任务群。教师在设计这一课的实践活动时,要围绕中华传统文化,创设适切的任务情境,引导学生交互合作,创造性地探究和表达。南京市雨花台中学董健老师教学《鸿门宴》一文,设计了"'鸿门宴'沙盘制作项目"的情境任务,驱动学生开展文本解读的三个实践活动:为项王故里设计"鸿门宴"沙盘,画出平面图,并附 300 字左右的说明;以沙盘设计师的身份给反对设计沙盘的市民回信;谈谈项羽失败的原因及启示[③]。这一实践情境的设计,一改以往以知识讲解为主的传统教学方式,让学生做实践的主体。在具体实施过程中,还可以让学生以小组为单位进行合作探究,引导学生自主研读课文内容,明确相关人物、座次、场景等信息;在明确的任务下分工、合作,在真实的情境中探索、实践,最终展示、交流合作成果。学生既可以获得完成任务的成就感,也有效地达成了本课的学习目标。这个情境设计极大地激发了学生的学习兴趣和探究热情,学生的学习方式也由被动接受转为主动探究,由个体学习转向合作交流。

(二) 关注生活实践,学习场域由"小课堂"向"大课堂"延伸

人民教育家于漪老师主张语文学科要"把学生领进大语文学习的广阔天地,把语文学习的课堂延伸到课外、校外,为学生打开认识现代社会、认识生命

[①] 中华人民共和国教育部.普通高中语文课程标准(2017年版 2020年修订)[S].北京:人民教育出版社,2020:48.
[②] 温儒敏.新教材、新理念、新教法:在中语会换届会议上的讲话(节选)[J].内蒙古教育,2019(31):12.
[③] 董健.《鸿门宴》项目化学习设计[J].中学语文教学参考,2021(19):11.

价值的大门"①。当前核心素养语文课程改革,也强调要打通语文学习和学生的生活世界,引导学生积极参与社会生活,在生活体验中发现问题、解决问题,从而提高实践创新能力,提升语文核心素养。

比如,统编版高中语文必修上册第四单元围绕"家乡文化生活"展开学习活动,要求学生通过采访、考察等方式关注和参与家乡文化生活,了解家乡的文化风俗,增进对家乡的文化认同。教材的这一实践单元设置,充分彰显了语文课程实践性的特点,也是"大语文"观念在语文教学中的落地生根。第五单元《乡土中国》整本书阅读的学习目的除了掌握学术著作阅读方法以外,同样把学生的视角引向社会生活的"大课堂"——了解中国传统社会的"差序格局",思考当今社会的城乡变迁,引导学生从不同的角度开展调查访问等实践活动,拓宽学生的视野。这使学生的学习场域不再局限于书本知识,而是真正地融入社会生活的广阔天地。学生由苦学转为乐学,实现学习方式的转变。

(三) 整合实践资源,学习维度由平面单一化向立体综合化拓展

"通过多样的语文实践活动,融合听说读写,跨越古今中外,打通语文学科和其他学科"②之间的壁垒,加强资源整合,拓展学习维度,使学习资源由单调变为丰富,由平面转为立体,促进课程教学实践活动的综合化、多元化发展。

在当今的高考评价中,整合是语文命题的新样态,突出体现了语文课程的综合性和实践性。如2021年全国甲卷的作文材料是"建党百年"的话题,其中融合了语文、历史、政治、音乐等多学科领域丰富的内容资源,并且以"可为与有为"作为写作主题,涉及了哲学的辩证思维。这样的高考评价作为语文教学的"指挥棒",使学生的学习资源更加丰富、学习维度更加立体,有利于推进多学科一体化课程实践,促进语文课程在资源整合中探索教学实践的新样态。

课程实践的资源整合,还体现在语文学科和信息技术的整合。教师要改变以往因循守旧的教学习惯,借助信息技术优化整合课程资源,引导学生在现代化的宏观视域下主动学习,积极探索,实现学习方式的创新和改变。"智慧中小学"App、空中课堂等网络学习空间具有丰富的教学资源,钉钉、腾讯会议等是具有交互功能的教学平台。合理整合数字化资源,是对传统教学模式的变革,也

---

① 于漪.语文的尊严[M].太原:山西教育出版社,2014:40.
② 中华人民共和国教育部.普通高中语文课程标准(2017年版 2020年修订)[S].北京:人民教育出版社,2020:42.

是对信息化环境下语文教学实践的积极探索,促进了新时代教与学方式的改变。

二、强化应用,结合实践培养语文核心素养

"语言文字的运用,包括生活、工作和学习中的听说读写活动以及文学活动,存在于人类社会的各个领域。"① "语文课程还应当适应当代社会发展的需要,为培养创新人才发挥重要作用。"② 透过这些表述,我们可以看出,语文课程具有鲜明的应用性特征,要将语文学科与真实情境链接,在实践应用中全面发展学生的语文核心素养。

(一)语文课程应用性回应时代诉求

1. 由新时代的教育发展目标决定

在2018年全国教育大会上,习近平总书记指出:"培养什么人,是教育的首要问题。"③新时代的教育目标是培养德、智、体、美、劳全面发展的社会主义建设者和接班人。"普通高中的培养目标是进一步提升学生综合素质,着力发展核心素养,使学生具有理想信念和社会责任感,具有科学文化素养和终身学习能力,具有自主发展能力和沟通合作能力。"④"语文课程作为一门实践性课程……应增强学生学语文、用语文的自觉意识……把握语文运用的规律,学会语文运用的方法,有效地提高语文能力……为培养创新人才发挥重要作用。"⑤。可见,新时代的教育发展目标决定了语文课程的致用性。

2. 培养高素质应用型人才的需求

当今社会经济发展迅速,科学技术进步显著,文化发展日新月异,社会生活发生了深刻的变化。新的时代发展对高素质应用型人才的需求更加紧迫,语文

---

① 中华人民共和国教育部.普通高中语文课程标准(2017年版2020年修订)[S].北京:人民教育出版社,2020:1.
② 中华人民共和国教育部.普通高中语文课程标准(2017年版2020年修订)[S].北京:人民教育出版社,2020:3.
③ 习近平.坚持中国特色社会主义教育发展道路 培养德智体美劳全面发展的社会主义建设者和接班人[N].中国教育报,2018-09-10(1).
④ 中华人民共和国教育部.普通高中语文课程标准(2017年版2020年修订)[S].北京:人民教育出版社,2020:3.
⑤ 中华人民共和国教育部.普通高中语文课程标准(2017年版2020年修订)[S].北京:人民教育出版社,2020:3.

课程肩负着立德树人的育人使命,"着力发展学生的核心素养,促进学生全面而有个性地发展"①。同时,引导学生善于关注社会生活,在语言实践中灵活地应用所学知识,探索和解决日常生活、工业生产、社会发展、创新研究等方面的实际问题。所以,要充分发掘语文课程的应用性功能,为培养高素质应用型人才奠定坚实的基础。

(二) 语文课程应用性符合核心素养目标

语文课程实际上就是学习语言文字的课程。语言运用与人们的生活息息相关,人类用语言表达交流,通过语言来认识世界、学习知识和技能,进而改造世界、延续文明。高中语文学科核心素养的四个维度和义务教育语文核心素养的四个维度,都以语言运用为核心,思维、审美、文化都必须以语言为基础和载体。合理地开发语文课程的应用性功能,将从语文课程所学的语言知识和运用语言的技能应用到实际生活中,可以促进学生语文核心素养的发展;另外,核心素养的提升也能促进语文课程的应用性功能得到更好的发挥。二者相互促进,和谐统一。

(三) 语文课程应用性的实践探索

这里仅就语文课程内容的阅读、写作和口语交际三个部分的内容简要阐述。

1. 创设信息化阅读环境

新文科建设涵盖了多个学科的交叉、融合、渗透或拓展。信息化时代,语文课程也要与时俱进,将信息技术更好地应用于语文阅读实践之中。合理利用信息技术,优化语文课堂教学;变革阅读教学方式,激发学生的阅读兴趣和创造潜能;促进学生多样化学习,在阅读中更好地实现知识迁移与应用,为培养新时代创新型人才赋能助力。借助数字平台和信息媒介,拓展语文阅读课程资源,为学生创设信息化阅读环境;积极探索信息化环境下教、学、评一体化的阅读教学模式,构建阅读教学新样态,促进学生核心素养的全面发展。

2. 培养应用写作能力

写作教学是语文课程的重中之重,在"新课程、新教材、新高考"的背景下,写作更要契合时代特点,与生活实际紧密结合,这也是语文课程应用性的集中

---

① 中华人民共和国教育部.普通高中语文课程标准(2017年版2020年修订)[S].北京:人民教育出版社,2020:8.

体现之一。近年来,贴近生活、关注社会的写作题材越来越受到人们的青睐,书信、演讲稿、辩论稿、倡议书、新闻评论等应用文体的写作任务屡见不鲜。从中我们可以看出,当下的语文课程特别重视语言的应用性和实用性。在语文教学中,着力引导学生在语文实践活动中积累必备的语文知识,训练写作的逻辑思维,在一定情境中将所学知识外化为写作技能,从而提升写作实践能力和创新能力,发展"语言建构与运用"的核心素养。

3. 提升口语交际水平

"语言文字是人类社会最重要的交际工具和信息载体。"①语文课程的"表达与交流"实践活动除了书面写作之外,还要求能够运用口头语言在特定的交际情境中文明得体地与他人交流,具备一定的口语交际水平。从某种程度上说,口语交际能力是一个人适应现代社会发展的最基本的能力。良好的口语交际能力能帮助学生建立和谐的人际关系,增强表达交流的自信,促进学生全面而有个性地发展。语文教学中要着力创设任务情境,促进学生口语表达简明、连贯、得体,增强学生学语文、用语文的意识,提升其在各种场合的口语交际水平,多方面发展学生的语文素养。

"实践是检验真理的唯一标准",新文科建设在实践中遵循高质量发展的理念,不断创新突破,探寻更可行的发展路径。在新文科的背景下,《普通高中语文课程标准(2017年版2020年修订)》《义务教育语文课程标准(2022年版)》顺应时代发展,面向社会生活,坚持实践导向,主张学以致用,引领语文课程的变革。通过实践促进学生语文学习方式的转变,在应用中发展学生的语文核心素养,为社会主义现代化建设培养高素养、有思想的优秀人才。

第四节　紧扣时代发展,彰显开放及多元

中国正以前所未有的速度和气势迈向世界舞台的中央,我国在政治经济文化领域的国际影响力也日益加大。2018年9月,教育部等六部门实施"基础学科拔尖学生培养计划2.0",标志着新文科的产生,新文科建设成为我国教育改

---

① 中华人民共和国教育部.普通高中语文课程标准(2017年版2020年修订)[S].北京:人民教育出版社,2020:1.

革自上而下的顶层设计的重要内容。新文科建设背景下的教育,要以文化为支点增进与世界各国的交往与合作,打破学科壁垒,实现互惠互利、共享共生,发掘中华文化的新生魅力,增强中华文化的国际影响力。另外,全球信息化时代也影响着每个人的学习方式和精神世界。因此,语文学科要不断改革以适应变革,培养出具有国际视野、具有批判性思维能力的综合性人才。

一、注重时代性,构建开放有序的语文课程

随着经济全球化与社会信息化的深入发展,互联网时代的人们获取信息更加及时,更加便利。因此,语文教育的根本任务已经不再是帮助学生增长知识的数量,而是帮助学生掌握获得知识的方法,以及获得的知识该如何运用、如何将其吸收转化为自己的发展动力。

(一) 直面国际竞争,彰显中国特色

社会的不断进步,互联网的飞速发展,都对人才培养提出了更高的要求。各国都在围绕学生如何才能适应快速发展的社会来制定各种教育改进计划。社会大变革时代也是哲学社会科学大发展的时代,语文教育作为母语教育,必须要有超前意识,融合时代发展主题科学应变、主动求变,培养德智体美劳全面发展的社会主义建设者和接班人。新时期,培育时代新人是新文科建设的首要任务和根本任务,要融入社会主义核心价值观的教育,培养有自信心、自豪感,热爱中华文明、热爱祖国、热爱人的时代新人。

《普通高中语文课程标准(2017年版2020年修订)》和《义务教育语文课程标准(2022年版)》,是立足于我国国情并且着眼于广阔的国际视野的课程标准。为党和国家培养新时代人才,努力适应国家经济社会高速发展的需要,是当前国家、社会以及时代发展潮流对中学教育的迫切要求。教育要落实立德树人根本任务,促进素质教育,推进教育公平,培养全面发展的社会主义新时代的新青年。新课标立足我国课程改革的现状以及国际课程改革的大背景,从学科大概念出发,对课程结构、课程目标、课程内容等方面都做了详细的指导,是站在国际视野的、自上而下的顶层设计。新课标有着鲜明的时代特点,文本内容越来越丰富的同时,语言表述也更加规范。

(二) 教学理念革新,课程开放有序

21世纪信息技术革新,对人才培养提出新的挑战,各国课程改革也相呼应。

1. 语文核心素养

新课标新理念的亮点之一"核心素养",是顺应世界教育发展方向与发展潮流的产物。世界教育创新峰会(WISE)与北京师范大学中国教育创新研究院共同发布的研究报告《面向未来:21世纪核心素养教育的全球经验》提出了受全球重视的七大"核心素养",分别是:沟通与合作、创造性与问题解决、信息素养、自我认识与自我调控、批判性思维、学会学习与终身学习,以及公民责任与社会参与等[①]。新课标在顺应世界教育发展趋势的同时,又结合我国国情创造性地提出了"语文核心素养"。《普通高中语文课程标准(2017年版)》明确了学生应当培养的四大语文学科核心素养:语言建构与运用、思维发展与提升、审美鉴赏与创造、文化传承与理解。《义务教育语文课程标准(2022年版)》提出的义务教育语文核心素养包括:文化自信和语言运用、思维能力、审美创造。

语文核心素养对学生的发展水平提出了更高的要求。一是"语言建构"对学生的要求提高了。"建构"本是源自建构主义的学术术语,新课标提出了"自主构建语文知识""整合成有结构的系统"等具体要求,将"建构"引用到教学中来是对学生的发展提出了更高的要求。二是思维发展的宽度增加了。以往的课标对学生思维发展方面的要求往往涉及知识的归纳演义、知识的习得与运用等内容。新课标在原有的基础之上增加了"批判与发现""逻辑思维""辩证思维"等更高要求。三是对文化传承的重视程度提高了。新课标提出了"文化传承与理解"的概念。这一概念强调了文化传承的首要地位,文化的传承与理解都要在语文教育中展开,只有首先传承了文化,才能让学生在今后的生活与工作中更进一步地理解文化。

2. 语文学习任务群

新课标的亮点之二"语文学习任务群",是将语文课程内容进行统整,超越单篇、单元的范畴。新课标创造性地提出了"语文学习任务群"的概念,它超越了以往的单篇教学设计模式,以任务群构建语文课程。普通高中设计了18个语文学习任务群,义务教育阶段设置了6个任务群。"学习任务群"并不是简单的语文教学内容的重组,而是将学生的言语实践活动与学生的生活经验相联结,让学生从被动的知识接受者变为知识的主动建构者。教师能够带领学生在

---

① 人民教育.世界都在关心哪些核心素养?《面向未来:21世纪核心素养教育的全球经验》报告分析[EB/OL].(2016-06-13)[2022-10-03].https://mp.weixin.qq.com/s/b9sHKoZHp56PfcJF6Mg7_g.

专题学习任务的推动下搜集相关材料,建立新旧知识之间的联系,锻炼学生迁移知识的能力,让学生在长期的积极主动学习过程中,形成持久的学习内驱力。

语文学习任务群改变了以往的粗线条式的指导,对每一个任务群的学习目标与内容、教学提示以及学分分配都作了明确的规定。学习任务群将单篇课文的教学放在一个更宏大的背景下、更广阔的任务群当中去落实,强调语文学习的任务性、情境性、综合性、实践性的特点。学习任务群基于大单元设计统整语文教学内容,拉近学生与知识之间的距离,加强知识与生活之间的联系;以学习任务群促进语言、知识、技能以及情感态度价值观的提升,全方位发展学生的综合素养,改变拆解式的教学与讲解模式。

3. 语文活动

新课标的亮点之三"语文活动",是将语文教学由侧重"教"转向以"学"为重点,符合学习方式变革的要求。"语文活动"强调教师要围绕新课标的理念,设计丰富多彩的语文学习活动,让学生在丰富的言语实践与活动中学习知识。"现在提出的语文活动,是学生自主活动的概括,指向的不是技巧的分解训练,而是指向语文素养,学生在这些活动中运用语言、思考问题、积累语言材料的同时积累经验。"[1]新课标在实施建议中同样指出:"在具体的语文学习情境和活动任务中,全面考察学生核心素养的发展情况。"[2]"语文活动"不同于以往提及的"听说读写"式的教学,它更加注重学生在语文实践活动中语言运用经验的生成、语言技巧的习得以及思维能力的培养。语文活动不再追求"听说读写"的单独训练,转而注重学生在整体性的语文活动中积累言语实践经验。这就要求教师在文本的选择与安排上尽可能地启迪学生的思考,唤醒学生的学习兴趣。同时也要关注学生的所思所感,寻找文本之间的联系。

二、利用信息手段,拓展深广统整的语文教育内容

教师要把握信息时代新特点,积极利用新技术、新手段,以信息技术为载体,创建学习共同体,使学生的素养发展适应社会进步的需要。"应在课程标准

---

[1] 王宁.普通高中课程方案和课程标准修订解读(3) 实施《普通高中语文课程标准》(2017版)的关键问题[J].人民教育,2018(6):40.
[2] 中华人民共和国教育部.普通高中语文课程标准(2017年版2020年修订)[S].北京:人民教育出版社,2020:44.

的指导下,提高教师水平,发展教师特长,引导教师开发语文课程资源,有选择地、创造性地实施课程。"[1]

(一) 发挥信息技术优势,统整海量课程资源

信息技术的应用能够改变传统的课堂教学模式,使枯燥的知识变得具体可感,促进学生对知识的深入认识与理解,拓展学生的语言学习环境,提高语文课堂教学效率与效果,不断提升学生的语文综合素养。要以信息技术突破课堂教学效率低以及难以兼顾学生个性特点的难题,综合使用信息技术平台资源,整合线上教学与线下教学的各自优势,结合课前、课中、课后的不同阶段,联系课上与课下的不同特点,引导学生在多层次的语文学习过程中促进学习的不断深入。同时以线上资源的灵活性与即时性,来弥补语文教材相对于现实生活的滞后性,增强语文课堂教学的时代性。强化教师深广的资源开发来增加课程厚度,线上线下结合来丰富语文教育方式,信息化呈现统整课程内容的调用。

现代信息技术可以用声音、图片、动画等形式,将枯燥的知识形象地呈现在学生面前,能够提高学生的学习兴趣,增强语文课堂的趣味性,促进学生对知识的迁移与运用。在新文科背景下,教师构建语文课堂教学不能停留在教材的小范围中,而是要积极利用信息技术将课堂教学的视野拓宽到真实的生活中,利用信息技术统整海量的语文课外资源。"以学生语文活动为主线,在新的技术环境下,改变支离破碎的机械训练的做法,组织基于活动体验的语文学习,基于问题探究的语文专题学习。"[2]在对课堂教学进行有效补充的同时,也能拓宽学生的语文知识面。

(二) 强化理念引领,促进学生发展

学校课程是为了学生将来的人生做铺垫、打基础,人们在生活中、工作中需要用怎样的语文,学校就应当教怎样的语文。教师要抓住语文课程源于生活、为了生活、服务于生活的逻辑起点。

---

[1] 中华人民共和国教育部.普通高中语文课程标准(2017年版2020年修订)[S].北京:人民教育出版社,2020:3.
[2] 戴晓娥.信息技术支持下的语文单元整体教学研究与实践[J].全球教育展望,2020(7):77.

1. 专题学习

《普通高中语文课程标准(2017年版2020年修订)》在学习任务群3"跨媒介阅读与交流",明确提出了要运用多种媒介开展多种多样的语文实践活动,要"引导学生学习跨媒介的信息获取、呈现与表达,观察、思考不同媒介语言文字运用的现象,梳理、探究其特点和规律,提高跨媒介分享与交流的能力"①。在当今的信息社会,知识资源爆炸,海量信息触手可得,每一个身处时代浪潮的人,都必须学会如何获取海量信息以及如何辨别各种信息。新课标的这一全新要求恰当地顺应了当今社会发展的需求,同时也对中学语文教学提出了更高的挑战。

2. 信息技术融入

互联网的诞生改变了人们的认知方式与交往方式,同样教师在教学中也要积极运用互联网这一工具,"教师需要将互联网资源纳入课堂教学内容中来,借助信息技术和网络技术的帮助,积极寻找学生主动建构意义的对象"②。在教学设计的过程中综合运用图片、文字、音频、视频等各种媒介元素,了解各种媒介的不同特点,借助网络整合各种媒介资源,充分发挥跨媒介的作用来辅助语文教学,丰富语文教学内容,提高学生的媒介素养。

总之,教育事业是党和国家事业的重要组成部分。教育要顺应当今社会的发展需要,与时俱进,积极关注语文课程在社会信息化过程中发生的新的变化,以培养创新性人才。新文科背景下的新时代语文教育事业发展必须把握时代特征,契合时代需求,拓展深广、丰富、统整的语文教育内容,进一步提升教育服务经济社会发展和培育时代新人的能力。

第五节　注重质量水平,体现分层分类

《普通高中语文课程标准(2017年版2020年修订)》和《义务教育语文课程标准(2022年版)》都围绕核心素养,提出了学业质量水平分层标准。"学业质量

---

① 中华人民共和国教育部.普通高中语文课程标准(2017年版2020年修订)[S].北京:人民教育出版社,2020:14.
② 户晓萌.如何运用"互联网+"技术提升高中语文教学质量[J].中国新通信,2022(4):175.

是学生在完成本学科课程学习后的学业成就表现。学业质量标准是以本学科核心素养及其表现水平为主要维度,结合课程内容,对学生学业成就表现的总体刻画。"[1]课程内容是规定"学什么";课程目标是规定"学到什么程度";学业质量标准是对"学得如何"的分级评价。所以,学业质量评价应对标课程目标。限于篇幅,这里仅对《普通高中语文课程标准(2017年版2020年修订)》(简称"高中语文新课标")文件中的高中语文学业质量标准展开分析。

一、学业质量水平的作用

高中语文新课标以三年为一体,将高中语文学业质量水平划分为五级,并对其相应内涵进行了具体、翔实、可操作的阐述。其重要作用如下:

(一)为落实课程目标提供参照

学业质量以课程目标为依据,对学生达到的不同水平的学科课程目标的学业成就表现,进行了具体而细致的描述,是课程标准的重要组成部分。学业质量指向核心素养、课程目标、课程内容,为教学评价、考试评价提供依据,共同协力促进学生全面发展。高中语文新课标在紧扣语文学科核心素养的同时,又对每个层级水平所对应的学习结果的具体表现进行了详细的质量描述。五级学业质量水平的划分保证了学科课程目标的教学落实,教学目标向育人倾斜,也更加重视引导学生在实践中培养语文核心素养。

(二)为教学管理提供依据

学业质量对学生在学科学习的每一个阶段都进行了量化而具体的描述,划分了由低到高的五个层级,并对学生的具体表现进行了质量描述。根据学业质量标准判断出学生目前所处的层级水平,学校和教师才可以有的放矢地提出建议,为教学中的过程性评价、阶段性评价、学业水平考试和升学考试等提供依据。语文学科核心素养的四个维度五个水平层级,贯穿了高中语文教育的全过程,教师在语文教学中,尤其是学业考试命题和课堂教学中,必须体现出基于学生具体表现的不同水平层级的内在逻辑。

---

[1] 中华人民共和国教育部.普通高中语文课程标准(2017年版2020年修订)[S].北京:人民教育出版社,2020:35.

二、学业质量水平的内涵及分层——以写作为例

高中语文新课标将学业质量标准分为五个层级:"水平一和水平二是必修课程学习的要求,水平三和水平四是选择性必修课程学习的要求,水平五是选修课程学习的要求。"① 高中语文新课标在"课程目标"部分,对照高中语文学科核心素养的四条,分解出每条3点共12小点的课程目标。就课程内容学习和高考评价而言,学生的写作水平都是重要的评价对象。因此,限于篇幅,这里进一步将研究视野聚焦到高中语文新课标对学生写作学业质量水平的相关描述,以一斑窥豹地方式了解学业质量水平的内涵及分层。学业质量水平没有明示"写作"模块,而是包括在"记录""书面语言""表达"等阐述中。笔者尝试将这些阐述筛选出来并以与每条核心素养、各个水平层次并列对照的表格形式呈现,以便分析高中语文新课标对学生写作学业质量水平的要求。

(一) 写作的语言建构与运用学业质量水平

高中语文新课标在"课程目标"中将语言建构与运用核心素养分解为语言积累与建构、语言表达与交流、语言梳理与整合三个方面。相应的具体学业质量水平梳理如表3-1:

表3-1 写作的语言建构与运用学业质量水平

第1水平层 (必修)	第2水平层 (必修)	第3水平层 (选必)	第4水平层 (选必)(高考)	第5水平层 (选修)
留心观察生活,记录对生活的观察和感受……能凭借语感和积累及时调整自己的语言表达,力求使语言表达准确清晰	能用多种形式整理、记录自己学习、生活中的所得	能根据具体的语境和表达的目的、要求,运用口头和书面语言,文从字顺、清晰明了地表达自己的真情实感	能根据具体的语境和表达的目的、要求,运用口头和书面语言,文从字顺、准确生动地表达自己的真情实感	能根据具体的语境组织表达内容,选择合适的表达方式,有效地运用口头和书面语言实现沟通交流

由表3-1可见,写作的语言建构与运用核心素养的学业质量水平表达:(1)强调语言积累,如观察、记录生活;整理所学等;(2)强调运用,如结合语境、

---

① 中华人民共和国教育部.普通高中语文课程标准(2017年版2020年修订)[S].北京:人民教育出版社,2020:39-40.

表达的目的、表达的要求等;(3)强调真情实感,如记录感受、表达自己的真情实感等。但是笔者认为上述内涵还可以更完善,如第 4 水平层从高考的要求而言,未能涵盖当前高考作文要求,还可以包括,灵活调用不同类型的语言材料,进行有目的的组织运用,提升表达的逻辑性等;而不应该第 3 水平层和第 4 水平层的区别仅体现在"清晰明了""准确生动"两个词语上。

(二) 写作的思维发展与提升学业质量水平

高中语文新课标在"课程目标"中将思维发展与提升核心素养分解为增强形象思维能力、发展逻辑思维、提升思维品质三个方面。相应的具体学业质量水平梳理如表 3-2:

表 3-2 写作的思维发展与提升学业质量水平

第 1 水平层 （必修）	第 2 水平层 （必修）	第 3 水平层 （选必）	第 4 水平层 （选必）（高考）	第 5 水平层 （选修）
在表达时,能做到观点明确、内容完整、结构清楚	在表达时,能注意自己的语言运用,力求概念准确、判断合理、推理有逻辑	在表达时,讲究逻辑,做到中心突出、内容具体、语篇连贯、语言简明通顺	在表达时,讲究逻辑,注重情感,能综合运用多种表达方式,从多个角度、多个方面表达自己的理解和感受,力求做到观点明确,内容丰富,思路清晰,感情真实健康,表达准确、生动	在表达时,讲究语言运用,追求独创性,力求用不同的词语准确表达概念,用多种语句形式表达自己的判断与推理;喜欢尝试用多种文体、语体、多种媒介,多样地表达自己的思想和情感,追求表达的准确性、深刻性、灵活性、生动性

由表 3-2 可见,写作的思维发展与提升学业质量水平的表述还是比较清晰的,标志词是"在表达时"。难得的是具体内涵也是聚焦、递进的,强调写作时要观点明确,语言通顺,讲究逻辑,运用多种表达方式,尝试多种媒介等。

(三) 写作的审美鉴赏与创造学业质量水平

高中语文新课标在"课程目标"中将审美鉴赏与创造分解为增进对祖国语言文字的美感体验、鉴赏文学作品、美的表达与创造三个方面。相应的具体学业质量水平梳理如表 3-3:

表 3-3　写作的审美鉴赏与创造学业质量水平

第1水平层（必修）	第2水平层（必修）	第3水平层（选必）	第4水平层（选必）(高考)	第5水平层（选修）
能运用口头语言和书面语言传达自己对作品的感受和理解		能运用多种形式表达自己的体验和感受；能对具体作品作出评论	喜欢尝试用不同的语言表现形式表达自己的思想和情感，尝试创作文学作品	有文学创作的兴趣和愿望，愿意用文学的形式表达自己的情感，追求正确的价值观、高尚的审美情趣和审美品位

由表 3-3 可见，写作的审美鉴赏与创造学业质量水平的表述，强调了表达感受、多种形式、创作文学作品等内涵。但笔者认为这部分的学业质量有不足之处：首先，第 2 水平层，没有关于写作、表达的相关阐述，无法达到各层的衔接；其次，第 4、5 水平层，强调了"文学创作"，与高中生作文、高考作文突出关注当下生活的非虚构写作居多的现状不相吻合。

（四）写作的文化传承与理解学业质量水平

高中语文新课标在"课程目标"中将文化传承与理解分解为传承中华文化，理解多样文化，关注、参与当代文化三个方面。相应的具体学业质量水平梳理如表 3-4：

表 3-4　写作的文化传承与理解学业质量水平

第1水平层（必修）	第2水平层（必修）	第3水平层（选必）	第4水平层（选必）(高考)	第5水平层（选修）
	能在自己的表达中运用富有文化意蕴的语言材料和语言形式，增强语言的表现力	对阅读和表达交流中涉及的有关文化现象展开讨论，有依据、有逻辑地阐明自己的观点……通过调查访问、辩论演讲、专题讨论等活动发展自己的文化理解与探究能力	能在阅读和表达交流中探析有关文化现象……专题探究，尝试撰写相关调查报告或专题研究报告	对生活中自己感兴趣的某些语言、文学、文化现象及社会热点问题进行专题探究，写相关调查报告或专题研究报告……对当代文化建设发表自己的见解

由表 3-4 可见，写作的文化传承与理解学业质量水平的表述强调：运用富有文化意蕴的语言材料和语言形式；借助调查访问、辩论演讲、专题讨论；撰写调查报告、专题研究报告等多种写作学习方式和内容。不足之处在于：第 1 水

平层没有关于写作学业质量内涵的阐述。

  总之,高中语文新课标能专门提出学业质量评价标准,是对以往课程文件的超越,对照语文核心素养和课程目标,体现了教学评一体化理念,也为教学管理、考试评价等提供了依据。但是具体内涵和表述等方面,还有待进一步完善。

第四章　新文科背景下的新阅读教学

新文科要探索文科教育教学改革新模式、新路径,其与现行的传统文科相融并存,共同履行新时代文科和文科教育的使命①。语文学科传统阅读教学与新阅读教学也是相似的关系。语文学科传统阅读教学,主要指单篇选文的阅读教学。随着我国核心素养课程改革不断推进,阅读教学样态正经历转型:从以单篇文本为中心转向超越单篇、超越文本,以核心素养为本;从以语文学科为中心转向跨学科、跨媒介;从教室时空转向学校、社会、线上线下结合等。新文科背景下的师范生教育应该,也必须跟上基础教育改革的步伐,在全面把握单篇选文教学的同时,也要深入把握新阅读教学的主要类型。本章主要分析整本书阅读教学、跨媒介阅读教学这两种新阅读教学。

第一节　整本书阅读教学

阅读整本书,在我国语文教育中历史悠久;但"整本书阅读"作为学习任务群,在《普通高中语文课程标准(2017年版)》文件中才得以正式课程化,受到前所未有的重视。当下,整本书阅读已编入语文教科书,也是中考、高考必考的内容,因此,在理论和实践研究中也受到持续关注。

一、整本书阅读及其教学的课标阐释

高中语文提出"整本书阅读与研讨"学习任务群;义务教育阶段语文将"整本书阅读"作为拓展型学习任务群。笔者梳理、摘录了《义务教育语文课程标准

---

① 别敦荣.人文教育、文科教育、"新文科"建设概念辨析与价值透视[J].高等教育研究,2022(8):82.

(2022年版)》《普通高中语文课程标准(2017年版2020年修订)》两份国家文件中对各学段整本书阅读的学习内容、学习要求及实施建议等内容,归纳如表4-1:

表4-1 语文课程标准中整本书阅读的相关内容

学段	学习内容	学习要求	实施建议
第一学段 (1~2年级)	① 图画书 ② 儿歌集 ③ 童话书	① 体会读书快乐 ② 感受儿歌韵味、童趣 ③ 想象画面,讲述故事	**义务教育阶段整本书阅读目的:** 根据阅读目的和兴趣选择图书,制订阅读计划,综合运用多种方法阅读整本书;借助多种方式分享阅读心得,交流研讨,积累经验,养成阅读习惯,提高整体认知能力,丰富精神世界。 **评价建议:** 关注阶段性评价,采用读书笔记、读书报告会、读书分享会等方式完成阅读。
第二学段 (3~4年级)	① 英雄模范事迹的图书 ② 儿童文学名著 ③ 中国古今寓言、中国神话传说	① 讲述英雄故事 ② 感受真善美;讲述故事 ③ 学习中华智慧,分享启示	
第三学段 (5~6年级)	① 革命类作品 ② 文学、科普、科幻类作品	① 讲述家国情怀和爱国精神 ② 梳理基本内容,交流感兴趣的话题 ③ 梳理、反思、分享自己整本书阅读的经历、体会和方法	
第四学段 (7~9年级)	① 革命文学 ② 古今中外诗歌集、中长篇小说、散文集 ③ 开展读书活动,丰富、拓展名著阅读	① 体会、评析爱国精神和人格魅力 ② 完成读书笔记,对语言、形象、主题等展开研讨 ③ 借助多种媒介讲述、推荐名著,说明推荐理由;尝试改编名著;尝试撰写文学鉴赏文章	
高中阶段	② 阅读一部长篇小说	① 形成和积累阅读经验。综合运用精读、略读与浏览的方法把握文本内涵和精髓 ② 整体把握思想内容和艺术特点。从故事、人物、场景、语言、主题、艺术价值等方面入手深入探究	**教学提示:** ① 选择反映中华优秀传统文化、革命文化和社会主义先进文化的作品。 ② 每读一遍,重点解决一两个问题,仔细推敲、略读或浏览。要有笔记。

(续表)

学段	学习内容	学习要求	实施建议
高中阶段	③阅读一部学术著作	③通读全书，勾画圈点；梳理全书内容提要；把握重要观点和作品的价值取向。了解学术思想及学术价值。探究语言特点和论述逻辑	③学生自主阅读、撰写笔记、交流讨论为主。教师提出专题学习目标，组织学习活动，引导学生深入思考、讨论与交流。 ④教师应及时组织交流与分享。
		④利用目录、序跋、注释等，学习检索作者信息、作品背景、相关评价等资料，深入研读作家作品	
		⑤理解作品；逐步形成正确的世界观、人生观和价值观。撰写全书梗概或提要、读书笔记与作品评介，通过口头、书面形式或其他媒介与他人分享	

概括来说，核心素养课程标准阐述了整本书阅读的不同学段阅读内容及要求、不同类型作品的阅读要求、读书方法等内容。另外，还列举了义务教育阶段整本书阅读的具体作品，对一线整本书阅读教学与评价具有明确指导意义。但具体的整本书阅读教学设计及实施细节，还需要教师借助一定的策略进行教学架构及细化。

二、整本书阅读教学策略

整本书阅读教学可分为读前、读中、读后三个阶段，也可分为读前指导、读中交流、读后汇报等不同课型。针对这些，都可以分别探索其教学策略。有研究者总结出整本书阅读教学存在这样的一些问题：书外谈书不进"书"；浮光掠影不入"书"；随便挖洞没有"书"；只有"知识"不见"书"；简单的读用结合等[①]。对此，笔者认为有如下改进现状的策略：

（一）构建"面点线"结合的教学内容

首先要强调的是：教师应该在学生阅读之前，就已经深度阅读和鉴赏过所

---

① 黄厚江,孙国萍.整本书阅读教学的常见问题及其解决策略[J].语文建设,2021(23)：29-30.

要学习的整本书;然后在学生阅读的过程中,继续师生共读。教师唯有真读、深读、研究式阅读,才能全面把握整本书,为整本书阅读教学及指导学生阅读打下基础。

教师在构建整本书教学内容时,可以依据由"面"到"点"再到"线"这样的逻辑。"面"上教学,指教师在学生阅读前进行全书阅读提示与指导,包括:时代背景、文学价值、作者简介;整本书阅读任务和时间规划、小组分配、读书方法介绍;总体评价要求、部分试读及指导等。"点"上教学,内容主要指阅读过程中,配合学生阅读进度,进行某些章节内容相关的教学,或几个章节内容的微专题交流与分享等。"线"上教学,是指教师在阅读后组织学生展示阅读成果,即基于全书内容的阅读交流反馈,如按照人物形象、语言艺术、写作手法、思想主题等线索,对全书内容进行归纳、消化、点评等。

比如,《骆驼祥子》的整本书阅读教学:"面"上教学,即简介老舍的生平、艺术成就、阅读规划等;"点"上教学,即阅读过程中各章节内容的概括,思维导图形式的梳理,批注法、笔记法等阅读方法的学习与运用;"线"上教学,即全书情节概括、人物形象分析、艺术手法分析、主题分析、跨媒介学习(《骆驼祥子》电影版与图书版对比分析)、写鉴赏文章等。

(二)融入多种读书策略的学习

整本书阅读是统整的语文学习,是单篇选文为主的语文学习的有益补充。整本书阅读,除了阅读把握这一本的内容以外,更重要的是获得阅读一类书的迁移能力。因此,整本书阅读教学除了关注本书内容,还要引入适合的读书策略。整本书阅读教学要有意识引导学生实践迁移运用读书方法。所谓授人以鱼不如授人以渔。

读书方法很多,教师可以根据不同类型书籍、不同读书目的、不同学段学生等,引入读书方法教学。从《义务教育语文课程标准(2022年版)》整本书阅读相关阐释中可以提取的读书方法有:讲述故事、读书笔记、口头交流、书面交流、名著推荐、名著改编、撰写文学鉴赏文章等。从《普通高中语文课程标准(2017年版2020年修订)》中可以提取的读书方法有:精读、略读与浏览;勾画圈点,做内容提要,利用目录、序跋、注释;做全书梗概或提要、读书笔记与作品评介;通过口头、书面形式或其他媒介分享。另外,还有很多其他读书法,教师可以学习借鉴引入教学中。如朱子读书六法:循序渐进、熟读精思、虚心涵泳、切己体察、着紧用力、居敬持志①。又如著作《如何阅读一本书》提出,阅读有基础阅读、检视阅读、分析阅读、主题阅读四个层次以及阅读不同类型读物的方法②。再如著作《如何有效阅读一本书:超实用笔记读书法》用"笔记管理读书生活、用笔记把读过的书变成精神财富、通过重读笔记提高自我"③等章节分析了笔记读书法,笔记可以将朦胧如迷雾的思考进行分类归纳,以便利用。

比如,阅读故事类文本《西游记》,可以用思维导图法梳理故事情节、归纳人物形象;用勾画圈点法、边批法、读书笔记法进行分析阅读;用跨媒介分享法、主题阅读法等进行专题阅读分享。

(三) 开展丰富多样的阅读活动

课程化、任务群化的整本书阅读,与以前的课外阅读相比,很大的不同在于使读书活动真正得以深入开展。教师要组织丰富多样的阅读活动,使读书有趣、有效、见成果。可以从课内、课外两个角度考虑阅读活动的安排。课内阅读活动,如:课前三分钟读书交流,可以交流近期读书感触;不定期、灵活主题的读书报告会;也可以借鉴一些学生喜欢的电视节目形式进行读书成果展示,如"朗读者"节目、"中国诗词大会"节目、"超级演说家"节目等。课外阅读活动,如:读书社、读书推广周、趣味读书、跨媒介读书共同体等。

另外,结合当前学习方法或学习理念的研究热点,如项目化学习、任务驱动式学习、深度学习、跨学科学习、跨媒介学习等,探究整本书阅读也很有价值。如从语文、历史两个学科进行《史记》的跨学科阅读,构建了"阅读激趣课、略读指导课、重点突破专题、完结:我是好书推荐官"等不同的课型带动学生开展丰富的跨学科、多文本阅读活动④。如有研究者以"生命"为核心知识,分为"法布尔笔下的生命、法布尔的生命、我们的生命"三个主题,开展项目化学习活动阅读法布尔的《昆虫记》⑤。

比如,《红楼梦》整本书阅读,首先应该规划好充足的阅读时间,督促学生真

---

① 朱熹.朱子读书法[M].刘天然,译注.北京:线装书局,2019:34-125.
② 艾德勒,范多伦.如何阅读一本书[M].郝明义,朱衣,译.北京:商务印书馆,2004:7-289.
③ 奥野宣之.如何有效阅读一本书:超实用笔记读书法[M].张晶晶,译.南昌:江西人民出版社,2016:12-15.
④ 蒲小燕.跨学科视域下的高中整本书阅读教学:以司马迁《史记》为例[D].重庆:西南大学,2022:48-53.
⑤ 焦清艳.以项目化学习促进整本书阅读的真实发生:以《昆虫记》为例[J].语文建设,2022(11):62-63.

正阅读纸质名著;然后开展"我的名著阅读打卡"活动,打卡形式可以灵活多样,如班级张贴大海报纸,设计横向进度条让每位同学填写阅读进度,也可以电子形式打卡。还可根据阅读进度安排读书分享会、红楼知识竞答、红楼诗词讲解会等,其间教师配合学生的阅读进度开设整本书阅读教学不同课型。

(四)加强整本书阅读过程指导

笔者曾撰文提出整本书阅读过程指导的一些策略:引起研究界关注,丰富整本书阅读过程指导的理论研究;完善教科书编排,增加整本书阅读过程的课堂内外融合;构建校本课程,开展整本书阅读过程指导的校本实践;建立过程档案,记录学生整本书阅读发展的历程[①]。当下语文核心素养课程改革背景下的整本书阅读过程指导除了落实常规的指导策略,还应顺应核心素养改革理念要求,积极探索新思路。有研究者提出了"整本书阅读阶梯式指导"的命题,并提出初读(兴趣激发、感知指导、自我监控指导)、品读(语言文字揣摩指导、艺术手法品析指导、文本意蕴欣赏指导)、研读(探究反思指导、成果展示指导)三个阶段不同的指导策略[②]。

笔者以为整本书阅读及其指导,应注重差异性、递进性。从上文课标内容的梳理可见,学生的整本书阅读能力体系的序列性还有待继续探索。教师在教学实践中要有意识研究学生阅读水平差异、不同文本阅读差异、不同学段学情和阅读要求的差异等,并进行有针对的指导,不仅有利于整本书阅读实际效果的提升,也有利于研究的推进。

比如,《艾青诗选》整本书阅读,对于喜欢诗歌并已经阅读过这本诗集的同学,可以用"领读·分享"的活动,指导其进行回读、研读和阅读成果分享;针对对阅读诗歌不太感兴趣的同学,可以选择意蕴深刻的诗歌,如《大堰河——我的保姆》《手推车》等,督促其朗读、抄写、背诵、想象,慢慢引导其读更多的艾青诗篇,读到诗歌更深处。

(五)促进跨媒介读书交流分享

对阅读成果进行交流分享或者为了交流分享而读书,都能提升阅读效果。因此,高中课程设计的是"整本书阅读与研讨",义务教育阶段整本书阅读的"教学提示"也强调要"及时组织交流与分享"。而交流分享的形式,应该更加丰富

---

① 刘艾清.整本书阅读过程指导须厘清的几个问题[J].教学与管理,2018(34):36-37.
② 徐瑶.初中整本书阅读阶梯式指导研究[D].芜湖:安徽师范大学,2019:24-41.

多样。纸笔形式的交流分享,如写读书笔记、摘抄、写概要、写文学鉴赏小论文等;口头形式的交流分享,如读书报告会、表演、辩论赛、故事会等。

另外,在当下网络高度发达、电子设备普及的社会,学生都是网络原住民,读书分享也应顺势而为地利于网络开展跨媒介读书交流分享,如学生的QQ空间、班级群、班级超话,或者借助班级白板、教室PPT、投影仪等电子设备,进行跨媒介分享。

比如,《平凡的世界》整本书阅读,可以让学生结合同名电视剧片段与书本文字内容进行对比分享点评;可以召开作品研讨会,让学生借助纸质或电子材料进行发言讨论;可以选取重要选段,对照无声的电视片段,学生进行配音,体会作品语言。

三、整本书阅读教学案例

《假如给我三天光明》是一本励志的自传,是初中生或小学高年级学生的名著阅读推荐书之一。以前高中语文教科书也曾选编此书开篇的《假如给我三天光明》;现行统编版语文教材七年级上册第三单元编选了此书内容作为自读课文,题为《再塑生命的人》。笔者以本书的整本书阅读为例设计教学,落实上文所述整本书阅读的理念及教学策略,以体现核心素养课程改革的教学新理念。

(一) 案例设计思考

1. 体现整本书阅读内容、读书方法并重

整本书阅读教学,重在引导学生在真实的阅读经历中,发展读一本知一类的阅读素养。因此,掌握读书方法应该与掌握该本书的阅读内容同样重要,这就是整本书阅读迁移的力量所在。因此,《假如给我三天光明》的整本书阅读教学,依据读书内容与过程,设计了相应的主要读书方法,以发展学生阅读传记的素养。

2. 体现读书经历与分享、创造并重

如果没有读书成果产出,对于整本书阅读教学而言,某种程度上就是低效的。因此,教师的整本书阅读教学,包括整体教学设计、过程指导、最终读书成果的提炼,应该是读书经历、读书成果、读书创造三位一体的。因此,《假如给我三天光明》每个主题的阅读,始终要求学生真读,学习和运用读书方法,创造相应的读书成果。在此基础上,最终能借助跨媒介读书共同体,产出基于整本书内容或读书经历的小组读书成果。

(二) 案例呈现

抓住《假如给我三天光明》作为人物传记的特点，构建系列专题，开展整本书阅读教学设计。案例内容如下：

《假如给我三天光明》整本书阅读教学设计

学习目标：
1. 阅读全书了解海伦·凯勒的人生故事；掌握阅读人物传记的多种方法。
2. 结合具体事件或语言，感受海伦·凯勒坚强、乐观、向上的精神品质。
3. 能就整本书阅读方法感悟海伦·凯勒的精神品质，进行学习迁移，产出相应的学习成果。

教学重点： 目标1和2。

教学难点： 目标3。

学习方法： 跨媒介学习法；略读法、精读法；思维导图法、勾画圈点法、批注法；写读书笔记、写读后感等。

专题1 读书规划及阅读开篇

学习目标： 1. 了解作家作品。
2. 组建跨媒介读书小组；明确读书规划。
3. 试读开篇"假如给我三天光明"的内容，学习传记阅读三个层次。

读书方法： 三层阅读法、勾画圈点法、思维导图法等。

学习准备： 学生准备好指定版本的《假如给我三天光明》纸质书。

课时安排： 1课时。

学习过程：

一、游戏导入

同学们，我们先来玩个游戏，我来说，你们来做。请闭上眼睛，想象你失去视觉；再捂住耳朵，想象你同时失去听觉。现在，请同学们在脑海中想象你要去某个从来没有去过的公园，你的经历和感受会有什么不一样？（师生交流）。正如同学们所感受和谈论到的，这样的人真是太不幸了！这个人叫海伦·凯勒。虽然她有大家不能忍受的身体缺陷，但是她的成就、精神和故事为世人所广泛传说,被《时代周刊》评论为"20世纪美国十大偶像之一"。我们近期整本书阅读任务就是阅读海伦·凯勒的传记著作《假如给我三天光明》。

二、了解作家作品

1. 关于这本书和作者海伦·凯勒,大家有了解吗?说说看。(学生回答)
2. 教师归纳、小结作家作品情况。

三、阅读规划

1. 组建跨媒介读书小组:请同学们自主选择读书伙伴,4~5人一组;选出一位善于组织学习、分配学习任务的同学为组长。
2. 读书时长:5周。
3. 时间安排及读书任务:所有同学都要开展全书深入阅读,并以小组为单位合作完成读书过程中的小组任务。

阅读周	阅读任务
第1周	阅读开篇"假如给我三天光明",学习传记的"三层阅读法"。
第2、3周	精读"我生活的故事""走出黑暗",略读全书,厘清传记事件。
第4周	精读"我的老师",略读全书,理解"磨难与成长"。
第5周	读书成果汇报。

四、读书方法学习

1. 归纳你平时读书常用的方法。

学生:圈画、摘抄、写概要、写读书笔记等;以个人读书为主。

2. 人物传记的读书方法

三层阅读法:事情+作者的感悟+读者的感悟

分三个阅读层次开展阅读:

(1) 梳理传主经历的事情,用思维导图法;
(2) 理解作者的感悟,用勾画圈点、摘抄等方法;
(3) 记录读者的感悟,用边批、读书笔记等方法。

五、试读开篇内容

试读开篇"假如给我三天光明"这部分内容:

1. 个人独立阅读:略读、快速阅读,尝试按照"三层阅读法"开展阅读。
2. 小组讨论:一起用思维导图,梳理假如给我"我"三天光明将做的事情。

3. 组内分享：小组成员每人轮流分享两处作者的阅读感悟和一点自己的阅读感悟；如果时间有剩余可以继续新一轮分享。

六、作业

1. 上传开篇的思维导图到班级的"语文课"群相册中。

2. 继续阅读：至少读完"我生活的故事"部分；挑战阅读更多的篇幅内容。

专题2　厘清传记事件

学习目标：

1. 利用阅读课和课后自主阅读时间，精读"我生活的故事""走出黑暗"，略读全书，运用思维导图法，厘清传主所经历的事情。

2. 理解海伦·凯勒对生活的感悟，体验和分享自己的阅读感受。

读书方法： 精读法、略读法、思维导图法。

课时安排： 1课时。

学习过程：

一、精读"我生活的故事""走出黑暗"

1. 用思维导图概括出传记的事件。

2. 用其他阅读符号标注出表明作者感悟的语句。

3. 及时在边批或阅读笔记上记录自己的阅读感悟。

二、略读全书，补充传记事件

略读全书内容，寻找作者在其他部分所记述的事件，并合并到思维导图中。

三、感悟海伦·凯勒的人生

通过梳理海伦·凯勒的人生事迹，加深对其人其事其精神的理解。写一段不少于300字的读后感。

四、作业

1. 完善传记事件的思维导图，上传到班级的"语文课"群相册中。

2. 继续阅读：至少读完"我的老师"部分。

3. 采用回读、跳读、略读等方式，继续阅读全书。

专题3 理解"磨难与成长"

学习目标:

1. 精读"我的老师",略读全书,理解莎莉文老师的人生经历以及她的精神品格。

2. 理解莎莉文老师对海伦成长的巨大贡献,理解师生情谊。

3. 开展整本书阅读,边读边勾画圈点自己有感悟的语句。

读书方法: 精读法、研读法、勾画圈点法。

课时安排: 1课时。

学习过程:

一、精读"我的老师"

用思维导图概括出莎莉文老师的人生轨迹,理解莎莉文老师与命运抗争的历程。

二、探讨莎莉文老师的人格魅力

勾画圈点相关语句,理解莎莉文老师不屈服的精神品质。

三、感受"语言"和教育的力量

1. 用思维导图概括出莎莉文老师初到海伦家,教导海伦开悟的事件;感受"语言"的力量。

2. 探讨莎莉文老师的教育方法,感受莎莉文老师对海伦人生的巨大引导与帮助。

四、感悟昂扬向上的人生态度

结合相关语句,感受莎莉文老师和海伦在人生的苦难中不断突破,付出万般努力成长的坚韧意志。

五、作业

1. 将莎莉文老师的人生轨迹的思维导图、莎莉文老师教导海伦开悟的思维导图,上传到班级的"语文课"群相册中。

2. 感受莎莉文老师和海伦的磨难与成长,结合自身的学习与成长,完成读后感一篇。

专题4 理解传记精神

学习目标:

1. 回读、略读全书,深入理解海伦·凯勒的精神品质。

2. 采用适当的呈现方式,将自己对海伦·凯勒的精神品质的感受及所受启示外化为学习成果。

读书方法: 精读法、勾画圈点法、批注法。

课时安排: 1课时。

学习过程:

一、概括传记精神

跳读全书的相关事件、人物及圈画的相关语句,结合具体证据,概括海伦·凯勒的精神品质。

二、探索其他人的精神品质

跳读全书的相关事件、人物及圈画的相关语句,结合具体证据,探索莎莉文老师等其他人物的精神品质。

三、畅谈传记精神的启示

1. 感悟海伦·凯勒和莎莉文老师精神品质的启示,并小组讨论。
2. 采用口头汇报的形式,班级分享。

四、沉淀传记精神的感悟

采用关键句摘抄、阅读感悟、"海伦·凯勒,我想对你说……"写一段话等形式,表达出自己对传记精神的感悟。

五、作业

将自己感悟传记精神的成果,上传到班级的"语文课"群文件中。

专题5 学习成果汇报

学习目标:

1. 组建跨媒介读书小组,选择整本书阅读的汇报主题和汇报形式,分工合作共同完成学习成果展示。
2. 整合小组成员读书成果,继续回读整本书,加深对某一内容主题的理解及学习成果提炼。

读书方法: 跨媒介学习法、小组合作探究学习法。
学习准备: 各小组提前规划学习成果汇报形式,全班提前整体规划。
汇报形式: 手抄报、剪贴报、海报、PPT、文档材料、表演法……
课时安排: 1课时。

学习过程：

一、个人学习成果分享

同学带上《假如给我三天光明》和自己的阅读笔记，随机找5位以上的同学，分享整本书阅读的成果与感受。

二、组建跨媒介读书小组

根据个人学习成果分享环节的交流，自主选择5人组成跨媒介读书小组，合作完成小组任务和小组汇报。

三、小组汇报主题

聚焦人物：海伦·凯勒、莎莉文老师。

聚焦事件：海伦·凯勒的人生经历、莎莉文老师与海伦相处的故事。

聚焦传记精神品质：海伦·凯勒对人生的感悟、读者阅读本书的感悟与启示。

聚焦传记写作技巧：叙事、描写、抒情等多种手法；全书结构。

聚焦整本书阅读方法：跨媒介学习法；略读法、精读法；思维导图法；勾画圈点法、批注法；写读书笔记、写读后感。

…………

四、小组汇报

1. 选择某一主题，课内外合作、跨媒介交流与学习，分工合作，准备本组的小组成果汇报。

2. 提前拷贝、准备好各组汇报资料，明确汇报任务分工。

3. 开展整本书阅读小组成果汇报。

五、作业

1. 根据汇报交流的建议，完善小组汇报成果。

2. 沉淀传记类整本书阅读的经验和收获；可以写读书总结。

上述案例设计，体现了整本书阅读教学过程的完整：从阅读规划到阅读过程、阅读成果汇报；以阅读任务驱动阅读实践，包括整本书阅读进度、读书方法学习和读书成果产出，体现读书内容、读书方法、读书成果不断累加的学习效果，全面培养学生整本书阅读素养和语文核心素养。

四、整本书阅读教学实施的注意点

整本书阅读教学已经是中小学语文课程必不可少的内容，在教学实施中要注意以下方面：

（一）促进学生真读书是关键

整本书阅读必须确保学生真读、有时间读。不能以教师的阅读、讲解分析代替学生自主阅读、整理归纳、体会鉴赏。

（二）发展阅读素养是主要目的

中外各类经典作品是阅读不尽的，语文课程的时间更是有限的。因此，整本书阅读是为了会读、读懂一部（类），以发展举一反三的阅读素养，最终促进学生语文核心素养的全面发展。

（三）阅读任务驱动是主要手段

在实施整本书阅读时，教师的主要任务是概括规划阅读进程、设计各阶段阅读任务、组织阅读成果汇报形式与活动等。以阅读任务驱动学生开展真实阅读，是整本书阅读教学得以实施并取得成效的保障。

第二节 跨媒介阅读教学

当今信息化社会，储存、传递信息的媒介丰富多样，主要有纸质媒介、电子的图文或音视频等类型。对于大众而言，互联网、手机是阅读信息的主要来源。对于学生而言，教科书等纸质材料的阅读仍然是主导；但是互联网、手机、电视等形式的媒介，也已经深入影响当今学生的学习和生活。因此，跨媒介阅读与交流也引起基础教育界关注。"跨媒介阅读与交流"是《普通高中语文课程标准（2017年版）》提出的高中语文学习任务群之一。《义务教育语文课程标准（2022年版）》虽然未将之单独设为学习任务群，但也多次强调跨媒介阅读、运用、交流等。新文科的跨界融合、大文化观念、跨学科等特点，与语文学科的跨媒介阅读教学很是契合。

一、跨媒介阅读及其教学概述

信息时代下的中小学生，即使大部分时间身处校园，学习与生活中跨媒介阅读与交流也早已成常态。作为母语教育的语文学科，也应有意识开展跨媒介阅读教学，全面发展学生的跨媒介阅读素养和语文核心素养。

(一) 相关概念

理解课程标准文件所阐述的理念和要求,首先要辨析清楚以下概念。

1. 跨媒介

跨媒介指语文学习利用多种媒介,如:从媒介材质区分,包括纸质的、电子的、实体的、虚拟的等;从具体载体区分,如教科书、网络、报纸、展览馆等。

2. 跨媒介阅读

跨媒介阅读指学生自主或在跨媒介学习共同体中,阅读多种媒介形式的语言或非语言的材料并完成相应的学习任务,培养跨媒介信息提取、转化、表达或整合的能力。

3. 跨媒介交流

跨媒介交流指学生运用多种媒介方式,尤其是非日常惯用的纸笔的交流方式进行呈现、表达与交流,如电子作业、网络空间交流等。

4. 跨媒介阅读教学

跨媒介阅读教学是指教师要为学生提供跨媒介阅读的机会,创设跨媒介阅读的情境,挖掘相关资源,培养学生跨媒介阅读素养。可以是常态语文教学环节中穿插跨媒介学习活动和任务,也可以特意设计跨媒介学习专题。

5. 跨媒介素养

跨媒介素养指学生根据一定的学习需求,选择跨媒介资源,跨媒介收集信息,整合跨媒介信息并能形成独立判断的素养。

(二) 课标要求

《普通高中语文课程标准(2017年版2020年修订)》提出"跨媒介阅读与交流"学习任务群,占0.5个学分,贯串必修、选择性必修和选修三个阶段。"本任务群旨在引导学生学习跨媒介的信息获取、呈现与表达,观察、思考不同媒介语言文字运用的现象,梳理、探究其特点和规律,提高跨媒介分享与交流的能力,提高理解、辨析、评判媒介传播内容的水平,以正确的价值观审视信息的思想内涵,培养求真求实的态度。"其"学习目标与内容"包括:学生要能了解常见媒介与语言辅助工具的特点;辨识信息、独立判断;关注当代网络文学和网络文化,坚持正确的价值导向;建设跨媒介学习共同体等。其"教学提示"要点包括:教师可引导学生自主选择有关跨媒介的普及性著作进行研习;教师要在学生感兴趣的媒介应用领域,创设应用场景;通过实例分析,研讨多种媒介的特点;教师要引导学生理解多种媒介运用对语言的影响等①。

《义务教育语文课程标准(2022年版)》从小学第三学段(5~6年级)开始提出"跨媒介阅读",具体表述包括:"感受不同媒介的表达效果,学习跨媒介阅读与运用,初步运用多种方法整理和呈现信息。"②初中阶段要求:"学习跨媒介阅读与运用,体会不同媒介的表达特点,根据需要选用合适的媒介呈现探究结果。"③将"跨媒介阅读与交流"归为"发展型学习任务群"中的"实用性阅读与交流":"学习跨媒介阅读与交流。通过多种媒介关注国内外政治、经济、社会、科技、文化等方面的新鲜事,比较不同媒介的表达效果,尝试探究不同媒介的表达特点;阅读新闻报道、时事评论等作品,关注社会主义建设新成果,就感兴趣的话题与同学进行线上线下讨论,根据目的与对象选择合适的媒介进行交流沟通。"④在"跨学科学习"中提出"运用跨媒介形式分享研学成果……运用多种媒介发布学习成果"⑤。

(三) 重要作用

跨媒介阅读教学作为新兴阅读教学形式,有如下重要作用:

1. 突破传统,链接新技术

当下社会,信息技术发展带来了学习与交流方式的深度变革。跨媒介学习很大程度上都与新技术使用相关。因此,跨媒介阅读教学能够突破教学主要局限于校内、课堂内、学科内的传统,灵活使用翻转课堂、线上线下结合、智慧教学等新技术,带来学习内容和学习方式的变革。

2. 突破学科,链接生活

当下的中小学生被称为"网络原住民",接受的信息来自网络、课堂、教师、家长等多种渠道。因此,语文学习,也应不局限于语文学科范畴,而要链接生

---

① 中华人民共和国教育部.普通高中语文课程标准(2017年版 2020年修订)[S].北京:人民教育出版社,2020:14-15.
② 中华人民共和国教育部.义务教育语文课程标准(2022年版)[S].北京:北京师范大学出版社,2022:13.
③ 中华人民共和国教育部.义务教育语文课程标准(2022年版)[S].北京:北京师范大学出版社,2022:16.
④ 中华人民共和国教育部.义务教育语文课程标准(2022年版)[S].北京:北京师范大学出版社,2022:25.
⑤ 中华人民共和国教育部.义务教育语文课程标准(2022年版)[S].北京:北京师范大学出版社,2022:35-36.

活。跨媒介阅读与表达是常见的链接方式。通过跨媒介阅读教学,可以链接学科外的大语文、社会或网络资源,也可以将学生的学习成果进行跨媒介表达。

3. 突破当下,链接未来

当下的学习正是为未来生活作准备。学生未来走上工作岗位一定是跨媒介的学习和工作状况。当下在学校学习中突破常规学习方式,开展跨媒介阅读与交流的学习,也是为学生的未来生活奠基。

二、跨媒介阅读教学策略

统编版高中语文教材必修下册第四单元"信息时代的语文生活",是专门进行跨媒介阅读与交流的实践单元,设计了"认识多媒介、善用多媒介、辨识媒介信息"三个学习活动。就跨媒介阅读教学和策略而言,有研究者从小说等文体视角进行研究,也有从高中、初中学段区分进行研究。笔者以为,跨媒介阅读教学的开展,有如下教学策略。

(一)落实跨媒介阅读教学理念

新文科强调多学科"融"入以及"新"技术运用于新文科教育。语文跨媒介阅读教学也应紧扣新文科的理念开展教学。

融,即将跨媒介资源融入阅读教学设计。"'跨出去'不是非此即彼二元对立的选择,'跨'的终极追求是'融'。"[①]核心素养课程改革倡导突破语文教科书及选文的限制,因此对课程内容提出了任务群的范畴。通过核心素养、任务群等的引导与限制,教师可以将书本外的跨媒介资源融入语文教学中。"融"的关键是为语文学习而融入,一定要避免跨媒介资源不恰当使用带来的阅读教学表面热闹或者非语文的学习状况。新,即设计新技术参与的多元学习方式。从学生学习的视角看,跨媒介阅读要课堂内外、学科内外、线上线下相机而行;从教师阅读教学的视角看,教师要有意吸纳新技术手段辅助教学或设计学习活动,如多媒介参与的阅读任务、利用教室技术环境进行互动生成式学习、设计跨媒介学习任务或成果呈现方式。

如教学《秋天的怀念》一文。课前,可以布置学生搜集、阅读史铁生生平资料和观看相关音视频;课中,可以播放史铁生讲述与母亲故事的视频、关于史铁

---

① 张悦.语文教育:走在媒介融合的时代:"跨媒介阅读与交流"任务群的教学理解与活动策略[J].语文教学通讯,2018(34):20.

生的节目片段、课文的名家朗诵;课后,布置学生以"史铁生,我想对你说……"为首句,写一段感悟或发一个朋友圈或写一封信等多种创新作业。

(二) 挖掘跨媒介阅读课程资源

跨媒介阅读教学,意味着教师要用多种媒介资源引导学生学习语文。跨媒介阅读教学实施的首要条件,是教师要广泛搜集、选择和利用跨媒介课程资源。

首先,在学科领域中开发课程资源,包括在语文学科内和多学科(跨学科)范畴开发。《义务教育语文课程标准(2022年版)》还提出了"跨学科学习"的概念。跨媒介阅读教学、跨学科学习,都体现了新文科打破传统学科壁垒的追求。如学习《沁园春·长沙》,除了惯常地解读文本资源以外,还可以挖掘历史学科中的时代背景资源;将由语言所解读的作者毛泽东形象,与艺术视野中青年毛泽东的画像对照分析;还可以结合音乐学科中相关歌颂毛主席的歌曲参照理解;等等。如此跨媒介、多学科学习,可以打开学生学习思维的深度和广度。

其次,充分挖掘利用网络资源。近年,随着智能移动设备的普及以及4G网络、5G网络、大数据＋、虚拟技术＋等信息技术的蓬勃发展,网络线上教育平台和资源飞速发展和增加。2019年暴发新冠疫情后的三年多时间里,师生都能熟练使用腾讯会议、钉钉、哔哩哔哩、云班课等多种媒介或资源进行学习。这些都为跨媒介学习提供了资源和设备的基础。因此,跨媒介阅读教学设计与实施中,教师要充分挖掘和利用网络资源,也要引导学生收集、判断和使用网络资源。如教学名家名篇时,可以融入名家范读音频、"百家讲坛"节目片段、名篇相关的影视片段等。

(三) 构建跨媒介阅读教学内容

跨媒介阅读教学,需要对多元媒介蕴含的内容纷繁复杂的海量信息进行去粗取精,辨析整合。《义务教育语文课程标准(2022年版)》强调"突出课程内容的时代性和典范性,加强课程内容整合"[①]的理念。因此,跨媒介阅读教学要锚定语文核心素养新课标要求,指向学生语文核心素养发展;对收集到的多媒介资源进行筛选、整合,并结合语文教科书的内容,构建语文学习目的鲜明的跨媒介阅读教学内容。换言之,教学内容构建的逻辑起点应该是语文教学设计的需要,而不是所找到的大量跨媒介资源。这样才能确保跨媒介是阅读教学的手

---

① 中华人民共和国教育部. 义务教育语文课程标准(2022年版)[S].北京:北京师范大学出版社,2022:2.

段,发展学生语文核心素养才是目的。从教学设计的角度来说,符合新课程改革凸显情境教学的理念,还可以设计跨媒介阅读教学的情境,以便更好地统整各类资源融入教学内容。

比如,教师在设计《兰亭集序》一文的阅读教学时,想起浏览过体现中华文化的"超时空浪漫"的新闻:外国宇航员萨曼莎在国际空间站掠过北京上空时拍摄照片并发布在个人社交平台,用中文并配上了英文和意大利文的翻译,引用《兰亭集序》中的语句:"仰观宇宙之大,俯察品类之盛,所以游目骋怀,足以极视听之娱,信可乐也。"这就是可以融入本文从多个层面进行教学利用的跨媒介资源,以便构建不一样的教学内容。如:在导入环节引入,以激发学生的文化自信;也可以设计朋友圈形式的学习成果,作为情境任务示范,即让学生学习本文后也为某一景点拍照、配文并发朋友圈;也可以在精读环节,学习到该诗句时引入,加深学生的理解,让其感受中华优秀传统文化跨文化、跨时空的交流。

(四) 设计跨媒介阅读教学活动

《义务教育语文课程标准(2022年版)》强调"增强课程实施的情境性和实践性,促进学习方式变革"①。将跨媒介资源吸纳到更合适的教学环节中,并运用多元学习方式高效学习,还可以建设跨媒介学习共同体。但阅读教学始终应以教科书及其所指向的语文核心素养作为教学活动设计的限制。具体学习活动开展,可以借助教材文本和跨媒介组合资源。如教学《我爱这土地》一文时,可以在导入环节使用习近平总书记在二十大会议上发言的照片,让学生对比当下幸福生活理解诗歌;在深入理解诗歌环节,引入讲解诗歌抗日战争年代背景的视频;在拓展延伸的诗歌仿写环节,播放《江山壮丽》视频片段和反映我国科技进步、人民幸福的多张图片,激发学生捕捉抒写当下幸福生活的诗歌意象和情感。

还可以就某一阅读教学主题,采用主题+跨媒介组合的学习活动。如有教师在教学"'霸王别姬'统一历史故事的不同表达"这一课时,以"霸王别姬"为中心事件,引导学生搜集各类跨媒介资源进行对比阅读分析:阅读纸质版《史记·项羽本纪》、欣赏京剧《霸王别姬》相关选段、观看电影《霸王别姬》、欣赏音乐《霸王别姬》、欣赏舞蹈《霸王别姬》②。

---

① 中华人民共和国教育部.义务教育语文课程标准(2022年版)[S].北京:北京师范大学出版社,2022:3.
② 毛刚飞.跨界之美:"跨媒介阅读与交流"任务群几点思考[J].语文学习,2018(5):22-26.

（五）完善跨媒介阅读教学评价

跨媒介阅读教学基于文本，引导学生能够灵活运用多种媒介学习，多角度思考并解决问题。因此，教师应有意识地设计评价任务，积极尝试将过程性评价和终结性评价等不同的评价方式相结合，对学生的跨媒介阅读素养进行全面、科学的评价。评价的内容包括跨媒介信息检索、筛选、整合、分析、价值判断、再利用等跨媒介阅读素养。实施跨媒介阅读教学时，可以根据教学内容，有针对地发展和评价学生的一个或多个跨媒介阅读素养。

如韦存和、陈玉剑两位老师，曾在大丰白驹的中华水浒园开展了一次以"施耐庵在白驹"为主题的跨媒介阅读与交流活动[①]。首先，学生阅读《水浒传》中"智取生辰纲"和"鲁智深拳打镇关西"两则故事。其次，由讲解员带领学生参观水浒园，加深对人物形象的理解。接着，学生分组编写和排练课本剧。表演结束后，由馆长、水浒园的工作人员以及家长和学生对各小组进行打分；还邀请了专业的编导老师，对学生的剧本和表演进行点评，最终评选出"最佳编剧""最佳媒介运用"等奖项。这则案例中的评价主体多元，包括馆长、水浒园的工作人员以及家长、学生、老师；评价内容多元，包括对文本的把握、对参观水浒园所得信息的整合以及学生以课本剧形式对学习内容的转化表达等。

三、跨媒介阅读教学案例

当前已有的案例研究中，关注跨学科、实践活动学习的跨媒介阅读与交流设计案例较多。如《群·课堂：高中语文学习任务群教学设计：任务四 跨媒介阅读与交流》[②]一书，分别以"网络、影视、广播、印刷、书写"几个主题设计了多个这种类型的案例。也有基于选文出发的跨媒介阅读教学设计的相关研究。

（一）案例设计思考

笔者选取了《百合花》进行革命文学类作品的跨媒介阅读教学案例研究。《百合花》是茹志娟的短篇小说，入选统编版高中语文教材必修上册第一单元。作品完成于1958年3月，围绕19岁的小通讯员护送我去前沿包扎所以及小通讯员向新媳妇借被子等情节，塑造了"我"、小通讯员、新媳妇三人的人物形象和

---

① 韦存和,陈玉剑.跨媒介阅读：打开阅读世界的新钥匙[J].中学语文教学参考,2020(11)：29.
② 张悦,将文杰.群·课堂：高中语文学习任务群教学设计：任务四 跨媒介阅读与交流[M].杭州：浙江教育出版社,2017.

革命精神。本案例设计体现如下思考：

1. 落实"革命文化"主题教育理念

"语文课程对继承和弘扬中华优秀传统文化、革命文化、社会主义先进文化，培养文化自信，推动文化的创新发展，具有不可替代的优势。"①"弘扬社会主义先进文化、革命文化、中华优秀传统文化，建立文化自信。"②高中设置了"中国革命传统作品研习"和"中国革命传统作品专题研讨"两个任务群。"重视对作品有关背景的深入了解，可通过实地考察、人物访谈等课外活动，获取真实资料，撰写读书笔记，整理采访记录，撰写学习体会和感想，以加深对革命活动背景和英雄人物思想境界的深刻理解。也可与历史课、地理课结合，组织跨学科的学习活动，在提高思想水平的同时，提高学生口头交流、现场记录、文稿整理、理论论证的能力和水平。"③

义务教育阶段的"革命文化"主题，被置于"文学阅读与创意表达"任务群，在该任务群各学段"学习内容"的第一条进行阐释，如表4-2归纳。

表4-2 "革命文化"主题各学段的学习内容

学段	学习内容
第一学段 （1~2年级）	阅读并学习讲述革命领袖、革命英雄、爱国志士的童年故事，表达敬仰之情和向他们学习的愿望
第二学段 （3~4年级）	阅读并讲述革命故事、爱国故事、历史人物故事，感受幸福生活来之不易，表达自己对美好生活的向往，以及对革命英雄、仁人志士的崇敬之情
第三学段 （5~6年级）	阅读、欣赏革命领袖、革命先烈创作的文学作品，以及表现他们事迹的诗歌、小说、影视作品等，感受革命领袖、革命先烈伟大的精神世界和人格力量，认识生命的价值；运用讲述、评析等方式，交流自己的情感体验
第四学段 （7~9年级）	阅读反映中国革命各个时期的重大事件、伟大成就、代表性人物及其感人事迹的优秀文学作品，感悟革命领袖、革命英雄、模范人物的理想信念和奋斗精神，运用多种方式交流自己的阅读感受

由表4-2可见，语文学科的革命文化主题教学比较受重视，学习内容主要

---

① 中华人民共和国教育部.普通高中语文课程标准(2017年版 2020年修订)[S].北京：人民教育出版社，2020：2.
② 中华人民共和国教育部.义务教育语文课程标准(2022年版)[S].北京：北京师范大学出版社，2022：6.
③ 中华人民共和国教育部.普通高中语文课程标准(2017年版 2020年修订)[S].北京：人民教育出版社，2020：23.

包括革命故事和革命精神,学习方式强调结合背景、实践、跨学科等。因此,在《百合花》教学设计中,以人物形象为落脚点,了解对革命人物的刻画手法、学习其革命精神;转变以教师和文本为中心的教学理念,充分调动学生学习的主体地位,体现语文课程的实践性、综合性,落实课程思政。

2. 克服革命文学教学现状不足

革命文学类选文具有爱国主义教育、价值观教育和培养学生语文核心素养等价值。据调查,革命文学作品学与教的现状不尽如人意。学生层面:缺乏兴趣,学习主动性不高;以考试为导向,学习功利性太强。教师层面:教学目标设定模糊,偏离语文教学本质;教学内容选择不全,不能满足学生个性需求;教学方式单一,缺少师生良性互动[①]。在《百合花》教学设计中,立足文本中的人物形象刻画,广泛开发课程资源,采用跨媒介学习方式,涉及文本阅读、观看革命纪念馆的展览、跨学科了解革命背景、情境式学习等。

3. 充分挖掘革命文化跨媒介资源

《百合花》所在单元,以"青春的价值"为人文主题,其他篇目包括:《沁园春·长沙》《立在地球边上放号》《红烛》《峨日朵雪峰之侧》《致云雀》《哦,香雪》。《百合花》是一篇小说,通过清新自然的语言刻画了三位革命人物的青春形象。案例以青年革命人物的形象为焦点,单元内确定利用《百合花》《沁园春·长沙》《红烛》三篇课文的资源;另外充分挖掘网络和地方革命文化资源,引入了《战火青春——新四军青年事迹选展》的展览资源以及盐城新四军纪念馆可供实践考察的场馆资源;还引导学生查阅历史学科或其他学科中学习到的革命人物资源。在学习过程中,将学生分为多个跨媒介阅读与交流学习共同体,让学生自主查找相关资源。

(二)案例呈现

战火青春
——青年革命人物形象跨媒介阅读教学

学习目标:

1. 低阶目标:学习《百合花》中的通讯员革命人物形象。

---

① 郑利.跨媒介阅读视域下高中语文中国革命传统作品教学研究[D].喀什:喀什大学,2022:20-21.

2. 高阶目标：学生分多个小组组成跨媒介学习共同体，结合《战火青春——新四军青年事迹选展》等跨媒介资源，选择一个青年革命人物深入了解，选择以小说、传记、宣传海报、演讲等任一种形式，展示他/她的青春故事及当今对学生的启示。

学习方法：跨媒介学习。

学习准备：

1. 资料收集：全班学生收集关于青年革命人物形象的跨媒介资料，陆续将纸质材料存放到班级书架；将电子材料分享到班级群指定文件夹中，形成材料包。所有材料，供学生在课前自主浏览学习。

2. 组建跨媒介学习小组：组建4~5人的学习小组，选出组长，明确学习分工。

3. 小组学习成果要求：结合《战火青春——新四军青年事迹选展》等跨媒介资源，选择一个青年革命人物深入了解，选择以小说、传记、宣传海报等任一种形式，展示他/她的青春故事及对当今学生的启示。

课时安排：1课时。

学习过程：

一、导语

同学们，习近平总书记寄语青年："有信念、有梦想、有奋斗、有奉献的人生，才是有意义的人生。"战火纷飞的年代，涌现出很多这样的感人的青年革命者，留下了可歌可泣的革命故事和革命精神。他们的形象留在文学作品中、革命纪念馆中、影视作品中……今天，我们从小说《百合花》入手，围绕青年革命人物形象进行跨媒介学习。

二、学习成果要求

出示小组学习成果要求（见上文）。

三、任务群学习

任务一 《百合花》中的通讯员人物形象分析

提问：小说是如何刻画通讯员形象的？反映了他怎样的精神品质？

（学习提示：可以从小说情节、人物描写、人物关系及环境描写等多角度分析）

明确：

1. 从"我"的视角：（原文语句略）通讯员"带路"时的细节、语言、肖像等描写，塑造了通讯员腼腆、忸怩、拘谨局促而又善解人意的形象。

2. 从新媳妇的态度变化角度：（原文语句略）通过新媳妇对通讯员的前后态度变化，看出通讯员革命觉悟高、舍己救人的精神品质。

3. 从"百合花"的衬托角度：百合花衬托了通讯员及新媳妇质朴、纯洁的心灵。

小结：通讯员人物形象：憨厚、腼腆、热爱生活；关心同志、善解人意；革命觉悟高、舍己救人。

任务二　单元内迁移学习

1. 《沁园春·长沙》

提问：快读《沁园春·长沙》，结合插图，说说你从文本哪些语言读出了青年毛泽东怎样的人物形象。

明确：从"独"立，想象出作者高大伟岸的形象；从"万山红遍"等壮丽的秋景描写中，看出作者对祖国河山的热爱；从"怅""问""谁"，看出作者心忧天下；从"恰同学少年……粪土当年万户侯"看出作者青春意气风发。

2. 单元内其他篇目选学

快速浏览本单元其他篇目，感知青年革命者形象，小组内外自由交流阅读收获。

任务三　跨媒介学习课外资源

1. 当堂浏览、学习关于《战火青春——新四军青年事迹选展》的展览内容和新闻报道视频。

（材料补充：展览分为信仰如铁铸忠魂、战旗猎猎扬军威、报国为民守初心、弦歌不辍耀光华、时代召唤催奋进等5个部分。展览撷选部分新四军青年事迹，突出新四军在东方主战场和华中抗战中的地位，展现各条战线新四军青年听党指挥、热爱人民、精忠报国、英勇善战、不怕牺牲、勇于担当的优良传统和光荣作风，让当代青年更多了解党领导下的新四军，让新四军故事在新时代绽放出更加辉煌夺目的光芒。）

2. 提问：结合课前对班级收集到的各类材料的自主学习，或者个人查找资料时自我学习的收获，谈谈哪个青年革命人物令你印象更深刻。原因是什么？

(学习提示：原因分析可以从革命故事、革命人物的形象及刻画手法等方面入手)

明确：略。

3. 其他跨媒介资源中的青年革命者人物形象交流。

如：电影《黄继光》《邱少云》等。

四、跨媒介学习小组研讨

学生分组，结合课前、课上所学，进行学习任务交流研讨，并明确：

1. 学习任务呈现方式选择。

2. 革命人物的选定。

3. 小组成员任务分工、课下跨媒介交流规划等。

五、结语

同学们，2022年5月10日，习近平总书记在庆祝中国共产主义青年团成立100周年大会上寄语青年："奋斗是青春最亮丽的底色，行动是青年最有效的磨砺。有责任有担当，青春才会闪光。"一代人有一代人的责任。作为中国特色社会主义新时代的青年，我们要牢记革命先烈的牺牲，勇敢担当"强国有我"的青春责任！

六、完成学习任务

1. 个人任务：选择线上或线下方式，参观当地革命纪念馆，着重关注青年革命人物形象。

2. 小组任务：合作完成小组学习成果，并确定多种媒体形式的合作展示方案。

板书：

战 火 青 春
——青年革命人物形象跨媒介阅读教学

《百合花》通讯员：憨厚、腼腆、热爱生活；关心同志、善解人意；
　　　　　　　　革命觉悟高、舍己救人

《沁园春·长沙》毛泽东：高大伟岸、热爱祖国、心忧天下、青春意气

新四军青年革命者：英勇善战、不怕牺牲、勇于担当

上述案例，从语文教学设计的个性上来说，着重落实跨媒介阅读教学的策

略;从共性上来说,落实语文核心素养课程改革背景下教学设计的新理念。案例设计的大致过程如下:依据《百合花》小说文体以及所在单元人文主题"青春的价值",确定课时教学点聚焦于"通讯员人物形象";然后对这一点的文本内容展开备课;进而开发课内外青年革命者人物形象的多种跨媒介资源,即课内拓展了《沁园春·长沙》等选篇,课外学生查找并课前预学了若干资源,如《战火青春——新四军青年事迹选展》、革命电影等;最后,整合所有资源,运用"以终为始"逆向设计理念设计了教学目标、情境任务、任务群学习活动、作业(回扣情境任务)。所有教学设计都落实了发展学生核心素养的要求。

四、跨媒介阅读教学实施的注意点

跨媒介阅读教学比常态语文阅读教学边界更广,吸纳的资源也更多。教学中要注意如下方面:

1. 以语文学习为目的,以信息技术为手段

"跨媒介阅读教学"一词的中心语是阅读教学,学生语文学习始终是阅读教学的目的。跨媒介包括信息化相关的媒介,只是提供学习资源辅助阅读和阅读教学的手段。教学不应受冗杂的信息干扰,不能落入泛学网络音视频的"表浅",不可本末倒置。

2. 确保语文学习效率,不能追求表面热闹

教学设计必须聚焦,有主线,教师要时刻关注跨媒介资源使用或跨媒介学习开展的目的,注意把控教学节奏,确保按时完成教学预期,不能唯学生参与热情考量。

3. 关注教育公平,兼顾信息技术条件

当前跨媒介阅读教学最多也是最便捷的是借助信息技术手段开展。课堂教学时间有限,教学设计要兼顾到课前、课后的安排。特别要注意的是要与学校、学生家庭的信息化条件相匹配。不能使跨媒介阅读教学虚假或只是少数人参与,要关注学习平等、教育公平。

第五章　新文科背景下的新写作教学

写作,是作者运用语言文字进行书面交际和交流的重要方式,是作者知识素养、思维和语言表达的有机融合。写作教学通常包括教师指导学生确定写作任务、审题立意、挑选素材、构思布局、润色升格并交流讲评等。在新文科背景下,微写作、任务型写作、创意写作等新兴的写作形式,成为写作教学关注的热点。

第一节　微写作教学

微写作,顾名思义,它是以指向集中、内容具体、篇幅短小为特征的一种写作训练形式,它是在信息技术发展、新媒介流行,尤其是在微博的影响下应运而生的。它的发展又建立在写作教学基本的理念和方法上。微写作教学的要求具体而微,在主题明晰、贴近生活和表述精当等方面,又呈现出与其他写作形式明显不同的特质。

一、微写作概述

中小学语文微写作兴起只有十年左右时间,但是因其简明及与生活紧密相关,已经受到高度重视。

(一)发展历程

微写作与全篇写作之间的关系,可以看成是部分与整体的关系。在微写作没有大行其道的时候,它是以片段写作的形式出现的。随着"微时代"的到来,尤其是微博的产生,人们利用分享、转发等方式,以简短的文字实现信息的实时分享。相对于传统的媒介手段,它具有极为明显的时效性和简明性,一时间"微博"迅速蹿红网络,人们纷纷利用碎片化时间写作进行分享、互动。

微写作引发教育界关注的标志性事件,是2014年高考语文北京卷率先直接以"微写作"为名命制了一道10分的小作文,施行高考语文一大一小两篇作文。题面如下:

> **微写作(10分)**
> 从下面三个题目中任选一题,按要求作答。不超过150字。
> ① 毕业前,语文老师请同学们把自己学习语文的体会写下来,与下一届同学分享。要求所写的体会具体、切实,易记忆。
> ② 今天早晨是家长送你来考场的吗?请对"家长送考"现象予以评论。要求观点鲜明,有理有据。
> ③ 写一段抒情文字(可写诗歌),纪念自己的18岁。要求感情真挚,富有文采。

微写作的话题(材料)多是生活场景或者社会时事热点,贴近考生的现实生活。微写作主要考查考生用精练的语言描述事物、表达观点、抒发情感的能力。随后这种命题方式又出现在浙江等地中考语文试卷中,并且大量出现在2017年统编版义务教育语文教科书中。这让微写作引起了所有语文人的重视并被课程化、常态化。至此,微写作成为语文学习实践的常见任务和语文考试的常规题型。如统编版语文教材八年级下册第一单元设计了"学习仿写"的写作实践,结合单元选文写作特点,安排了两项200字左右的微写作任务:模仿《安塞腰鼓》修辞手法,描写一个场景;仿写《社戏》或者《走一步,再走一步》中的心理描写,写心理历程片段。同时安排了模仿《背影》和《秋天的怀念》"以平实的语言叙写平凡的事件,传达真挚的感情"的写法,写一篇不少于600字的大作文。

2022年高考语文北京卷的微写作命题,如下:

> 21. 微写作:按要求作答。不超过150字。
> 校学生会成立新社团"悦读会",要拟一则招新启事。
> 请你围绕"阅读带来审美愉悦"这一宗旨,为启事写一段话。要求:语言简练,有吸引力。

> 22. 微写作：按要求作答。不超过150字。
>
> 核酸检测排队时需要两米安全距离，一些社区为两米间隔线设置了安全贴心、形式多样的标志，有的是撑起的晴雨伞，有的是贴在地上的古诗词图片。
>
> 请你选择一个检测点，依据其环境特点，设计两米间隔线标志，并写出设计理由。要求：语言简明，条理清晰。
>
> 23．微写作
>
> 以"像一道闪电"为题目，写一段抒情文字或一首小诗。
>
> 要求：感情真挚，语言生动，有感染力。按要求作答。不超过150字。

（二）体式特点

不管在生活情境、网络环境或者语文学习情境中，微写作都具有篇幅短小、语言精练、运用灵活等特点。作为写作学的分支，它同样是运用语言文字表达作者某方面情感与认知的一种写作形式；而且应该被视为兼有片段写作和短文写作功用的训练形式。具体来说，微写作有以下特点：

1. 简明性

"微"，即篇幅短小，字数要求多在150字到200字之间。各地中高考微写作命题往往也规定在200字左右。微写作是以"言约意丰"为目标，麻雀虽小，五脏俱全。微写作呈现的写作片段必须具有完整性，因此特别要求语言简明扼要，直接进入写作的核心地带。

2. 多元性

相对于传统意义上的作文，微写作涉猎更加广泛，形式更加灵活，呈现出多元性的特点。微场景、微动作、微表情、微广告、微评论等，都是它关注的内容。说明书、倡议书、演讲辞、新闻稿、时评等，都能进入它的训练范畴。它与实用性写作、思辨性写作和创意写作都有着千丝万缕的联系。微写作为表情达意提供了极大的开阔度、自由度和灵活度。

3. 灵活性

微写作滥觞于新时代，多与学生的语文学习或生活息息相关，考查情境、材料、任务都相对比较灵活。比如还可以结合名著阅读考查微写作。不妨继续浏览北京市高考语文试题中的微写作命题。2017年三选一的微写作任务，题面各有侧重，兼顾学生个性。第1题要求学生叙述《平凡的世界》"从原有的生活方式走向新的生活"故事情节并作简要点评；第2题要求学生用一种花来比喻林黛玉、薛宝钗、史湘云、香菱中的一人，并依据原著简要陈述理由；第3题要求学生选择《边城》里的翠翠、《红岩》里的江姐、《一件小事》里的人力车夫、《老人与海》里的桑地亚哥等四人中的一人，为他（她）设计一尊雕像并描述雕塑的体态、外貌、神情等特征，依据原著说明设计的意图。

二、微写作教学的基本特征

微写作教学作为写作教学的分支，因其自身的独特性，也带来极大的教学优势。具体如下：

（一）教学目标具体而微

传统的写作教学目标比较宏大，微写作的教学目标则具体而微。韦存和、陈玉剑主编的《初中"层级·微点"作文教程》一书中，微写作教学目标均不超过两个，而且围绕某个微点（微话题）深入下去，书中所有微写作训练都是遵循由认识到表达（运用）来设计的。如"典型事件"微写作训练，其实是结合"人物小传"进行的，它的教学目标设定为：(1)充分了解人物小传在选材上注重典型材料的特点。(2)学会选择典型事件来刻画人物，抒发情感，表现主题[①]。

（二）教学内容丰富多样

微写作自身内容和形式多样，这就注定了微写作教学的内容也是五彩缤纷的。冯淑娟老师《中考微写作突围》一书，将微写作分为微评论类、应用类、续写类、扩写类、补写类、缩写类、改写类、情境类、说明类、生活类、片段类等，每一类又包括若干内容。熊芳芳老师在《高考微作文》一书中将微作文分为微散文、微评论、微小说、微剧本、微诗歌、微应用等几大类，进而再分细类。如微应用又被分为短消息、推荐信、颁奖辞、广告词等十六类。几乎可以说，生活有多么广阔，微写作的训练范畴就有多么广阔。自然，如此广阔的内容需要选择与精心编排，才能让微写作教学产生应有的成效。

（三）教学形式不拘一格

公认的微写作教学课型有四大类，分别为阅读型微写作、活动型微写作、网

---

① 韦存和,陈玉剑.初中"层级·微点"作文教程[M].北京：首都师范大学出版社,2020：180.

络型微写作和完整型微写作。教师可依据教学需求,选择恰当课型展开微写作教学。微写作可以安排在课前、课中、课后,甚至以整堂课的形式出现。过程化写作、升格写作、创意写作、情境写作、任务驱动型写作,都可以与微写作教学结合,视频场景、思维导图、流程图、评价量表都可以在微写作中有用武之地。

(四)教学成效立竿见影

微写作教学切口小,难度不大,费时不多,反馈及时,可以当堂点评。学生易于达标,也能发现自己的差距;并在此基础上获得自己"看得见"的进步,写作的获得感和超越感较强。因此,微写作也是最容易引发学生作文兴趣的一种写作教学方式。

三、微写作教学策略

根据微写作教学的特点,可以采用以下教学策略。

(一)积极创设微写作教学情境

作为一种贴近时代与生活的写作形式,微写作源于时代的进步和生活的需求。因此微写作教学一定要让学生回到生活本源和学习本质,从中汲取写作素材,激发写作思维,增进表达的欲望与能力。

教师可以采用图片、音频、视频等教学资源创设课堂教学情境,激发学生兴趣,引发学生思考,让写作教学借助生活化方式在课堂上真正发生。教师要引导学生积极投身校园生活,体会家庭生活,关注社会生活。鼓励学生广泛参与各项活动,诸如语文综合性学习、同学生活体验分享、主题班会、社团活动、校运会、读书节、劳动实践课、跨学科学习等,在校园内外、在大自然和社会实践中增强体验,从而开阔视野,陶冶情操,优化个性,提升做人与作文的修养。教师也可以利用网络媒介即时性、交互性、多样性的特点,实现微写作的话题共商、题材共启、方法共享、美文共赏、升格共进。QQ、微博、博客、美篇、微信以及学生作业系统等都是可以利用的方式,发布、阅读、点赞、分享、留言、班级公众号发表等,都是可供参考的方法。

(二)适时提供微写作教学支架

微写作教学的过程中,适时提供写作支架,可以快速地把学生的微写作引向正道。通常可以引导学生回忆相关的写作知识,分析熟悉的作品示例,探讨展开思路的方式,甚至考虑如何做到"具体而微"。教材的阅读文本和写作训练中的相关阐述,是写作支架最好的原材料。课外的阅读与积累也能让学生在写作时如鱼得水、下笔神助。所以读写结合是写作支架建立的最佳方法,其他诸如写作卡片、思维导图、工作坊学习等也是很好的辅助性手段。

(三) 灵活采用微写作教学升格

由于微写作篇幅短小,易于反馈,写作难度不大,写作成效立竿见影,所以微写作教学是最适合采用升格的方式来达成效果的。教师可以围绕教学目标,根据写作支架和学生微写作的情况,制定一个基于学生微写作学情预设的升格量表。这个量表一定要针砭本次训练的问题,突出本次训练的重点,让学生一看就知道在什么地方着力。当然也可以在小组交流、全班分享的基础上确定升格量表。然后由学生个人升格,并且在一定范围内展示自己升格成果,从而进一步提高写作兴趣与写作能力。在此基础上,鼓励学生把片段和短文写作的成果进一步运用到常规写作中。由小到大、由认识到运用,以微写作教学撬动常规写作教学,这可以看作一种特别的升格。

(四) 合理确立微写作教学谱系

微写作内容广泛、形式多样,如果没有通盘考虑,没有科学序列,训练起来一盘散沙,就会违背循序渐进、螺旋上升的学习规律。统编版语文教材中作文教学的编排本身就体现了一定的序列性,微写作教学可以依托教材,编排微写作的内容,形成科学的微写作教学序列。韦存和、陈玉剑等老师在长期探索的基础上,为初中微写作教学设置了3个层级、14个模块、56个微点的序列,内容涉及写人、叙事、写景、抒情、说明、议论和常见应用文以及创意写作相关内容,形成顺应学生身心发展的拾级而上的进阶式写作谱系[1]。方沫老师用四年时间分别探索创意微写、技巧微写、题型微写和随课互写四方面的微写作体系[2],也形成了一定的序列性,值得大家借鉴。

四、微写作教学案例

片段描写,是选取生活中最有表现力的片段来描写人物形象、性格,表现生活本质和文章中心的一种写法,更是安排文章内容、结构全篇的一种方法。它需要借助场景描写、人物描写和细节描写等各种具体描写手法实现片段的展

---

[1] 韦存和,陈玉剑.初中"层级•微点"作文教程[M].北京:首都师范大学出版社,2020.
[2] 方沫.方沫:互育微写作[M].太原:山西教育出版社,2021.

现。它有着散点化、碎片化和亮色化的特点,往往兼容场景描写、细节描写、人物言行描写等多种手法。一篇文章里多个片段须围绕一个中心,彼此相互补充。本案例围绕"片段描写"开展微写作教学设计,在把握微写作教学特点的基础上,运用读写结合、微点升格等教学方法撬动全篇写作。

(一) 案例呈现

用生活片段写人
——片段描写微写作教学设计

学习目标:

1. 认识用生活片段写人的意义,学会用片段写人。

2. 学会围绕一个中心,运用2~3个片段缀联成一篇文章的写法,为以片段描写为主要手法的全篇写作做准备。

写前准备:

1. 认真阅读席慕蓉散文《燕子》,体味片段描写在文章中的运用。

2. 从已学过的初中课文里找出较好的写人片段,体会片段写作的注意点。

3. 尝试写一段初中校园生活片段。

课时安排: 1课时。

导写过程:

一、情境沉浸

同学们,首先请你们闭上眼睛,静静地倾听、欣赏席慕蓉的散文《燕子》(播放朗诵)。说说作品描写了几个生活片段,重在表现什么?

评析:欣赏这篇文章,总有被击中心中柔软处的感觉。是什么让我们如此动容?是文章中反复渲染、不断深化的贯穿了一家三代的乡愁,还是文章娓娓道来的那个哲理——"有的时候,我们实在也可以保有一些小小的美丽的错误,与人无害,与世无争,却能带给我们非常深沉的安慰的那一种错误"。似乎不必刻意弄清楚。我所能看清的是文章中深情地描述了两个让人很容易产生代入感的片段:一是当父亲发现自己多年来唱成能够承载家乡情怀的"长城外",居然应该是"长亭外"时的失望与无助;二是"我"发现自己多年来一直喜欢的"燕子"其实是"乌秋"时的失落和孤独。最后两个片段完美地汇合成一处——对父亲的理解,对乡愁的升华。两个片段情感深沉耐人寻味。

大家在七年级下学期就学过萧红和臧克家运用片段写人的文章,语文教材里也有描写一个片段的微写作要求。今天我们将学习用片段描写写人的方法。

二、目标设定

略,见上文。

三、素手初写

先看看同学们课前写的关于初中生活的两个作文片段吧!(片段原文,略)

(师生开展共评、研讨)

评议:两个片段,一写文化课上大家内心的挣扎与反思,一写课间与老师在学习上的交流。从单个片段的微写作角度来评价,写得都很具体形象、条理清晰,都有着在激烈冲突中表现人物性格的自觉追求。描写手法丰富多样,人物描写、场景描写和细节描写均有体现。但是如果从结构成一篇文章的角度来说,我们的片段描写还是缺些味道的。缺什么呢?缺少了生活丰富的色彩,缺少了体现文化学习之外生命成长的原味!

四、支架搭建

(一) 课文中的片段描写样例

1. 杨绛《老王》的三个片段描写

(屏显)

①"每天清晨,老王抱着冰上三楼,代我们放入冰箱……他从没看透我们是好欺负的主顾,他大概压根儿没想到这点。"

②"'文化大革命'开始……我一定要给钱,他哑着嗓子悄悄问我:'你还有钱吗?'我笑着说有钱,他拿了钱却还不大放心。"

③"……开始几个月他还能扶病到我家来,以后只好托他同院的老李来代他传话了。"

(师生开展共评、研讨)

评析:这里写作者与老王交往的三个片段:①送冰,表现老王的老实厚道;②送医,表现老王的善良仁义;③老王贫病交加,但仍珍惜着与我们的交往。这三个片段从不同角度写出了老王的形象,给人的印象非常深刻。

2. 萧红的《回忆鲁迅先生》的片段描写

(屏显)

"我一走进卧室去,他从那圆转椅上转过来了,向着我,还微微站起了一点。

'好久不见,好久不见。'一边说着一边向我点头。

刚刚我不是来过了吗?怎么会好久不见?就是上午我来的那次周先生忘记了,可是我也每天来呀……怎么都忘记了吗?

周先生转身坐在躺椅上才自己笑起来,他是在开着玩笑。"

评析:萧红《回忆鲁迅先生》一文以大量的生活片段来写鲁迅先生,把先生写得生活化、富于人情味,很是真实自然亲切。节选的这个片段借助人物的微表情、细微的动作以及语言、神态描写,在正面描写先生的同时还通过"我"的内心感受侧面突出先生的性格,把鲁迅先生亲和、可爱甚至孩子气的一面表露无遗。

(二)归纳片段描写的特点

1. 片段描写具有散点化、碎片化和亮色化的特点。它一叶知秋,零光片羽,不求面面俱到,却有着一定的完整性,从中能看出作者的写作修养。

2. 片段描写往往兼容场景描写、细节描写、人物言行描写等多方面的手法,甚至出现点面结合、正面侧面结合等多种方式。所以,片段描写不仅是一种描写手法,更是一种处理内容和结构文章的方法。

3. 一篇文章里多个片段须围绕一个中心,彼此相互补充。比如,刚才两位同学写的片段角度趋于相同,都指向文化课的学习,这样就不容易构成一篇文章。如果要写成一篇文章,不妨想想,在狭义的文化学习之外,是不是还有大多数同学喜欢的体育课、音乐课等,是不是还有师生、同学相处与在思想上的交流,是不是还存在着理解与不理解等问题。总之,片段上的相互补充,才能使文章内容更丰富,结构更严谨。

五、升格展示

(一)教师指导学生升格修改课前微写作的片段描写

(二)师生鉴赏升格后的片段描写样例

样例1:这时一只可爱的小狗跑进了雨里,后面跟着一个女孩。女孩很快追了上去抱起了小狗,躲进了旁边的车棚里。雨,没有停的意思,小女孩也不着急。她把脸埋进了小狗毛绒绒的身体里,跟着抬起来,又埋了进去,又抬起来,又埋了进去,然后对着小狗咯咯地笑。

样例2:上午第三节体育课上,体育班委和往常一样,带领大家正做着准备活动。当做到膝关节动作时,不知是谁喊了一句:"看啊,快看小S!"紧接着就是一阵狂笑。随即有人评论:"辣眼睛,画面太美,不忍直视!"我循声望去,只见小S微闭双眼,眉头上扬,臀部翘起,肆意妖娆地扭动着他并不是十分纤细的腰。扭到忘情之时,嘴里还哼起了网上的流行歌曲《隔壁泰山》:"我是隔壁的泰山,抓住爱情的藤蔓,听我说,噢噢噢噢噢噢……"大家更是捧腹大笑。这震耳欲聋的笑声引来了体育老师关注的目光,老师板着一张零下50摄氏度的脸,严肃地说:"小子挺能歌善舞啊!你怎么不去参加《舞林大会》呢?给我站到一边,唱跳一节课!"小S望着雄狮一般的老师,垂头丧气,悄无声息地站到了一边。

六、课后作业

在课堂微写作的基础上,另找两个素材,编制思维导图,思考:三则材料可以形成怎样一个共同主题,它们有没有相互补充?如何共同"织出同样一片美丽的云翳"?然后结构成篇,写一篇不少于500字的习作。

参考题:1. 爱的几种样子
   2. 我的校园生活
   3. 我们班的"牛人"

(二) 案例简析

微写作,有从生活发端的,注重写作内容方面的积累;也有从写作技法发端的,则更注重训练学生的写作技巧。其实二者之间并没有截然不同的分野,恰恰是相互联系的,思维和表达就是它们相互联结的纽带。本案例很明显是从技法训练出发的,却从阅读到生活实践,贴近学生的实际训练写作。其具体呈现以下三方面的特点:

1. 铺展情境,递进训练

一切写作的本原无疑是生活本身。生机勃勃而又丰富多彩的生活盛放了我们的喜怒哀乐,也带来了写作上的无限风光。当今语文学习最主要的组织形式是任务群,而任务群的重要特点是情境化。所以把写作训练还原到生活情境中进行是本节课的第一个特点。"情境沉浸",借助听席慕蓉的散文,让学生浸润到作品的意韵中;"目标设定""素手初写""支架搭建""升格展示",都围绕学生作文能力发展的需求,展开有效的教学活动;贴近学生的成长与发展,让学生在情境中完成写作任务,在做任务的过程中进一步铺展情境。情境与任务在学生发展的维度上达到了和谐统一、相辅相成。

2. 融通读写,驱动写作

课堂上教师注意适时给学生提供写作支架,有教师精心选择的散文实例,也有关于"片段写人"的多个课内文本的语段,很多例子是学生自己在课内外阅读中获得的。语文课堂学习,是学生自主发展、自我锻炼的一个舞台,积累和借鉴写作的重要场域。在这个舞台上,读写融通的功能得以极大的发挥。众多的支架都是以师生的自主阅读为基础的,有直觉思维的审美参与,有阅读经验的理性积累。在阅读体验的基础上,学生写作驱动被激发,写作技法被激活,既有话想说,又得心应手,文章自然在阅读积累的基础上妙笔生花。

3. 升格写作,成果可见

大道至简,大象无形,写作的进步立竿见影还真不容易。本案例选择对学生写作能力提升有关键作用的微点进行训练,在微点训练的过程中注重作品升格。为使升格真正落到实处,适时、适当地搭建写作支架,是降低写作难度,增强写作效度的好做法。此外,还可以巧用思维导图和写作量表等手段,将升格进行到底。借助升格,学生在写作训练上收到的效果是明显可见的。所以,"一点一得""微点撬动"的写作教学方法在课堂上大行其道,学生的写作兴趣得到进一步激发,写作素养的积累和提升"肉眼可见"。

第二节　任务型写作教学

任务型写作,又称"任务驱动型写作"。这种类型的写作,以命题者提供的写作材料与情境为发端,以特定的人群为阅读对象,以完成指向性明晰的写作任务为旨归。近年来,全国高考卷较多采用这种方式命题,部分地区的中考语文试卷也"随风起舞",紧紧跟上,因此它受到了前所未有的关注与重视。

一、任务型写作概述

任务型写作的出现,一定程度上解决了中小学生写作"交际功能丧失"的问题。

(一) 发展历程

2015 年以来,任务型写作在高中学段越来越受到关注与重视。教育部考试中心的张开先生早在 2015 年就指出:"任务驱动型材料作文崭露头角""为了解决材料作文宿构和套作的问题,今年部分作文题在设计过程中,承继自主空间大、立意角度多元等传统优势的同时,又在避免套作、宿构方面进行了新的尝试和探索。如全国新课标甲卷和乙卷作文,都在材料引发考生思考、激发写作欲望的基础上,通过增加任务型指令,着力发挥试题引导写作的功能,增强写作的针对性,使考生在真实的情境中辨析关键概念,在多维度的比较中说理论证""在材料型作文中增加任务驱动型指令则较好地解决了材料型作文的泛角度与阐释型作文收缩性之间的矛盾"①。

不仅高考卷如此,从近几年的中考试卷来看,部分地区的中考作文也开始了任务型写作,其中比较突出的是浙江省,如:2017 年衢州卷要求以朋友的身份写一封信帮助小强或文文化解烦恼;2018 年舟山卷、嘉兴卷在作文命题中提出演讲稿或书信的文体要求;2019 年宁波卷专刊投稿,衢州卷与朋友分享"私家地图",舟山卷设置研学情境;2020 年绍兴卷要求根据材料或写一封信劝导表妹或向杂志专栏投稿或准备国旗下讲话稿;2021 年绍兴卷中有三个写作任务——或写评论,或写文章投稿,或写建议性的文章;2022 年台州卷围绕"我要安排自己的生活"的"想法",设计了四选一的写作任务:叙述自己与之相关的经历或故事、发表你对此的认识与思考、表达自己的心声、发挥想象进行文学创作;并相应提出了记叙类、议论类、书信、不限文体(诗歌除外)的文本类型的要求。

可以说,任务型写作在继承材料作文"自主空间大,立意角度自然、多元"等优势的基础上,又在避免套作等方面进行了新的探索,这些有益的探索让我们看到了作文交际功能在逐步回归。

---

① 张开.注重题型设计、强化教育功能:2015 年高考作文的特点及相关问题的解读[J].语文学习,2015(Z1):10-11.

(二) 命题类型

综观近几年的中高考作文试题,任务型写作大致有这几种命题类型:

1. 交流类

考查学生在特定语境中的交流能力。2020年高考语文全国Ⅰ卷的作文是"班级计划举行读书会,围绕上述材料展开讨论,齐桓公、管仲和鲍叔三人,你对哪个感触最深?请结合你的感受和思考写一篇发言稿"。

2. 表态类

试题考查学生对某一事件或观点的态度。如2015年高考语文全国Ⅰ卷的作文题:因父亲总是在高速路上开车时接电话,家人屡劝不改,女大学生小陈迫于无奈,更出于生命安全的考虑,通过微博私信向警方举报了自己的父亲。试卷要求考生给小陈、老陈或其他相关方写一封信,表明态度,阐述看法,在表态中完成对写作者独立人格的塑造。

3. 说理类

考查学生条理清晰简短说理的写作素养。2021年语文新高考Ⅱ卷的作文要求是"请整体把握漫画的内容和寓意写一篇文章,反映你的认识与评价、鉴别与取舍,体现新时代青年的思考"。

4. 创意类

考查学生创新思维和创意表达能力。2021年常州市金坛区调研试卷作文,提供了美国谢尔·希尔弗斯坦的小诗《三个被蜇的孩子》(乔治被蜜蜂蜇了后说:"我绝对不会被蜇,如果我躺在被窝里。"弗莱被蜇了之后大骂:"我究竟做错了什么,要受惩罚?"里奥被蜇了之后却说:"我今天从蜜蜂身上学到了很多。"),启发学生发挥创新思维,进行创意表达。

(三) 主要特征

任务型作文有自己的鲜明特征:

1. 立意谋篇的宏阔性和多元化

任务型作文命题的立意要符合大时代、大视野的要求。这样的命题在北京等地试卷上有明显体现,可以说这是新时代宏大叙事的需要,能与任务型写作形式很好地契合。这提醒中学生不能只埋头书斋,要睁开眼睛看世界、看时代;不能只为一己私利读书,要有家国情怀和成长意识。任务型作文所给材料和设置的问题,往往具有思辨性、多元性和争议性,因此作文的立意也是多元的。如

2020年高考语文全国Ⅰ卷的作文中,一则文言文材料描述了齐桓公、鲍叔和管仲的故事。学生可以根据材料发散思维,多角度来立意,既可以写齐桓公的知人善任、心胸开阔,可以侧重于鲍叔的慧眼识人、公正无私,也可以写管仲的为天下舍小义、胸有大义等。

2. 驱动材料的具体化和任务的指向性

任务型作文具有明确的任务指令,更能贴近现实生活,体现出真实性、指向性的特点,与核心素养课程改革的要求贴合。2018年高考语文全国Ⅰ卷提供了一组简明扼要的作文材料,这组材料是中国跨入21世纪后取得的成就、面临的机遇与挑战的简约集合。它们虚实结合,既有2000年至2018年间已经发生的事情,也有对于2020年、2035年新时代不同阶段宏伟蓝图的畅想,甚至还有省略号的留白让人浮想联翩。所给材料均具备一定的代表性,彼此之间跳跃性也很强,很容易唤起读者的感触与思考。如2020年高考语文全国Ⅱ卷的写作主题是"携手同一世界,青年共创未来",文体要求是演讲稿,写作身份是论坛上的青年代表。考生在写作时不仅要注意读者意识,还要体现出当代青年的担当与使命。

二、任务型写作教学策略

任务型写作可以归入《义务教育语文课程标准(2022版)》中的"实用性阅读与交流"任务群,强调"根据具体交际情境和交流对象,清楚得体表达,有效传递信息,满足家庭生活、学校生活、社会生活交流沟通需要"[①]。但任务型作文,在写作时绝非实用文体阅读写作一种能力就能解决问题,常常会涉及创新思维、思辨表达等多方面的能力,所以要引导学生在实践中提升写作素养。

(一) 注重素材积累

任务型写作是在"立德树人"的育人背景下产生的,常常会考查到学生的视野与格局。因此,日常语文教学中,我们除了要引导学生把握教材、多读书以外,还要引导学生关注和积累社会语文资源;既关注传统又关注现实,积累习作素材,并能在任务型写作中灵活运用素材,展示新时代学生的人生观和价值观。如:2017年高考语文全国Ⅰ卷中要求考生从"一带一路、大熊猫、广场舞、中华

---

① 中华人民共和国教育部. 义务教育语文课程标准(2022年版)[S]. 北京:北京师范大学出版社,2022:23.

美食、长城、共享单车、京剧、空气污染、美丽乡村、食品安全、高铁、移动支付"多组中国关键词中,选择两三个关键词来呈现自己所认识的中国,写一篇文章帮助外国青年读懂中国。2018年高考语文全国Ⅰ卷中展示2000年以来国家取得的突出成就,要求考生"请据此写一篇文章,想象它装进'时光瓶'留待2035年开启,给那时18岁的一代人阅读"。这些内容都在考查考生对时代、对社会的了解和思考。

不仅高考如此,中考的任务型写作也同样需要成长中的初中生关注时代和世界。比如,2021年南京中考作文题A:"毕业前夕,班委会决定去牵手共建班级——某小学三年级2班开展联谊活动。你的任务是从邓稼先、袁隆平、钟南山、郎平四位英雄中选一位,把他(她)的故事讲给小学生们听。"如果大家对这四位英雄模范人物没有一定的了解,恐怕只能望洋兴叹。所以,当代的中学生更应该是"风声雨声读书声声声入耳,家事国事天下事事事关心"！平时注意留心生活、关注社会,积累素材,注重思考,写作时自然能"汩汩而出"。

(二) 加强文体训练

仔细研究中高考作文试题,我们发现任务型作文的文体要求悄悄发生了变化:从文体不限,到强调文体清晰,再到暗含某种应用文的要求,最后到这一两年来明确提出某种文体指向。全国各地的中高考作文命题,很多都与应用文的要求相融合,包括书信、演讲稿、发言稿、好书推荐、观(读)后感、新闻(广播)稿、调查报告等应用文体。如2019年高考语文全国Ⅱ卷作文,要求考生从五个任务中任选一个,"以青年学生当事人的身份"完成写作:①1919年5月4日,在学生集会上的演讲稿;②1949年10月1日,参加开国大典庆祝游行后写给家人的信;③1979年9月15日,参加新生开学典礼后写给同学的信;④2019年4月30日,收看"纪念五四运动100周年大会"后的观后感;⑤2049年9月30日,写给某位"百年中国功勋人物"的国庆节慰问信。

鉴于此,我们在写作教学中要加强文体训练,注意不同文体的表达要求,如:记叙文要注意表达意图明确,内容具体充实;说明文要特征鲜明,准确明白;议论文要观点明确,有理有据;发言稿、演讲稿是要应用于现场的,要照顾现场受众的反应,用语就当尽量通俗易懂,少用长句,多用短句;书信则要注意写作格式等。

(三) 明晰写作任务

准确识别写作任务,是写好任务型作文的关键。所以在任务型写作教学中,教师要通过大量的真题、模拟题及自命题等方式,引导学生广泛浏览作文题面,训练学生审题时阅读要细致,养成勾画圈点的习惯,从而更准确地把握写作意图,明确写作任务。如 2021 年南京中考作文命题要求里说:"为了讲好故事,你写了一篇讲稿。"有些同学粗心大意,把题目中的"讲稿"误会为"讲演稿",这就犯了一个根本的方向性错误,自然会严重影响任务的达成。只要稍加留意,就不难看出,这里的"讲稿"是故事的讲稿,根本的写作任务是讲故事;讲演稿则带有议论的色彩,需要观点鲜明、论证有力。

写作时,除了要明确写作任务,不出现审题偏差外,还要注意加强对学生读者意识的培养,这是因为任务型写作的读者往往是特定的。如 2021 年浙江省衢州市中考作文题中有这样的文字:"学校在科技节中向同学们征集科幻作品,请你完成以下写作任务……"很显然,这里的读者对象是参加校科技节的师生,因此文章要在充分、合理地依托试题提供的相关材料的基础上,充分发挥想象,在体现一定科学性的同时体现趣味性,从而激发读者的兴趣。

(四) 掌握分析方略

笔者这里所论述的写作方略,指任务型写作分析材料的一系列策略,具体包括:梳理作文材料、明确写作任务、分析阅读对象、确定写作体裁等。之所以突出这一方面,是为了让学生学会审题、解题,只有这样,才能紧扣要素进行写作,这是为学生提供了可靠的写作支架与方略。

梳理作文材料,能捕捉到材料中的关键词。抓住了这些关键词,文章需要的素材及呈现的主题就基本能确定下来了。明确写作任务,是任务型写作的前提,在仔细揣摩所给任务的过程中,考生可以思考自己写作中的优势和不足,在有选择的情况下确定选择何种任务来完成,做到扬长避短。分析阅读对象,学生必须要了解阅读者的年龄、身份、文化背景等,只有了解到这点,才能做到有的放矢,达成写作者和阅读者之间的双向奔赴。这是任务驱动下的写作与一般写作的不同之处。与以往中高考中常见的记叙文、议论文的写作文体相比,任务型写作中的文体要丰富很多。学生平时要注意多文体写作,尤其是不同实用文体的写作。只有多练习,在实战中掌握不同文体的写作要求,才能够适应时代对自己的要求。

三、任务型写作教学案例

案例主要包括课堂导入、真题引路、考题分析和实战演练四个环节。

（一）案例呈现

任务型写作方略

学习目标：

1. 借助真题，了解任务型作文的写作方略。
2. 以练促学，开展任务型写作的实践。

课时安排： 1课时。

教学过程：

一、课堂导入

2015年以来，任务型写作越来越受到关注与重视，这是因为它不仅融合了命题作文、话题作文和材料作文的优势，还可以避免套作，大大促使了作文交际功能的回归。今天的这节作文课我们就进行任务型写作的学习。

二、真题引路

【2017年高考语文全国Ⅰ卷】阅读下面的材料，根据要求写作。

据近期一项对来华留学生的调查，他们较为关注的"中国关键词"有：一带一路、大熊猫、广场舞、中华美食、长城、共享单车、京剧、空气污染、美丽乡村、食品安全、高铁、移动支付。请从中选择两三个关键词来呈现你所认识的中国，写一篇文章帮助外国青年读懂中国。

要求：选好关键词，使之形成有机的关联；选好角度，明确文体，自拟标题；不要套作，不得抄袭；不少于800字。

三、考题分析

师生合作从提供的材料、任务、对象、体裁等角度分析题面。

（1）梳理作文材料。试题提供了"一带一路"等12个"中国关键词"，要求考生选择"两三个关键词"来呈现自己"所认识的中国"，"帮助外国青年读懂中国"。其中，特别要注意的是"空气污染""食品安全"这两个关键词，要用全面和发展的眼光理性看待，不粉饰也不夸大。

(2)明确写作任务。该写作任务既要考生体现出自我对"中国关键词"的理解,表达对祖国的热爱与自豪,还要兼顾"帮助外国青年读懂中国"这一特定任务,写作时要有点有面有细节,防止空洞无物。

(3)分析阅读对象。"外国青年"是阅读对象,写作时要注意不同文化背景下的青年可能会有的思考、认识上的错位。考生甚至可以大胆预设读者是对中国人民素来不友好、抱有误解的外国青年。你要考虑的是如何消除这种误解,让世界了解中国,体现出中国学生胸襟开放、文化自信、祖国认同的"中国气度",让每一个读过文章的人都可以成为一座文化桥梁。

(4)确定写作体裁。考生既可以选择议论文等常规的作文写作方式,也可以采用第一人称的叙事角度、书信体、对话体等形式写作,力争表达有创意有深度有温度。

四、实战演练

(一)阅读题面

阅读下面的材料,任选一个任务,根据要求写作。

从前,万物总是大声说话,闹哄哄的谁也听不清说的是什么。后来,花学会了用香气说话,树把思想写在了叶脉上,鹰用高度与天空对话,河把想说的话变成了浪花,山选择沉默作为自己的语言……它们都找到了正确的方式表达自己,世界如此和谐。

任务一:它(们)表达自己的正确方式是怎样的?它(们)是如何找到这种方式的?……选择合适的对象(可从材料中选,也可在材料外选),展开联想和想象,写一篇童话和寓言。

任务二:你找到表达自己的正确方式了吗?你是如何寻找的?写一篇记叙性文章。可描述你用正确的方式表达自己的经历,也可记叙你寻找的过程……

任务三:材料引发了你对"表达自己的方式"怎样的联想与思考?写一篇议论性文章。

【要求】1.题目自拟;2.不少于500字;3.不透露作者身份等信息。

(二)师生互动分析

同学们,请按照上述分析策略,独立或两人一组分析作文材料。预设:

(1) 梳理作文材料。试题提供了一则带有寓言性质的材料,花儿、树木、老鹰、河流、大山找到了正确的方式来表达自己,世界也因此和谐。那么我们该用怎样的方式表达自己呢?同学们在进行写作之前,要注意材料中不同物的表达方式的区别,要特别关注两个关键词:"正确的方式""和谐"。

(2) 明确写作任务。试题中提供了三个写作任务,既可以写童话、寓言,也可以写记叙文,更可以写议论文。所以大家一定要选择自己擅长的文体进行写作,充分运用试题任务中提供的写作支架,其实也是用正确的方式来表达自己,使文章和谐可读。

(3) 分析阅读对象。这道试题中虽然没有专门提及阅读对象,但阅读对象已经包含其中,即批阅者。明白这一点,同学们写作时不仅要关注自己内心的真实思想、感受,还要注意表达上的文从字顺、文采斐然、逻辑自洽,让文章言之有物、言之有序、言之有理、言之有情等。

(4) 确定写作体裁。试题提供的三则任务指向三种不同的体裁,或写童话寓言,或写记叙文,或写议论文。如果是写童话、寓言,那要注意充分发挥自己的联想和想象,运用比喻、拟人等手法进行写作,语言要有童真童趣;如果是写记叙文,则要注意时间、地点、人物,以及事情的起因、经过、结果等要素的呈现;如果是写议论文,那就要观点鲜明、论据充分、思路清晰,可采用提出问题、分析问题和解决问题的常用结构。

(三) 学生作文样例

阿启·小梨花

盐城市大丰区实验初级中学　八(12)班　吴子阳

阿蒲井葭钰梨是我的全名,在这座羽陀大山内,我只听过我阿妈小启叫过我的全名,山里的人都叫我"小梨花"。

阿妈小启是大山中唯一一个走出大山的大学生,不过她又回来了,带着大学里老师送她的一大叠磁带。今年我也从大学毕业,说服了阿妈很久,又被磁场似的大山吸回来了,现在我是这所玉塘小学的实习老师,准确地说,我是来接过妈妈肩上那份重重扁担的人,可现在我只帮她担了扁担一角,却顿感不易。

"小梨花,帮妈妈改默字!""唉!来了!"我抱着默写本踏进院子里头。"瓦罐,菜叶,毛毛虫……"今天只默了20个词语,并不难,除了几个心不在焉的,旁的都好。"小梨花,吃几嘴我们再去羽花家,她妈妈穷,但孩子不能跟着后面背兴。"妈妈跟我说,我答应了。

筐里放上几个粉瓜,我和妈妈一起去羽花家。这羽花家今年得是第六次去了,她妈妈不讲理得很,家里生了几个娃娃,便不想让老大再去上学,自己也因为生了娃娃闹了病半瘫在床上,只能做些手工活。麻绳专挑细处断,厄运专挑苦命人。

这路我也是怕得很,次次都得像抓住救命稻草似的拉着妈妈的绳子。最西边那个窑洞就是小羽花的家,刚进屋就看到小羽晗正搬着铁桶子做的灶台,她是羽花的妹妹,虽然还没有到适龄阶段,但是已经会干许多家务。

窑洞里头湿气很重,地上、墙壁上全是返潮的水珠,床脚椅子都朽坏了。"梨花妈,小羽花就不去上学了啊,家里穷,供不起! 家离学校也远,来回不安全,还是在家带弟弟妹妹吧。"躺在床上的羽花妈有气没力地说道。

"放心,你们情况特殊,可以申请困难补助,天气不好的时候,上下学我们来接送。"妈妈温柔地保证着。

"那你们把她带走,一定要让她学出个东西来。"小羽花阿妈牵小羽晗的手努力抬起背,眼睛看着妈妈,眼眶里好像有泪光。

"羽花好好努力哦,一定要给弟弟妹妹带个好头,也让妈妈放心啊!"黑暗暗的房间里,小羽花紧握着我的手,在她脏脏的脸上一行白花花的泪水亮晶晶。

晚霞的余晖快要消失殆尽,像碎金一般,温柔地将最后的光芒洒满人间,草地上几株不起眼的野花也被晚霞的余晖衬印得绯红,河面上也被洒得熠熠生辉。在前方不远的山崖边边,一棵梨花树摇晃着脑袋。

我心中满是欢喜,我们又将山里的一颗星星带出了山。

我是小梨花,从妈妈那,我找到了打开大山之门的秘诀。

(二)案例简析

每个教学设计都浸透着设计者的理念和匠心。本案例试图落实以下设想:

1. 学习由扶到放，步步提升

就集体学习而言，没有教师精心教学和只有教师精心教学，都是不对的。教师要在教学中引导学生，帮扶学生学会学习，并且做到由扶到放，让学生的学习能力步步提升。本案例通过高考真题引路，教师带领学生学习、分析高考题，进而通过学生为主、师生互动式的实战演练，形成学习迁移，产出学习成果，步步提升学生对任务型写作的分析能力。

2. 贯穿写作方略，学习成果可见

写作策略的学习，对提升学生写作能力至关重要。本案例两次运用"梳理作文材料、明确写作任务、分析阅读对象、确定写作体裁"的任务型写作方略，起到了强化学习该系列写作策略的作用。通过作文分析能力的提升和优秀作文个案的呈现，我们可以看到学生的学习成效。

第三节　创意写作教学

写作是生活中与人沟通、交流、分享信息的一种方式，就像我们平常说话一样。写作其实就是用笔来说话，即"我手写我心"。但传统写作教学中，学生从动笔到搁笔，均会受到主题、结构、语言、表达方式等多方面的限制，其追求的是准确性表达。因而传统写作在培养学生的基本表达能力的同时，也容易出现主题套路化、结构模式化、情感空泛化、题材陈旧化及语言平面化等弊端，使学生陷入小心翼翼、瞻前顾后的写作状态。创意写作有可能改变这一现状！

一、创意写作概述

创意写作是打破常规、突破传统写作束缚的写作方式。创意写作倡导写作自由，意义是表达的中心，不拘泥于表达的语言或形式；可分为虚构与非虚构。传统写作往往包含题材、体裁、语言等方面的限制性要求；创意写作是学生运用个体智慧、头脑风暴、小组讨论、合作创作等方式产生的自由表达。创意写作也可以通过多元主体（自己、同伴、教师甚至网络陌生人）、多种形式（传统形式批改、评价量表、网络投票、公开发表）进行评价。

数字时代，丰富的新媒体，如动漫、微电影、电影、纪录片、小视频、非连续性文本、电子书、微博、微信等，都会给学生的写作带来崭新的体验，更给创意写作带来无限可能。教师可以借助这些创意方式,锻炼学生描写、叙事、抒情等写作技巧,提高其不同文体、形式的写作能力;让学生在写作中发挥自己的创意,树立正确的写作观,培养多角度思考问题、观察生活的能力。

创意写作"培养学生求真创新的精神、实践能力和合作交流能力"[①];有利于实现"写作要有真情实感,表达自己对自然、社会、人生的感受、体验和思考,力求有创意"[②];也有利于展现写作教学的实践取向,以学生为中心,融合写作主体的讨论、教师指导、学生写作实践,尊重学生、尊重创意。

二、创意写作教学策略

相较于传统写作,创意写作始终应该关注作文的创意。其教学策略如下:

(一) 设计情境命题,留有创意空间

核心素养课程改革时代,一切为了培养学生未来工作、学习、生活所需要的核心素养。因此,语文核心素养课程改革文件中都强调情境教学、情境化命题。写作也要创设与学生生活实际或未来表达任务相关的命题,让学生依据生活经验或展开具体想象取材,增加写作的真实性和丰富性。情境及其材料,要给学生可发散的空间。学生可以从材料解读、选题确立、体裁选择、结构布局等方面,构思创意作文。

如2022年高考语文全国乙卷提供了"本手、妙手、俗手"三个围棋术语创设写作情境。作文材料如下:"本手、妙手、俗手"是围棋的三个术语。本手是指合乎棋理的正规下法;妙手是指出人意料的精妙下法;俗手是指貌似合理,而从全局看通常会受损的下法。对于初学者而言,应该从本手开始,本手的功夫扎实了,棋力才会提高。一些初学者热衷于追求妙手,而忽视更为常用的本手,本手是基础,妙手是创造。一般来说,对本手理解深刻,才可能出现妙手;否则,难免下出俗手,水平也不易提升。

该作文题评价的整体要求包括:思想积极,具有正确的价值观;内容符合情境、任务要求;观点明确,逻辑严密,结构严谨,语言表达流畅等。从"创意"的角

---

① 中华人民共和国教育部.义务教育语文课程标准(2022年版)[S].北京:北京师范大学出版社,2022:1.
② 中华人民共和国教育部.义务教育语文课程标准(2022年版)[S].北京:北京师范大学出版社,2022:15.

度评价:见解要新颖、材料要新鲜、构思要新巧、作文要有个性。

(二)培养创新思维,激发写作创意

小学生的思维偏重感性;中学阶段,学生的思维方式转向理性、逻辑性与思辨性,因此中学阶段是培养学生创新思维的重要时机。教师要加强引导学生运用批判性思维、逆向思维、发散思维等思维方法,提出新观点,运用新材料,搭建新结构等,进行创意写作,促进读写结合。

如学习革命文化专题内容时,可以运用跨媒介学习法,布置学生搜集网络资料,参观革命纪念馆,采访革命老前辈等,然后通过创意写作展示学习成果,如给革命者写一封信、写一份宣传革命精神的演讲稿等。

(三)写出波折意外,增加作文深度

创意写作注重情感的表达,更加凸显生活性的倾向。在教学中,一方面,教师可以通过创设写作情境、搭建写作支架、开展师生或生生讨论,激发学生的创意生成和情感共鸣;另一方面,要引导学生巧妙安排作文结构和素材,写出波折,写出出人意料之处。

其实语文教科书中也有很多创意写作的范例。如《一滴水经过丽江》,以"一滴水"独特视角,在一滴水汇聚形成到汇入江河的历程中,串起了丽江的风情,体现了生命意识和民族文化的内涵。又如《登勃朗峰》独特的写作风格:前半部分写上山,用的是散文化的游记写法,描写了山中奇景、怪石、光影等,读之令人神往;后半部分写下山,用的是小说笔法,叙述奇人奇事、惊险的旅途、怪异的车夫,读之妙趣横生。再如《走一步,再走一步》写父亲鼓励和帮助孩子一步步离开险境的故事,一波三折的情节中写出"慎重地走好人生每一步"的人生哲理。其实语文教科书中不乏这样富有创意的开头、结尾、结构等范例,都能成为创意写作指导的资源。

三、创意写作教学案例

笔者曾经以"铺垫陡转,一波三折"为主题,引导学生写出有创意的故事。

(一)创意激发

班上第一次由两位同学开讲《西游记》第一、二回,我让课代表做了两个抽签盒。他们送给我看的时候,我差一点笑出声来:一个是高高大大的硬纸盒,放在那里纹丝不动,稳如泰山;还有一个是他们自己糊的小纸盒,高度还不足硬纸盒的五分之一,放在桌上颤颤巍巍,仿佛随时可能坍塌。望着这两个充满喜剧

色彩的纸盒,我忽然觉得抽签这个环节有戏,很可能会成为一个创意写作实验。于是我干脆把原来设定的事先公布抽签规则这一程序取消了。这样,整个抽签过程就充满了悬念与神秘,直至最后我才揭开抽签的奥秘:大盒里的0~9是尾数,小盒子里的0~5是首数,这样的组合才是正确的组合。笔者让学生及时回顾抽签的完整过程,记下来,作为微写作或者全篇写作的素材,重点关注起伏的情节,力求有更多的创意。

结果,在写作《那一次,我真_____》时,一些同学巧妙将这一题材融进了自己的写作,并且获得极大的成功。教师打破常规,让原本按部就班的程序发生了变化,引发学生诸如紧张、忐忑等强烈的心理感受和情感体验,而小作者作为有心人,在此基础上写出的文章必然与众不同。

也许创意会产生在无意与有意之间,因为有时生活本身会高于写作。当然,同一事件由不同的作者写出来,尽管其核心内容会比较接近,但许多细节还是会大相径庭。比较而言,下面这篇文章的代入感更强,结尾写自己的失落,还多了一层陡转。这种差异既源于作者的写作习惯,也与作者的关注点与观察点不尽相同有很大的关联。

(二)学生创意写作个案

那一次,我真紧张

盐城市大丰区实验初级中学七(16)班　严晓通

我的手颤巍巍地拿着《西游记》,腿部的肌肉也不觉得紧绷起来……那一次,我真紧张!

那天的早读课上,教室里书声琅琅,语文老师像往常一样,拎着黑色工作包走进教室。但和往常不同的是,老师让课代表送上了两个纸盒。看到讲台上一大一小两个纸盒,我心里一直在犯嘀咕:这是做什么用的呢?我疑惑不解,却又不得不专注地读书。

直到第一节语文课前,我心里的这块石头才沉入肚子里——原来老师是要举行《西游记》阅读汇报,而那两个盒子是用来抽签的。这时,我才想起,昨晚阅读作业中"准备在班上讲故事"几个字被我忽略了。"啊!完蛋了!我昨晚光做了阅读批注,并没有准备什么讲故事啊!"我慌了手脚,盯着同桌诉苦。可同桌也目光呆滞,一脸无奈,很显然我们已是同室"病友"了。

"咳咳！现在请1号和2号同学上来！"老师高声说。全班一下子炸开了锅，纷纷议论："这两人真倒霉。""哈哈！幸好没有抽到我！""老师怎么这么草率，这样的话要那两抽签盒作甚？"我心里充满了疑惑……伴随着大家的笑声和议论声，两名同学极不情愿地离开座位，迈着缓慢的步伐走向讲台。

老师看着我们，和蔼地说："你们猜错了，我只是让他们代替我抽签而已。"教室里再一次沸腾起来，大量不满的声音潮水般奔泻而出——"啊！我还以为让他们开讲呢，白高兴一场。"这可把先前的两位同学给高兴坏了，他们如释重负，立刻咧开了嘴。可我们就不一样了，接下来我们将要面对的是最紧张的环节——抽签！

开始了！只见第一个同学把手伸进大纸盒里翻来覆去，仿佛在挑礼物一般，这个不完美，那个不满意。可不一会儿他就选好了，"5号！"这位同学带着兴奋说。顿时，全班人的目光"唰"地都集中在5号身上。那个"幸运儿"还没有来得及表现自己的惊慌，老师却不紧不慢地说："那是尾数，前面的数字由二号来抽！"晕啦，我学号的尾数就是5啊，我是35号！佛祖保佑啊，千万不能抽着我啊！这时，二号同学的签已经抽在手中了。此刻，学号尾数是5的同学大概都会像我一样忐忑不安吧，就等这一锤定音了！

"1！"二号同学把从小盒子里抽出的那张纸高高扬起，好像一面小小的胜利的旗帜。我的心里不由得一阵狂喜，总算躲过了这一劫！随着2号同学抽出的"1"，大家又以为是"51"号，然而老师指出先从大盒里抽出的"5"是尾数，原来"15"号才是率先被抽中的同学！再看那个可怜的15号同学，在别人幸灾乐祸的目光里，不知所措地从我左边隔两个的位置上站了起来。只见他嘴唇微微颤抖，手指不自觉地按动水笔，眼睛里充满了不可思议。虽然他看上去不想上台表现自己，但在同学们和老师惊涛骇浪般的掌声推送下，他还是鼓起勇气走向了讲台……

15号同学的西游故事第一回出人意料地讲得挺不错，还得到了老师的盛赞。按规则，他讲完后由他抽取第二个同学到讲台前讲第二回故事。大家的命运又一次在两张小纸片上得到了验证。"26号！"随着这声音的落下，我那揪着的心也随之舒展开来。我终于侥幸解脱！看着在前面讲故事的同学，不知怎的，此时我的心里却没有了劫后重生的喜悦，浮起的反倒是淡淡的失落……

（三）创意阐述

文似看山不喜平。平淡无奇的文章很难得到读者的青睐。这里所选的习作正是以"一波三折"的完美创意从众多泛泛之作中胜出,成为优秀作文。

1. 一波三折让故事扣人心弦

一波三折的奥妙在于首先得有充分的铺垫。文章写的是一件极其平常的事情:抽签讲《西游记》前两回故事。从语文老师来教室写起,以顺叙的方式展开整个事件。讲台上两个用于抽签的纸盒是事件的触发点,因此,文章特意写到了这一大一小的纸盒,这是第一重铺垫,意味着抽签即将开始,也预示下面将有故事。然而,文章拓开一笔,写了老师让1号和2号同学到讲台前,故意留下一笔,并未交代他们到讲台前做什么,以致同学们都以为不用抽签,直接由他们讲述《西游记》,这里的误解是第二重铺垫,让读者的阅读期待被调动得很高很高。接着来了一个陡转,陡转是"一波三折"的必需。没有陡转,何谈波折?原来抽签并没有取消,上讲台的两位同学正是老师请来的抽签助手。瞬间,两位同学由大家(包括他们自己)认为的最不幸的人变成了最幸运的人,于是有一种起落的戏剧效果。然而一场"好戏"才刚刚开始。在大家的紧张和忐忑中,抽签开始了。第一个抽中的签是"5",大家又一次把目光聚焦到5号同学身上。而在5号同学本人也战战兢兢地准备接受命运裁决时,老师却告诉大家刚才抽的仅仅是签的一部分,二号同学还得抽一次,才能组成一个完整的签。这样,5号同学得以暂时解脱,而大家重新成为"候选人"。这是第二处陡转,情节的起伏颇有些惊心动魄。随着2号同学抽出的"1",大家又以为是"51"号,然而老师指出先从大盒里抽出的"5"是尾数,原来"15"号才是率先被抽中的同学!这是第三处陡转,够惊险够刺激够精彩吧!试想如果没有这么多的铺垫和陡转,抽签讲《西游记》这一件小事还有如此魅力吗?

2. 场景和心理描写推波助澜

当然,伴随一波三折的写法,文章的场景和心理描写也是十分的充分和逼真,某些细节也充满了创造性。如"只见第一个同学把手伸进大纸盒里翻来覆去,仿佛在挑礼物一般,这个不完美,那个不满意"和"只见他嘴唇微微颤抖,手指不自觉地按动水笔,眼睛里充满了不可思议。虽然他看上去不想上台表现自己,但在同学们和老师惊涛骇浪般的掌声推送下,他还是鼓起勇气走向了讲台……",这样的描写尤为传神。

综上,新文科背景下的新写作教学,本章只重点分析了微写作、任务型写作、创意写作,甚至三者也有些交融之处,这里忽略不论了。其实所谓"新写作",也可以换不同视角研究,如结合微博、朋友圈等新媒介、跨媒介写作等。

第六章　新文科背景下的新实践活动类教学

　　新文科教育强调融合、跨界。语文基础教育也强调课程的实践性："强化课程综合性和实践性,推动育人方式变革,着力发展学生核心素养。"①"坚持加强语文课程内容与学生成长的联系,引导学生积极参与实践活动,学习认识自然、认识社会、认识自我、规划人生,在促进人的全面发展方面发挥应有的功能。"②统编版语文教科书初中和高中阶段的"活动·探究"单元编排,符合新文科理念,也是上述新课标理念"课程化"的体现。初中"活动·探究"单元,设置在八、九两个年级,各自围绕实践主题,分别包括三个学习任务:八年级上册的新闻单元,包括新闻阅读、新闻采访、新闻写作;八年级下册的演讲单元,包括学习演讲词、撰写演讲稿、举办演讲比赛;九年级上册的诗歌单元,包括自主欣赏、自由朗诵、尝试创作;九年级下册的戏剧单元,包括阅读与思考、准备与排练、演出与评议。高中"活动·探究"单元,设置在必修上册、下册:必修上册的家乡文化生活单元,包括记录家乡的人和物、家乡文化生活现状调查、参与家乡文化建设;必修下册的信息时代的语文生活,包括认识多媒介、善用多媒介、辨识媒介信息。语文综合实践活动单元及其教学,以其鲜明的经验性和实践性,延伸至学生的日常生活领域,引领学生从生活中发现问题,开展活动,学习知识,运能技能。一方面,此类课程有助于学生提高解决实际问题的能力;另一方面,能让学生形成正确的自然意识、社会服务意识和自我认知,从而形成积极的生活态度。核心素养课程改革时代,语文课程和学习方式都强调实践性,要求相机开展实践

---

① 中华人民共和国教育部. 义务教育语文课程标准(2022 年版)[S]. 北京:北京师范大学出版社,2022:2.
② 中华人民共和国教育部. 普通高中语文课程标准(2017 年版 2020 年修订)[S]. 北京:人民教育出版社,2020:2.

活动与实践性学习。本章将"活动·探究"单元教学简称为"新实践活动类教学"。限于篇幅,本章选取了初中的"新闻阅读采访写作"、高中的"家乡文化生活"两个单元,展开对新实践活动类教学的探究。

第一节 新闻阅读采访写作活动单元教学

统编版语文教科书八年级上册第一单元,是以"新闻"为主题设置的新实践活动类教学,包括新闻的阅读、采访和写作三个任务。这样的模块,不同于教师主导的阅读、写作等教学,而是强调以学生、学习为中心,以实践性、探究性活动为主。

一、新闻阅读采访写作活动单元的教学价值

新闻是一种实用文体,在现实生活中,人们多通过报纸、杂志、电子平台等途径阅读新闻。新闻的阅读、采访和写作,既是培养学生未来生活素养的重要方式,也是培养学生语文核心素养的重要内容之一。

(一)体现新课标理念,涵养语文核心素养

"义务教育语文课程培养的核心素养,是学生在积极的语文实践活动中积累、建构并在真实的语言运用情境中表现出来的,是文化自信和语言运用、思维能力、审美创造的综合体现。"[①]笔者将《义务教育语文课程标准(2022 年版)》与新闻阅读、写作相关的表述,梳理如表 6-1。

新实践活动类的新闻单元承担着培养学生语文核心素养的独特作用,在教学中要培养学生独立思考能力,充分发挥个体主动性;师生、生生能合作探究,开展对话,进而促使学生不断地积累新闻基础知识,获得新闻阅读与写作能力等,锻炼实证的、客观的思维方式与思维品质。

具体来说:在阅读上,明确新闻与其他体裁的区别,把握新闻的基本特点,提高获取信息和逻辑判断能力,养成新闻阅读习惯。初中生要能读懂新闻类作品,概括其主要信息,把握文章基本观点,并作出自己的价值判断。在写作上,

---

① 中华人民共和国教育部. 义务教育语文课程标准(2022 年版)[S]. 北京:北京师范大学出版社,2022:4.

表6-1　关于新闻作品的教学要求

总体目标与内容	能阅读日常的书报杂志,初步鉴赏文学作品,丰富自己的情感体验和精神世界
	能具体明确、文从字顺地表达自己的见闻、体验和想法。能根据需要,运用常见的表达方式写作,发展书面语言运用能力

课程内容和呈现方式	阅读	阅读新闻和说明性文章,能区分事实与观点;能提取、归纳、概括主要信息,把握信息之间的联系,得出有意义的结论
		阅读新闻报道、时事评论等作品,关注社会主义建设新成果
	写作	注意写作过程中搜集素材、构思立意、列纲起草、修改加工等环节,提高独立写作能力
		写作时考虑不同的目的和对象
	综合性学习	通过多种媒介关注学校、本地区、国内外大事,就共同关注的热点问题搜集资料,调查访问,相互讨论,能用文字、图表、图画、照片等展示学习成果
		能利用掌握的多种证据判断信息的真实性与可信度,能运用文本信息解决具体问题

引导学生在实践活动中,通过采访、走进社区等方式面对真实的新闻事件,培养学生关注生活现实、思考热点事件的习惯;通过阅读新闻作品,熟悉新闻语言的特点,提高自身新闻写作能力。同时,新课标还关注学生新闻写作的价值导向,借以培养学生关注社会动态、关怀国计民生的情感态度和价值观;关注学生新闻写作的成果,展现学生对于新闻知识的获得情况和新闻技能的掌握情况。所以,该单元的培养目标涵盖学生语文核心素养的范畴。

(二)创新编排方式,变革学习方式

作为"活动·探究"单元,新闻单元在编写上体现出了全新的特点,蕴含了编者对语文课程与教学的新追求。因此,笔者尝试对该单元的内容与结构进行分析。

1. 新闻单元结构创新

在单元结构编排上,新闻单元突破了阅读、写作、综合性学习、名著导读等板块的组元方式,采用"活动·探究"的新型单元形式,以学习任务群为指引,以活动为主体,以探究为线索,将新闻阅读、新闻采访和新闻写作融为一体,形成由课内向课外辐射,由阅读为主向阅读、实践活动、写作叠加的动态学习系统。

笔者将该单元的结构和任务等内容,整理如表6-2:

表6-2 新闻单元的学习任务

任务活动单	任务说明	基本材料
新闻阅读	了解新闻内容,把握新闻特点	阅读策略、课文、课旁批注、课下注释、课文插图、知识补白
	养成新闻阅读习惯,关注社会生活和新闻本身的发展	
新闻采访	自主确定报道体裁	采访提纲示例
	制定采访方案	
	草拟采访提纲	
	进行实践采访	
新闻写作	必做任务	技巧点拨《怎样写消息》
	自选任务	
	拓展任务	

新闻单元的主体结构由阅读、采访、写作这三项任务构成。对于每项任务,教材都给定了具体而明确的说明,旨在希望学生在单元学习之后加深对于新闻的认识。

(1)新闻阅读。该任务板块既承担着培养学生新闻阅读能力的功能,又承担着转变学生阅读方式的功能;同时,引入课外新闻学习资源,实现从课内单篇新闻阅读,到报刊等各类媒体的阅读。教材选入六篇新闻作品,并提供阅读策略、旁批、注释、插图、知识补白等资源。如:《人民解放军百万大军横渡长江》一文中,有对新闻的标题、消息头、导语、主体等多处旁批说明或点评,兼具知识补充和阅读引导的功能;在《"飞天"凌空——跳水姑娘吕伟夺魁记》末尾穿插《什么是新闻特写》的知识补白,详细介绍了新闻特写及其与消息的不同之处。(2)新闻采访。它具有较强的活动性、综合性与不可预知性,在操作上确有一定的难度。因此,可以让学生开展小组合作学习。其主要阶段为采访与实施,有选题、制定方案、草拟提纲、采访实践等环节。(3)新闻写作。该板块分为必做任务(写一则消息)、选做任务(其他新闻体裁写作)、拓展任务(制作报纸或网页);将阅读与采访两个板块所学融合起来,知行合一。新闻的写作与学生日常训练的写作截然不同,它有着明确的写作目的、相对完整的格式、相对固定的结构,要求非常清楚明确。最后,还要强调的是,"活动·探究"新闻单元的最终目的是让学生养成关注社会现实、关注时事新闻与独立思考判断的好习惯,学会准确而负责任、有根据地表达,而并非培养真实的新闻工作者。所以,教学中,对活动过程与成果质量的评价无须太过严格,这样才会与编者的初衷相一致:改变学习方式,全面认知新闻文体,获得语文能力的综合发展。

2. 新闻作品蕴含丰富

统编版语文教科书新闻单元选取了 6 篇新闻作品,作为学生学习新闻知识、了解新闻写作的范例,以便实现以读促写、读写结合。具体阅读篇目及其体裁、内容范畴,梳理如表 6-3:

表 6-3 新闻单元"阅读"内容梳理

篇目	体裁	范畴
《我三十万大军胜利南渡长江》《人民解放军百万大军横渡长江》	消息	军事
《首届诺贝尔奖颁发》	消息	文化
《"飞天"凌空——跳水姑娘吕伟夺魁记》	特写	体育
《一着惊海天——目击我国航母舰载战斗机首架次成功着舰》	通讯	科技
《国行公祭,为佑世界和平》	评论	历史

(1)在体裁上,统编版所选的新闻作品,包括消息、特写、通讯、评论。不同体裁的新闻作品承载了不同的新闻知识,体现了教材编者注重学生新闻阅读体验,强调全面培养学生新闻阅读能力。如:消息,时效性最强,是经典的新闻体裁,往往报道完整的新闻事件;而特写、通讯、新闻评论,兼具新闻性和文学性,能灵活呈现新闻事件,符合初中生的阅读兴趣。丰富的新闻体裁,有助于学生对新闻文体形成较全面的认知。(2)在内容上,统编版所选的新闻作品充分反映了广泛的社会生活。包括渡江战役、诺贝尔奖、奥运夺冠、舰载机起降、国家公祭日事件等;涉及军事、文化、体育、科技、历史等领域。在新闻单元中,编者注重结合新闻事件的多样性与新闻选题的价值性,借助新闻事实力量,有机融入立德树人任务,激发学生对民族、国家的自豪感。(3)在写法上,以新闻经典写作方法为主。所选作品绝大多数为新闻的经典写法,便于学生把握新闻体裁的特点。如:将事实和观点相结合,直陈有新闻价值的事实;细腻地再现场景使新闻报道神形兼备,让读者如临其境,从而增强报道的可信性;灵活运用背景材

料,巧妙表达观点。其中,《一着惊海天——目击我国航母舰载战斗机首架次成功着舰》写法上有创新,它采用"现场特写"的写法,不仅客观地报道了这一重大事件,还追求报道得具体详尽、生动形象,使整个事件画面感极强,犹如呈现在读者面前的一幕电影。文中大量的描写很有审美感染力,有一种动态之美、细节之美,从而使报道更有感染力。

二、新闻阅读采访写作活动单元的项目式教学策略

新闻单元的编排打破了篇章组元方式,以三个任务为导引,以几个活动环节为主体,以学生的自主探究为实施路径,把和语文有关的"听、说、读、写、做"融为一个动态的、多元的、立体的系统。这种单元设置,改变了传统教学方式和以接收为主的获取知识的学习方式。学生在实践性很强的活动中,自行整理、自主发现、自我建构,在做中学,在学中做,能有效提升语文核心素养。教学这一单元,可以采用项目式教学策略。

(一)创设驱动问题

新闻单元的设置与项目化学习高度契合。项目化学习注重创建真实可感的情境问题作为驱动,将问题形成一些环环相扣的"知识链条",引导学生持续、深入地探究,从中发现问题,并尝试去解决问题,形成一定的成果。新闻单元通过项目式教学,可引导学生走向对新闻知识的深度理解与应用。首先创设驱动问题(即一个具体生活情境下的问题),然后小组讨论,分工合作,设计活动的流程。其中,所设计的任务与单元活动的任务群相映射。

(二)关注活动过程

在具体活动过程中,教师要适时给学生的活动提供支架,确保学生能在支架的助力下,独立或小组合作完成项目。要注重在顶层设计时宏观把握素养之间的关系,最终应要求学生完成项目产品,如新闻学习的研究报告和研究论文、实物模型、物化产品等等。为了保证项目活动的质量,项目产品还要求展示学生学习的过程与阶段,因此参与者需要对过程进行呈现,可以是活动计划书、活动日志、活动笔记、产品原型、视频作品、调查记录等。

(三)形成项目成果

将项目式学习引入新闻单元的教学,需要学生调动有关新闻的新知识、新技能,在综合运用中完成项目活动,在不同的分组安排下形成项目阶段成果。

展现形式可以多样,交流形式也可以因地制宜,但产品形式的设计、产品背后的价值却是有计划性的、教育性的选择。这种以终为始的方法,使学生在不断地读与写、输入与输出的过程中,积累了利用新闻知识解决新闻问题的体验,初步形成基本的新闻阅读能力、写作能力,同时,也为学生提供了更多的空间,增强学生的社会参与,促进学生形成强烈的社会责任感,感知到新闻学习的意义与价值。

三、新闻阅读采访写作活动单元的项目式教学注意点

新闻阅读采访写作活动单元的项目式教学,还要注意以下方面:

(一) 凸显新闻价值

可以要求学生概括每篇作品所报道的内容,还原新闻事件,明确教材所选作品的新闻价值。新闻阅读采访写作活动单元的"新闻价值"梳理如表6-4:

表6-4 导向新闻价值的教学内容

新闻作品	报道刊物	新闻事件	新闻价值
《消息二则》	《人民日报》	军事:渡江战役	重要性
《首届诺贝尔奖颁发》	路透社	文化:诺贝尔奖	显著性
《"飞天"凌空——跳水姑娘吕伟夺魁记》	《光明日报》	体育:吕伟夺冠	显著性
《一着惊海天——目击我国航母舰载战斗机首架次成功着舰》	《人民海军报》	科技:舰载机起降	重要性
《国行公祭,为佑世界和平》	《人民日报》	历史:国家公祭日	接近性

《消息两则》属于军事题材,报道了解放战争时期起决定性意义的渡江战役在第一天的基本信息、战场态势以及第一阶段的三路大军渡江战况,符合新闻价值的重要性特质。《首届诺贝尔奖颁发》属于文化题材,报道了第一届颁奖机构对获奖者的颁奖情况,表现了诺贝尔奖的公正与权威,符合新闻价值中的显著性特质。《"飞天"凌空——跳水姑娘吕伟夺魁记》这则体育领域的新闻,很符合新闻价值中的显著性特质。《一着惊海天——目击我国航母舰载战斗机首架次成功着舰》属于科技领域,报道了飞行员驾驶552号歼-15战斗机的着舰经过,符合新闻价值中的重要性特质。《国行公祭,为佑世界和平》属于历史题材,报道了南京大屠杀的国家公祭日,符合新闻价值中的接近性特质。所报道事件

的新闻价值,往往是若干因素的合集,教学过程中可只选最为明显的特质进行讲解。罗列报道刊物,旨在提醒学生关注国内外主流新闻报刊,从实践的角度培养学生关注新闻选题,捕捉身边新闻热点的能力。

(二) 打通阅读与实践

教师在确定教学内容、设计教学支架时,要以服务学生的"学"为宗旨,帮助其建立精神内核,打通学习、采访和写作渠道。灵活运用新闻作品,让教学内容与创设的学习活动高度匹配。

表 6-5　新闻单元的教学内容

新闻作品	采访主题	采访对象	采访问题
《消息二则》	渡江战役的规模与意义	解放军官兵、国民党官兵等等	(解放军军官)战斗的区域有哪些?当前的战况如何?战斗目标是什么?战斗意志怎么样?
《首届诺贝尔奖颁发》	诺贝尔奖的公正与权威	获奖者、颁奖者等等	(颁奖者)诺贝尔奖项获奖条件是什么?获奖者的资格是什么?诺贝尔奖资金管理权和评奖权的分离有何用意?
《"飞天"凌空——跳水姑娘吕伟夺魁记》	吕伟夺魁过程中的美	吕伟、现场观众、裁判等等	(吕伟)你觉得此次的表现怎么样?你过去在跳水项目中的最高纪录是多少?你现在的感受如何?
《一着惊海天——目击我国航母舰载战斗机首架次成功着舰》	航母舰载战斗机首架次着舰	着舰指挥员、飞行员……	(着舰指挥员)着舰过程的困难有哪些?首架次着舰成功的意义是什么?
《国行公祭,为佑世界和平》	牢记南京大屠杀历史,维护世界和平	人民群众、国际组织……	(人民群众)你对南京大屠杀历史有什么了解?你知道国行公祭的初衷是什么吗?

(三) 还原文本情境

新闻作品单元的教学,要以培养学生的语文核心素养和新闻素养为旨归。要引导学生尝试还原文本情境,从整体上把握和体验新闻文本,让学生与文本对话,对作者对话,从而理解新闻事件,感受新闻事件中隐含的作者的情感、立场与价值观。如教学《消息二则》,可适时展示一些视频或文字资料,让学生了解此次战役在解放战争中的决定性意义,激发学生对当时形势与战况的好奇心、对人民解放军进攻国民党军队获胜的心理期待。可以让学生进行角色置换，去体验和感受作者毛泽东、作品中的解放军与国民党、那个时代社会上的普通民众的心理与情感，从而感受人民解放军南渡长江胜利的巨大情感触动。可以从"互换"角度出发，揣摩各类人物对胜利到来的不同感受，从而学会区别"客观事实的陈述"与"主观评价的表达"，体会作者用简洁凝练的一百多字所传达出的情感倾向与态度。可设计表格引导学生还原文本情境，如表6-6：

表6-6　基于阅读对象还原《消息二则》中的文本情境

阅读对象	阅读心理	文中依据
人民解放军		
国民党官兵		
人民群众		
国外人士		

(四) 对接真实生活

新闻单元的教学中，如果仅进行静态的新闻阅读，就会很难让学生真正理解新闻。教学设计可以依托学生的真实生活，创设实地采编、播报和写作练习。可借助新闻本身的特色创设情境，依托社会生活，对接学生生活与作者生活。调节那些因为时间和空间不同而造成的生活错位，从而拉近距离。如此，激发学生学习新闻的兴趣，落实新闻的教学价值追求。

四、新闻阅读采访写作活动单元的教学案例

笔者结合项目式学习相关知识，设计了新闻阅读采访写作活动单元的一则教学案例。

(一) 案例呈现

新闻阅读采访写作活动单元项目式学习设计

一、项目式学习目标

1. 了解新闻类实用体裁的文体特点。
2. 领悟新闻作品的思想内容，学习新闻的精神特质。

3. 广泛阅读新闻,养成新闻阅读的习惯,提高对新闻的真伪辨别能力以及独立思考能力。

二、项目式学习主题

走进社区中的普通人

三、项目式学习任务

以"走进社区中的普通人"为主题的项目式学习,要求学生以小组为单位了解普通人的生活,拍摄新闻图片,撰写新闻作品,最终设计并制作一份图文并茂的的报纸。

四、项目式学习方案

学习方案主要分为三个环节,即采访准备工作、采访普通人、写作练习,并对各个环节之下的具体分工作了明细说明。采访提纲、采访记录表、微摄影展、写作练习将作为阶段成果予以保留;报纸则作为最终成果予以展示;保留的阶段成果与展示的最终成果将汇总,共同构成项目成果集。

五、项目式学习活动

新闻单元项目式学习活动可以分为五个部分。并且在每个环节中,教师可以联通课内课外资源,提供相应的学习支架,以帮助学生顺利开展活动。

活动一 如何当一名合格的读者?

支架1:当前社会热点新闻 N 则

围绕"如何当一名合格的读者"这一问题,以课内新闻作品为抓手,要求学生相互交流、共同讨论,分析每一种新闻体裁的类型。带领学生走向新闻,如组织学生买报纸、分析报纸上的新闻,以理解消息的基本要素,引入许多高质量阅读材料,培养学生辨别新闻真伪能力。

活动二 如何确定采访对象?

支架2:头脑风暴

围绕"如何确定采访对象"这一问题,引导学生对"普通人""普通"等概念进行具象化。要求学生用笔随时记录当下的想法,回忆脑海中有哪些"普通人"面孔;对每一位出现的人思考他们的"普通"在于何处、"不普通"又在何处;进而问问自己在这些"普通人"当中,最迫切地想了解哪一位,以此初步确定采访对象。然后,组内成员相互交流,作比较,共同商议确定本组最终的采访对象。

活动三　如何拟定采访提纲？

支架3：采访问题设计的小技巧、采访提纲表

采访提纲的重中之重是采访问题的设计，提问是手段，更是艺术。采访问题的最终目的是向新闻受众传达采访目标相关的有价值信息。因此，问题应当简洁明了且极具针对性，对初二学生来说有一定的困难。教师需要对学生进行问题设计指导。一般来说，会根据报道的目的来设计采访问题。这些问题要能营造融洽的采访气氛，既具体科学又不涉及个人隐私，既层层追问、挖掘故事细节又不至于令人反感。同时，教师还可给学生提供预先设计的小组采访提纲表、小组采访记录表，以提醒学生规划好前期准备工作，及时记录访谈活动过程与体验。此外，还可邀请有采访经验的学生、专业记者来班级，就如何列采访提纲、如何设计采访问题、如何在采访中理顺问题逻辑、如何筛选精彩内容、如何发现普通新闻事件中的亮点、如何提升新闻写作的深度等问题作深入的指导。

活动四　如何撰写规范的新闻作品？

支架4：加工材料，进行大体规范的新闻表达

在实际采访活动的过程中，学生对事件和人物等都有了一定的认知。在此基础上，引导他们对现实生活中采访所得的材料去伪求真、去粗存精、整理加工，用新闻消息或通讯的形式，展现普通人的生活日常与丰富的精神世界。再结合活动，以新闻评论的形式对自己所了解到的普通人的故事进行新闻表达，从而帮助读者细致、深入地了解新闻事件。

活动五　如何制作一份报纸？

支架5：团队合作

各学习小组将采访图片和文案加以汇总、整理，并借助相关的排版工具，完成报纸的布局设计并排版，再进行校对，最后定稿成品。同时邀请学校有美编经验的同学，或者完成质量较好的学习小组主动分享软件排版技巧，协力完成项目式学习成果。

六、项目式学习成果

在新闻单元项目式学习结束之后，学习小组需要提交新闻项目的阶段成果与最终成果。阶段成果有自主构建的新闻知识体系，阅读新闻类报刊、网站

的一些基本方法，按需要进行新闻素材搜集的方法，采访方案、采访提纲和采访记录，学生创作的消息图文等；最终成果则是一份有既定受众的报纸。

其中，新闻单元项目式学习成果集可设计如下：

项目表	具体分工	完成情况
采访准备工作	确定采访对象	
	设计采访问题	
	拟定并修改采访提纲（阶段成果）	
采访普通人	采访普通人生活	
	交流采访记录（阶段成果）	
	举办摄影展（阶段成果）	
写作练习	消息、通讯（阶段成果）	
	新闻评论（阶段成果）	
	合作设计报纸（最终成果）	

（二）案例简析

本着"项目式学习的主体是学生"的教学理念，创设"走进社区中的普通人"这一新闻单元项目式学习主题。引导学生学习新闻的相关知识，激发学生学习新闻的浓厚兴趣，提高学生的新闻阅读能力，使其掌握一定的采写技巧，建立新闻评价的标准，培养学生新闻撰写的读者意识和负责任表达的意识，能完成基本合格的新闻作品。

1. 项目式学习促进深度学习

该案例以完成新闻的阅读、采访和写作为目标，旨在促使学生掌握新闻单元的学习状态、学习内容、学习方式以及学习结果呈现等方面。

在学习状态上，要求学生从新闻知识的被动接受者转向新闻学习的积极探索者，激发学生学习新闻的内源性动机。在学习内容上，围绕主题"走进社区中的普通人"，整合语文学科内及相关跨学科的学习内容，促进学生对新闻知识的综合理解，实现学生新闻阅读与写作的综合发展。在学习方式上，该案例改变知识传授为主线的教学方式，让学生成为教学的中心，用综合性的项目引导学生展开新闻学习，从而让学生在新闻采写实践中知行合一。在学习结果上，该案例引导学生明确新闻标准，建立新闻基本写作模型，树立读者意识和负责任的表达态度，形成合格的新闻作品。

这样实践性非常强的学习，会激发学生学习的深层动机，在问题的解决中增强对新闻的切身体验与发展高阶思维，促进学生对新闻阅读与写作知识的深度理解，以及对社会事件和生命意义的理解。

2. 项目式学习发展核心素养

核心素养是人才培养的目标，引导教学方法、评价标准和评价方式的变化。该案例中，利用系列驱动问题，让学生调动自己的知识与能力，创造性地解决新闻的选、读、访、写以及报纸的制作等问题，形成公开成果。

这样的设计，能触发学生的深层动机，又能深入新闻知识的本质，抓住新闻单元学习目标的内核。同时，这个设计紧贴学生的实际生活，关注社会时事，是学生生活中的项目原型。整个项目设计体现了语文学科内容的读写融合、语文与新闻学之间的交叉，引领学生进行整体建构。它的实践性和探究性，体现了语文学科的学用合一。确定采访对象、设计采访问题、拟定采访提纲、实地进行采访、交流采访记录、举办摄影展、撰写新闻作品，这些实践活动的设计，在核心知识和学习历程中，发展了学生的核心素养。

第二节　家乡文化生活实践活动单元教学

统编版高中语文教材必修上册第四单元是以"家乡文化生活"为主题设置的新实践活动类教学。该单元直接拉近了语文学习与学生生活的距离，充分体现了语文学科的实践性和开放性。其引导学生用学习语文的方式来参与当代文化，促进学生语文核心素养的提升。该单元也属于"当代文化参与"学习任务群。"当代文化参与"学习任务群，从"当代文化参与"字面解读："当代"二字意味着要引领学生关注当下时事热点，关心与生活紧密联系的问题；"文化"二字，则要求学生能从当下的时事热点中聚焦、挖掘和提炼出有当代性的文化生活或文化现象元素；"参与"则需要学生以主动的姿态，深入文化生活，在实践中探究文化交流与传播的方式。高中语文课程的"当代文化参与"学习任务群，旨在引导学生"聚焦特定文化现象，自主梳理材料，确定调查问题，编制调查提纲，访问调查对象，记录调查内容，完成调查报告……关注当代文化生活，开展社区文化

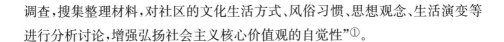

调查,搜集整理材料,对社区的文化生活方式、风俗习惯、思想观念、生活演变等进行分析讨论,增强弘扬社会主义核心价值观的自觉性"①。

一、家乡文化生活实践活动单元的教学价值

正如单元说明所示:"用适当的方式关注和参与家乡的文化生活,学习剖析文化现象,有助于我们增强认识社会和阐释自己见解的能力,这也是学好语文的重要途径之一。"家乡文化生活实践活动单元具有如下教学价值。

(一) 引导学生关注真实生活,落实立德树人

当代文化多元繁荣,当下社会瞬息万变,立德树人,培养适应当下和未来需要的公民,语文学科责无旁贷。当前的核心素养课程改革,为学生未来生活作准备,也引导学生关注当代文化,突破传统的闭门读书的学生生活模式。家乡最贴近学生的生活,关注家乡文化生活,可以促使学生关注身边的人与事;引领学生关注家乡发展、思考家乡的出路、参与家乡建设,可培养他们的社会适应和服务能力;弘扬社会主义核心价值观,增强学生的家乡自信,为国家认同打下基础。

因此,对家乡文化生活的真实关切,也是在以最落地的方式进行着立德树人的教育工作。"普通高中语文课程,必须以习近平新时代中国特色社会主义思想为指导,坚持立德树人,弘扬民族精神,融入社会主义核心价值观教育,培养热爱中华文明、热爱祖国、热爱人民、热爱中国共产党的深厚感情,以及热爱美好生活和奋发向上的人生态度,使学生逐步形成自己的思想、行为准则,增强为中华民族伟大复兴而努力的历史使命感和社会责任感。"②

(二) 拓展语文课程内容,打破教科书学习边界

"当代文化参与"学习任务群不只在于引领学生关注时代前沿的经济、政治、科技等方面的最新成果,更在于引领学生在语文学习中发现、分析和解决问题。教材实践单元的设置,打破了语文教科书以选文为主组织单元的编排模式,也解决了语文课程内容与现实生活衔接不紧密的问题。本单元内容贴近学

---

① 中华人民共和国教育部.普通高中语文课程标准(2017年版 2020年修订)[S].北京:人民教育出版社,2020:13.
② 中华人民共和国教育部.普通高中语文课程标准(2017年版 2020年修订)[S].北京:人民教育出版社,2020:2.

生生活,能引领学生理性认识生活、积极投入生活,以多种学习方式了解真实生活;真正实现大语文学习的理念、内容和方式。

从单元内容组织来说,其也具有鲜明的实践性。本单元包括记录家乡的人和物、家乡文化生活现状调查和参与家乡文化建设三个任务。课程内容规划,有鲜明的活动主题,有明确的学习任务,有必需的语言训练。在一个个任务驱动下,教师引领学生进行阅读、鉴赏、表达、交流、梳理、探究,完成语言传输,学生体验社会生活,学习新的学习方式,获得不一样的语文学习经验。

(三) 变革学习方式,发展语文核心素养

语文课的核心是语言,语文教学就是要有效解决如何进行信息的输入、语言的编码与解码,进而能够借助语言将自我理解进行表达。教师"单向讲授"为主的语文课堂,不能实现学生核心素养的全面提升。语文教师需要将学习置于符合生活现实的具体情境之中,创设综合性和实践性强的语文学习任务。

本单元变革传统的语文学习方式,学习内容丰富:通过深入实地的寻访、调查与考证,培养学生关键能力,即搜集素材的能力、梳理资料的能力、聚焦事件核心的能力、提炼主要问题的能力、认识社会现象和发表观点的基本能力;通过走向社会,改变学生语文学习的方式,拓宽学生的视野,提高学生汉语言文字的运用能力;通过专题调研,引领学生审视可爱的家园,领略时代的风采,深入思考个人生活与社会发展的关系;通过专题研讨,追本溯源,展望未来,辩证看待家乡的文化传统与现代发展之间的联系,提升学生当代文化生活的参与意识。因此,该单元直接拉近了语文学习与学生生活的距离,充分体现了语文学科的实践性和开放性。同时,用学习语文的方式来参与当代文化,学生的语文核心素养在不知不觉中得到了全面提升。

二、家乡文化生活实践活动单元的教学策略

针对该单元的教学,笔者以为可以采取如下教学策略。

(一) 任务驱动,创设文化场域

任务驱动,是让学生在学习任务的引领下,进行学习实践。用浓郁的文化氛围创设实践性学习的"文化场",用明确的任务濡染学生的积极性。学习任务的设计,如果是阅读教学,则更多强调要分层:既要有体现一定能力要求的梯度,又要符合任务设计的科学性,更要符合思维发展的逻辑性。而实践活动单

元的学习任务可以采取并列或递进衔接的逻辑,体现活动的多样性和内容的丰富性。

如本单元的任务一"记录家乡的人和物"和任务二"家乡文化生活现状调查"采取并列逻辑,任务三"参与家乡文化建设"则采取承接任务二的递进逻辑。三个任务驱动和引导学生深入了解家乡,感受家乡文化与生活的过去和现在,并为其未来建设提出建议。

(二) 创设情境,融合读写做

情境教学与考试命题情境,都是义务教育和高中核心素养版两份语文课程标准文件强调的。如"真实、富有意义的语文实践活动情境是学生语文学科核心素养形成、发展和表现的载体。语文实践活动情境主要包括个人体验情境、社会生活情境和学科认知情境。个人体验情境指向学生个体独自开展的语文实践活动,如在文学作品阅读过程中体验丰富的情感,尝试不同的阅读方法以及创作文学作品等。社会生活情境指向校内外具体的社会生活,强调学生在具体生活场域中开展的语文实践活动,强调语言交际活动的对象、目的和表述方式等。学科认知情境指向学生探究语文学科本体相关的问题,并在此过程中发展语文学科认知能力"①。

在语文学习环境之下,情境由三个因素构成:学习者、学习内容、语言运用的场域。情境有一个最基本的要求就是"真实",即所创情境要贴合生活,要有真实的任务,要能激发学生主动探究的愿望,要能让运用语言解决问题真实发生,要使学生成为学习的主体,要充分让学生自己实践。

本学习任务群要创设生活化的情境,引领学生聚焦特定范围的特定文化现象,通过先期阅读了解、实地调查访问、记录成文,进而了解文化现象,梳理调查内容,完成调查报告。整个学习任务群的实操性较强,要把实践活动任务自然融入学习的情境,在文化调查研究中读写做结合,发展高中生语文学科核心素养和关键能力。

(三) 研学旅行,探索新范式

学习书本知识和参与行走实践,这两者之间并行不悖。学生既要从书本等获取间接的经验,也要通过"行走",直接亲近与阅读世界。那么,如何让学生的

---

① 中华人民共和国教育部.普通高中语文课程标准(2017年版2020年修订)[S].北京:人民教育出版社,2020:48.

行走成为"阅读的行走"呢？除了上述的调研、实地参观和考察外，开展"研学旅行"也应当是语文学科进行文化教育的途径。研学的根本目的是促进素质教育，充分利用学校、家庭和社会的教育合力来促进学生全面发展。教师要提前告知研学项目的基本情况、目的意义和组织形式，了解本次研学目的地的相关地域文化，并确定主题，确定研学的具体目标，制定好研学旅行的攻略。教师也可以带着学生开展项目式学习。通过小组合作，确定研究项目，制定项目方案，进而实施推进项目，最后是项目的总结与反思等环节。当代文化参与不是简单地消费当代文化，而是引领学生以积极主动的姿态参与和深入当代文化生活，去发现、记录、研究、剖析、甄别和评价各类文化现象；不能盲从时尚与潮流，而是以"语文的视角"分析文化价值，发展学生参与和评鉴文化的素养与能力。将语文学习与生活紧密结合，其本质上来说还是语文学习，重要的是过程和体验。

就本单元而言，研学旅行的地域范围是"家乡"。教师要提供切实的指导和帮助，引导学生关注当地人事物，访谈和调查当地相关古建筑、文化名人，发现当地文化生活现象，评价当地的文化生活，并能对当地文化的发展提出建议。

三、家乡文化生活实践活动单元的教学设计案例

虽然教科书编排中规定本单元以"家乡文化生活"为主题，也明确了三个学习任务，即记录家乡的人和物、家乡文化生活现状调查和参与家乡文化建设，但是不同地区、不同师生群体，对本单元课程内容的建构思路及具体化的成果是不一样的，甚至会有很大的地域文化差异。这是本单元课程与教学很有张力之处。笔者以家乡江苏省盐城东台市为地理对象，设计了该实践单元的教学案例，限于篇幅，仅对单元学习活动一展开具体教学设计。

(一) 案例呈现

家乡文化生活实践活动单元教学设计
——以江苏省盐城东台市为例

背景资料：地区名片

东台市是地处江苏省沿海中部、长江三角洲北翼的一个县级市，这里东拥黄海、西襟沃野，是一个文化丰富的鱼米之乡，一座神奇生长的城市。

东台历史悠久,古称晏,又称西溪、东亭等,自古以产盐闻名。作为"国家园林城市""中国优秀旅游城市",这里有建筑于唐代的海春轩塔,以及江苏黄海海滨国家森林公园(简称"黄海森林公园")、董永七仙女文化园等著名旅游胜地。董永传说已被列为国家级非物质文化遗产。

教学设想:

"区域文化进课堂"是新课改的必然与应然。东台是一座沿海小城,其文化资源非常丰富。如,历史悠久的海盐文化、革命老区的红色文化、董永七仙女传说的仙缘文化,以及林场文化、美食文化等等。丰富的文化资源及文化遗产,成为在东台地区开发语文课程的重要抓手。

依据单元教学目标,结合学情,本设计选择东台地区作为单元教学设计的案例,将各种学习方法、学习资源和学习活动有机整合,做"家乡文化生活"单元教学设计,以期引领学生关注家乡风貌,关注家乡文化生活,树立起主人翁责任感,养成传播地区优秀文化的主动意识。

单元教学目标:

1. 学会寻访。引导学生自主关注家乡文化,学写地方志,描摹和阐释家乡文化之魅力。(对照单元学习活动一)

2. 学会调查。引导学生深入调查家乡文化生活之现状,撰写调查报告,发表自己独到的认识与思考。(对照单元学习活动二)

3. 学会反思。引导学生树立主人翁意识,对当下家乡文化生活中的不良现状和倾向提出建议,自觉建设和弘扬家乡优秀文化。(对照单元学习活动三)

家乡人物(风物)志创写
——学习活动一教学设计

教学目标:

1. 学生了解访谈法、人物志、风物志的知识。
2. 学生能借助表格,对相关人物(风物)进行访谈,深入了解家乡文化现象。
3. 学生能运用所搜集的资料进行人物(风物)志的写作。
4. 学生交流优秀人物(风物)志的写作稿,培养热爱家乡文化之情。

教学重点:

1. 访谈法的掌握。

2. 访谈和考察家乡名人风物的过程。

教学难点：

人物（风物）志的写作。

教学过程：

第一课时

一、导入

有一座城市，它东拥黄海千波，西襟沃野万绿！有一座城市，它撷唐风宋韵走来，晏殊、吕夷简、范仲淹都曾在这里为官。鱼汤面、发绣、书画、二胡、海春轩塔、茧丝绸、董永七仙女传说、西瓜、陈皮酒、黄海森林公园是它的十大文化名片，是东台千余年来的历史文化积淀，是东台的文化标识和文明的象征。今天，我们聚焦东台文化，在文化和语言运用的交汇中，感知这座小城独特的风貌。

二、知识准备：创作方法交流学习

（教师引导学生交流课前所了解到的访谈法、人物志创作、风物志创作等知识准备）

（一）了解访谈法

1. 定义：访谈法，是访问者根据特定目的，对目标对象进行有规划、有目的的访问、谈话，获得真实客观信息的一种基本研究方法。

2. 访谈的基本步骤：确定访问的主题；架构访问的提纲；选定提问的对象；收集有效的信息；做好访谈的记录；梳理真实的资料。

3. 访谈的注意事项：耐心而有礼貌地询问与倾听；细致地观察与记录；临场应变突发情况。

（二）了解人物志

1. 定义：志，是源于古代的一种文体，包括传记、传略、简介、表、录等五种。我们今天学习传记体。人物志比较详细地记录人物的一生，通过对人物的生平、生活、精神等领域进行描述和介绍，来表现人物的特征和深层的精神。

2. 特点：一是真实性，即对人物生平及其思想的记录要真实，不能盲目篡改；二是文学性，即写作的语言要生动形象、引人入胜。

3. 创作技巧

(1) 搜集资料。人物传记要真实可信,要广泛地搜集、整理所记人物的生平事迹,在考证的基础上,进行细致的筛选,把准确的、典型的事例留下。

(2) 聚焦本质。要把人物放在特定环境中来写,用加工、提炼过的素材来表现人物主要性格,既要大处落笔,也要聚焦细节。

(3) 聚焦典型。要选择那些最能表现人物性格的言行或作品来写,表现人物思想境界,展示其对客观世界的认知、主张、情感和态度。

(4) 讲究文采。人物志虽然讲究事实,写法无需华丽和烦琐,但文章结构层次要分明,构建布局要合理,语言要生动形象。一句话,要锤炼文字,讲究艺术。

(三) 了解风物志

1. 定义:风物,是风景和物品之意。风物志可以写家乡的地理位置、历史渊源、规模格局和发展态势,也可以写家乡的自然风光、人文景观、民俗风情、乡土特产等,还可以表达对家乡的赞美与爱意,或可以表达对家乡某一方面的忧思。

2. 特点:一是简明性。用准确的语言介绍风物的来源、特点等内容。二是文化性。要阐明家乡风物的文化价值,但不刻意多加议论、抒情。

3. 创作技巧

(1) 搜集素材。有关家乡的史料、传说、名胜古迹、诗词、名家谈、历史演变、历史价值等等。

(2) 善于写景。抓住家乡风物的特点,可以"一线串珠"介绍家乡,也可以"以小见大、以点带面"来展示家乡风貌。

(3) 善讲故事。风物志中如果没有故事,没有人物,就会比较干瘪。可以写一写家乡的传说。

(4) 语言简实。综合运用记叙、描写、抒情、议论等方法,使家乡风物更加形象,更具感染力。

三、实践活动开展:访谈实践或风物寻访

学习任务二选一:

1. 请选取你所了解并感兴趣的一位家乡人物,结合相关背景资料,根据访谈的方法,设计访谈提纲,然后以个人或小组合作的形式,开展访谈,并进行人物访谈记录。

江苏省东台某某中学"家乡文化生活"访谈记录表

对象		性别		年龄	
访谈成员			访谈时间		
访谈提纲	1. 2. 3. 4. ……		访谈记录		

2. 请选取你所了解并感兴趣的一处、一个或一类风物,结合相关背景资料,以个人或小组合作的形式,开展寻访考察,并设计考察表格进行记录。

下表是历史建筑寻访登记表格。

历史建筑寻访登记表

建筑名称		建筑位置	
建筑历史(建造年代、历史变化)		建筑形状(是否完好、周边环境)	
价值描述(风格特色、历史价值)		信息来源	
照片		建议	

资料链接:东台地区名人风物推荐

1. 非遗文化资源

东台的非物质文化遗产丰富,八个非遗项目被列入盐城市第四批非物质文化遗产名录。它们既是东台历史的真实见证,又是东台珍贵的文化资源,是东台城市的活态民间历史。

东台有董永传说,是我们古代四大民间传说之一。该传说,在江苏省东台市西溪古镇的流传历史最为悠久,东台市各地地名的遗迹也较多。2006年,董永传说入选国务院批准的第一批国家级非物质文化遗产名录。东台市围绕"孝贤文化"和"爱情传说"这两大经典文化主题,在西溪镇创建了"董永七仙女文化园"。西溪景区以仙缘文化和孝贤文化为载体,不断创作出《天仙缘》《寻仙缘》《仙·凡》等精品演出,其独特的历史感、艺术感描绘了仙缘画卷。

东台的非遗凝聚百姓的智慧,发绣、葫芦画、麦秆画、糖塑等非遗文化,在时代变迁和自身的传承中,不断丰富、优化与发展。这些非遗项目,是东台人对传承民族文化根脉的认同。而今,传承与弘扬优秀传统文化之花,在东台大地处处繁盛。

2. 自然资源

黄海森林公园,是一片"神奇生长的海上森林",这里,森林覆盖率超过90%,资源丰富,有652种植物、342种野生鸟类和30多种兽类,林木储备量为21万立方米。这里空气优良,空气中的负氧离子浓度平均达3800个/立方厘米,远超众多著名的旅游城市。林场精神代代相传,经过长达50多年接续奋斗,东台人把6.8万亩沿海荒滩,变成了一片绿色的海洋。而今,黄海森林公园把这独具天时、地利与人和的生态资源,打造成度假资源和经济资源,这里俨然成了东台的"城市生态客厅"。它融"海、林、鸟、河、滩"于一体,实现了生态、经济和社会效益的共赢。

3. 历史与文化名人资源

东台从西汉建镇,先民煮海为盐,富甲两淮。从汉初到清末,东台形成了江苏唯一的海盐生产流程。北宋时期,范仲淹、晏殊和吕夷简更在西溪留下了卓越的文化与政绩。东台人文荟萃,盐场社学是东台教育的肇兴。王艮"百姓日用即道"启蒙思想学说影响深远。明清时期,有布衣诗人吴嘉纪、高僧真禅、水利学家冯道立、情系母里而在东台创办教育与实业的状元张謇。作为淮南名郡,东台商贾兴市,明清时期台城商贸发达、百业兴旺。东台还是革命老城,19世纪末20世纪初这里兴起了资产阶级民主革命活动,1927年中国共产党东台支部成立,1948年10月东台解放。

4. 地区精神文化资源

古老的东台城,有一座著名的大马雕塑。它形塑的是新四军东进的光辉岁月,更承载了东台人对老东台发展的殷切期盼。这座英雄的"大马",它见证了东台撤县建市、荣登全国百强县、领先苏北的奋斗征程。因此,对东台人来说,它不仅是一座雕塑,更是一座城市的精神与骄傲。

当前,东台市新时期城市精神是崇德明礼、开拓奋进,城市精神深入人心,为高质量发展提供强大的精神动力和深厚的思想基础。

四、人物(风物)志创作

1. 记录表内容完善

（1）完成人物访谈或风物考察后，表单填写完毕；(2)选择写人物志和选择写风物志的同学各自成组，学生以六人小组为单位进行表单内容的对比和完善，完成本组内优秀表单一份；(3)在全班进行评比并完善，最终形成最完善的人物志、风物志表单各一份。

2. 根据记录表进行创作

学生根据完善的记录表，结合前文所学知识，进行人物志或风物志的创作：

（1）对评选出的优秀人物志或风物志进行公布和表扬。

（2）优秀作品的作者朗读自己的作品，运用多媒体技术投影供全班鉴赏。

（3）优秀作品的作者简要阐述写作构思与写作技巧。

（4）师生点评。

五、课堂结语

一块块金字招牌，给东台留下了浓墨重彩的一页。东台获评"中国县域旅游综合竞争力百强县市"，条子泥景区获批"国家AAAA级景区"，巴斗村获评"全国乡村旅游重点村"，方东村获批"省级乡村旅游重点村"……越来越多的亮点，被书写和记录。东台市图书馆成为东台城市文化的新地标，上榜"江苏文旅消费的十大新场景"，获评"城市人文新地标"美称。东台市博物馆入选江苏省"最美公共文化空间"打造对象名单……作为东台市的青年，同学们身上流淌着家乡的文化的血脉，受家乡东台文化意识的影响。希望同学们能运用今天所学的这些方法，进行家乡名人风物的了解和调查，学以致用。

六、作业布置

继续完成人物志或风物志的写作；学生作品编辑为《家乡旅游手册》。

（二）案例简析

该单元是统编版语文教材必修上册第四单元"家乡文化生活"的创新编排，上述教学案例设计，落实以下思考：

1. 引导学生关注现实生活，培塑文化自信

对所在地东台的人物或风物进行访谈和调查，撰写访谈录、风物志或是调查报告,是高中生进行当代文化参与的一个重要方式。该案例一个鲜明、突出的作用就是,可以培养学生对家乡的情感,激发其文化自信。家乡的风光,家乡的物产,家乡的风俗,一般都承载着当地的历史与文化,是最好的地情教材。研究它们,可增强学生的乡土观念,促进学生热爱乡土的感情。同时,在搜集家乡历史人物资料及实地采访调查的过程中,还会增进对一些地方名人的理解,提高其思想道德情操和精神文明素质,从而促使其形成正确的世界观、人生观和价值观,由对家乡的爱进而激发起爱国热情。

2. 促进学生变革学习方法,提升核心素养

该案例的综合性很强,它重点体现实践和活动,有较强的开放性。案例从知识准备开始,引领学生了解访谈的定义、步骤和注意事项,进而学习人物志和风物志的特点、创作技巧,并对技巧进行归纳。随后,才开始实践活动,设计访谈记录表格与东台实地考察用表,使得资料链接内容丰富而有说服力。通过关注东台的人物、风物,培养学生对自然、社会和自我的认识,培养学生的问题意识、研究意识和创新意识。要了解家乡的人、事、景、物,学生必须用科学的研究方法,综合运用多学科知识和访谈技巧,辩证看待所搜集到的资料,提高学生的思辨能力。

总之,新实践活动单元是统编版语文教科书对以往编写体例的突破,体现了语文学习联系生活、变革学习方式、更新教学理念等意图。其教学和实施也给教师留了很大的发挥空间。

另外,《义务教育语文课程标准(2022年版)》提出的"跨学科学习",其内容和学习方式不同于常见的语文学习,也属于新实践为主的学习。限于本章篇幅,不再详细论及。

第七章　新文科背景下的大单元教学

2020年11月,教育部新文科建设工作组发表的《新文科建设宣言》,是新文科建设的纲领性文献,就新文科教育而言,主要策略是要创新教学模式以适应新的时代。这种改变传统教学模式的愿望刚好与大单元教学相呼应。关于大单元教学,在20世纪90年代初就有相关论文见诸杂志,当时就有老师认识到了一般意义上的单元教学至少有三个方面的问题:"第一,教材的单元组织不适应学生渴望了解生活的心理需要,更无法调动学生学习语文的兴趣。第二,单元教学强调的是'文体相同的单元'的'相对独立',不利于执教者把握教材的内部联系。第三,不利于正确处理知识与能力、智力的关系。"[①]新文科建设与当下核心素养为本的课程改革遥相呼应,基础教育阶段的大单元教学已有了理念和实践方面的诸多突破。

第一节　大单元教学概述

核心素养为本的大单元教学,以培养学生核心素养来统揽全局,教学内容统整、有序,总体目标一致。

一、基本内涵

当前我国正在开展核心素养为本的基础教育改革。高中语文学科核心素养的四个方面是:"语言建构与运用、思维发展与提升、审美鉴赏与创造、文化传

---

① 邓禹南,肖红耘.试论"大单元教学观":兼谈义务教材单元构建的创新[J].中学语文(大语文论坛)(下旬),1993(7):8.

承与理解"；义务教育语文核心素养的四个方面是："文化自信、语言运用、思维能力、审美创造"。语文课程构建、教学改革、评价改革等，都全面围绕和落实核心素养。"重视以学科大概念为核心，使课程内容结构化，以主题为引领，使课程内容情境化，促进学科核心素养的落实。"①其中的"大概念为核心""主题为引领""课程内容结构化"，都暗示了教学内容之间的有机联系和统整，也可理解为指向大单元教学。此外，两份语文课程标准文件都对课程内容以任务群形式进行了构建，也适合开展大单元教学，总之，大单元教学是落实语文（学科）核心素养的重要路径。

大单元教学是对单篇选文教学的超越，是基于语文（学科）核心素养对单元内部、各单元之间甚至整个学段的课程内容与教学设计的统整考量。"普通高中新课程标准的出台，明确了学科目标从知识点的了解、理解与记忆，转变为学科核心素养的关键能力、必备品格与价值观念的培育，这要求教师必须提升教学设计的站位，即从关注单一的知识点、课时转变到大单元设计。"②也就是说，大单元教学是实现教学设计与核心素养目标"有效"对接的有效途径；换言之，大单元教学是通过改变教学方式来更好地促使核心素养目标的达成。

二、相关概念

为了深入理解大单元教学，必须站在大单元教学视角厘清几个相关概念。

（一）大概念

大概念，也称学科核心概念。"学科核心概念是特定学科中最基础、最根本的观念。"③"选择少而重要的学科核心观念，让它们彼此间建立有机联系，使课程结构由'学科事实覆盖型'转化为'学科观念理解型'。"④"指向学科核心素养的教学倡导大观念、大项目、大任务与大问题的设计。"⑤大概念还要直白、有概

---

① 中华人民共和国教育部.普通高中语文课程标准(2017年版 2020年修订)[S].北京：人民教育出版社,2020：4.
② 崔允漷.如何开展指向学科核心素养的大单元设计[J].北京教育(普教版),2019(2)：11.
③ 张华.论学科核心素养：兼论信息时代的学科教育[J].华东师范大学学报(教育科学版),2019(1)：58.
④ 张华.论学科核心素养：兼论信息时代的学科教育[J].华东师范大学学报(教育科学版),2019(1)：55.
⑤ 崔允漷.如何开展指向学科核心素养的大单元设计[J].北京教育(普教版),2019(2)：12.

括力,具有方法论价值,不要在大概念的陈述上给学生造成理解上的障碍。

大概念的建构有两种方法:一种是由一个或一些大概念不断扩展,从而渐渐成为一个大概念结构系统;另一种是对于学段甚至整个基础教育学科有全局的把握,从而提炼出一个大概念系统。大概念是大单元教学的灵魂,大单元教学设计,须先提炼大概念,然后在大概念的基础上分解成不同层级的教学目标,再进行相关教学设计。语文学科大概念是能够提供阅读或写作迁移的方法或准则。大概念要具有系统性,避免简单重复和造成学科盲区的教学。没有大概念统整的大单元,往往是零散的事实性知识或技能的教学,难以提升利用知识解决复杂问题的能力,最终也就难以提升学生的核心素养。一个大单元可以有一至若干个大概念,或者一个大概念下有几个子概念。

(二) 教学目标

教学目标有单元目标,单元目标下还有课时目标,课时目标更为具体。单元目标要围绕大概念,而课时目标则可以有相对更广泛的内容,包括具体的语文知识或技能。大单元教学通过课时目标达成对大概念的理解,而大概念的理解可以迁移在相应的新情境之中。

大概念教学决定了单元目标不能只是简单的知识传授,而要使学生理解,深度思考以达成教学目标。课时目标可以在情境任务的完成中实现,落实情境教学的理念和要求。

(三) 主题

统编版高中语文教科书以"人文主题+语文要素"双线索组织单元,其对应作用是语文学科教学"立德树人"和培养学生汉语言实践能力两大任务。主题是单元的表层组织形式,是任务的情境范围,大多数主题本身并不具备学科本质。主题往往规定着语言实践活动的方向、学习的方式、学习的范围和活动的路径。

主题教学的结果不是就主题论主题,而是要把主题活动的获得进一步提升到大概念的高度。大单元教学绝不是仅仅围绕主题开展各种活动,通过主题活动生成大概念、迁移大概念才是完整的大单元教学。当然,教材呈现的单元主题不一定要作为大单元教学的主题,教师可以另行提炼单元主题。

(四) 任务群

《普通高中语文课程标准(2017年版2020年修订)》列出了高中语文"整本

书阅读与研讨"等18个任务群;《义务教育语文课程标准(2022年版)》列出了义务教育语文"语言文字积累与梳理"等6个任务群。"所谓学习任务群,是在真实情景下,确定与语文核心素养生成、发展、提升相关的人文主题,组织学习资源,设计多样的学习任务,让学生通过阅读与鉴赏、表达与交流、梳理与探究的自主活动,自己去体验环境,完成任务,发展个性,增强思维能力,形成理解、应用系统。"①

任务群也是一个相对较大的集合概念,比传统教学更具整合教学资源意识。"学习任务群比之过去的教学模式,教学内容突破了单篇,教学资源突破了文本,教学空间突破了课堂,教学方式突破了教师讲解,教学目的突破了文本理解、知识掌握和能力提高;文本不再是一篇一篇地教,知识不再是一个一个地学,听、说、读、写等训练也不是分类分项地单个进行。"②这与大单元教学的内涵有相通之处,大单元教学无疑是任务群教学的有效途径。

(五) 内容结构化

"学习内容的结构化,就是以一种整体的、关联的方式组织和构建学习内容。"③结构化不仅仅涉及大单元内,也涉及大单元之间、学期内外或学段之间,让大单元、大概念、课时成为系统课程中的一个有机组成部分。内容的结构化可以避免教学内容的简单重复而导致的低效,避免知识与思维训练的盲区。"当学科核心素养是有层次的结构化的整体时,我们的学科教学就必须相应地结构化、统整化。"④

结构化不仅体现出层级化、学生认知的循序渐进,还能避免局限于文本内容的解读,让教学立足于大概念的理解。不仅是学期、学年、学段的知识结构化,也表现在课时、单元内部的结构化,也就是内容之间具有有机的联系。内容结构化在课时范围内首先应该表现为内容的大概念统摄性,让课时内容成为大概念教学的一个有机环节。教学与评价也是一个结构系统,包括前测、学习、评价(包括形成性评价和终结性评价)。

---

① 《基础教育课程》编辑部.走进新时代的语文课程改革:访普通高中语文课程标准修订组负责人王宁[J].基础教育课程,2018(Z1):24.
② 黄厚江.让学习任务群走进课堂[J].语文建设,2020(11):32.
③ 吕映.结构化:学习内容优化的关键[J].语文建设,2020(12):18.
④ 黄伟.追求阅读教学内容结构化,促成语文核心素养进阶发展[J].中学语文教学,2022(8):4.

(六) 真实情境

情境的设置是为了驱动学生去学习新知识,去解决复杂问题,让学生从情感上接纳任务,增强学习的积极性,让学生熟知的情境背景知识来降低解决问题的难度,提升学习的兴趣和效率。"真实、富有意义的语文实践活动情境是学生语文学科核心素养形成、发展和表现的载体。语文实践活动情境主要包括个人体验情境、社会生活情境和学科认知情境。个人体验情境指向学生个体独自开展的语文实践活动,如在文学作品阅读过程中体验丰富的情感,尝试不同的阅读方法以及创作文学作品等。社会生活情境指向校内外具体的社会生活,强调学生在具体生活场域中开展的语文实践活动,强调语言交际活动的对象、目的和表述方式等。学科认知情境指向学生探究语文学科本体相关的问题,并在此过程中发展语文学科认知能力。"[1]

大单元教学,可以根据单元教学内容的规划,如大概念、结构化的教学内容等,为教学设计一个统整的情境;也可以根据课时具体情况,设计不同的多个学习情境。要特别强调的是:情境的设计及情境任务的完成,要与学习内容及学习过程的开展紧密结合,不能情境与教学两张皮。

三、典型特征

整合是大单元教学的典型特征。

(一) 单元内外整合

统编版语文教科书在编写时已经考虑了大单元教学,单元内选文基本上是按照主题来整合的。主题的整合至少有两方面的作用,即立德树人和情境的内容范围一致。但是,这对于大单元设计来说还远远不够,还必须进一步整合、补充,甚至跨教科书的自然单元和册数。大单元教学要有系统性,大单元的上位是学期、学年、学段。教师要对整个学段教材和教学内容了然于胸,充分调动课内外资源。对于大单元教学设计,教师有很大自主性,教师设计的大单元可以和某些单元内容重合,也可以将之重组、删减或扩充。

整合不仅仅是多篇选文的组合,大单元的整合是在大概念统摄下的整合,只要有利于大概念的生成与理解,可以是单篇、多篇、课内课外选文的整合,阅

---

[1] 中华人民共和国教育部.普通高中语文课程标准(2017年版 2020年修订)[S].北京:人民教育出版社,2020:48.

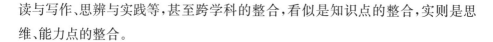

读与写作、思辨与实践等,甚至跨学科的整合,看似是知识点的整合,实则是思维、能力点的整合。

(二)内容能力整合

整合就是一种融会贯通,整合是因为彼此之间有联系,如资源有共同之处、可以互补、对立统一,或可以成阶梯形排列。整合的目标是教学内容的结构化,增强教学内容的逻辑关联,可操作化;便于大概念的生成、提取与迁移;扩大学生学习、思考的眼界、范围,激发学生学习的积极性、主动性;增强语言实践的真实性,让学生学习目标更清晰,更有成就感,也就是要利于学生的欣赏、陶冶、思辨、积累、运用。

整合,"不是对单元进行简单的内容组合,而是在单元主题、体裁、题材、语言表达等方面寻找到链接点,从而大胆取舍、理出主线、突出重点、分散难点,进而融合把握,整体驾驭教材"①。整合是为了更好驾驭教材,更好地设计大单元。任务群教学要"以任务为导向,以学习项目为载体,整合学习情境、学习内容、学习方法和学习资源,引导学生在运用语言的过程中提升语文素养"②。任务群需要整合,也就是语文学科教学需要整合,整合为一个学习单位,即大单元。

四、新文科对于大单元教学的意义

《新文科建设宣言》达成了"新时代新使命要求文科教育必须加快创新发展"的共识,这其实也证明了语文学科教学改革的迫切性,那种碎片化的知识和技能等的学习要有所改变。新文科对于单元教学的意义有以下几点。

(一)坚守创新精神

"新文科建设既要固本正源,又要精于求变,要立足两个大局,不断从中华优秀传统文化中汲取力量,主动适应并借力现代信息技术手段,实现文科教育高质量高水平发展。"③新的时代背景下,语文学科也要有创新意识,这不仅体现

---

① 周阳.大单元课堂阅读教学的整合策略和教学基本范式[J].新教育(海南),2021(31):40.
② 中华人民共和国教育部.普通高中语文课程标准(2017年版 2020年修订)[S].北京:人民教育出版社,2020:8.
③ 中华人民共和国教育部.新文科建设工作会在山东大学召开[EB/OL].(2020-11-03)[2022-10-30].http://www.moe.gov.cn/jyb_xwfb/gzdt_gzdt/s5987/202011/t20201103_498067.html.

在学生学习的创新意识,教师的教也要有创新意识。

学科教学的目的是适应和促进社会的发展,社会发展了,学科教学必然要有所改变,有所创新。不仅教学手段上利用信息技术,在教学情境的设置上也要能充分利用信息技术,如微信、QQ、电子邮件、微博等各种社交软件,还有各种论坛等,都可出现在情境任务的设计之中。不仅如此,语文学科教育还要时时关注社会的发展、社会的热点,在适当的契机下为学科教学所用。

(二) 联系真实生活

"新文科是知识生产与教人成人的结合体,其焦点在于科学研究与教育教学均需回归人的生活世界。"①因此要让学科教学与学生的生活世界融为一体,学与用都与生活世界密切相关。

基础教育语文教学改革要打破学科边界,向社会生活情境拓展,让社会生活成为学科学习的新动力,让学有所用。大单元教学突破单篇范畴的局限,提升学生在真实情境中解决复杂问题的能力。新文科背景下的基础教育语文教学改革的着力点,是改变零散知识的记诵和简单迁移,实现高通路迁移,学生有积极参与社会生活的激情和不断学习来解决问题的意识。

(三) 拓宽教学视野

当下社会对人才的需求决定了学科教学必须具备可迁移性,而社会生活的丰富性也决定了学科教学的系统性,学科教学必须适应当下人才培养需求。"新文科建设必须强调学科内外、学科之间的互动共生,催生学科与非学科(即生活)、理工科、异质学科间的'共生空间',使之在相互营养、相互支持、相互转化中提升文科整体的生长力。"②

基础教育语文课程改革提出了"跨学科""跨媒介"学习。语文教学,包括大单元教学,应该以新文科理论为指引,拓宽跨出去的视野,以核心素养为本,开发课程资源、架构课程内容、设计教学等。在大单元设计时可考虑时代因素,紧跟时代步伐,如发微博、微信朋友圈、评论等。利用社会生活的资源,让大概念在真实情境中生成,在真实情境中迁移。

---

① 操太圣.知识、生活与教育的辩证:关于新文科建设之内在逻辑的思考[J].南京社会科学,2020(2):130.
② 龙宝新.中国新文科的时代内涵与建设路向[J].社会科学文摘,2021(12):12.

(四) 产出学习成果

"坚持学生中心、坚持产出导向、坚持持续改进,构建中国特色的文科教育质量保障体系,建设文科特色质量文化。"①"坚持学生中心",就是坚持以学生的"学"为中心,学生的"学"如何检验、如何让学生有完整的思维、思维如何物化,要解决这些问题就必须"坚持产出导向",就要让学生的学习能够有自己的"产出"。语文学科学习绝不是仅仅在于长时间的积淀和陶冶,而是要有成果产出意识,产出的成果是评价的对象;没有成果,过程性评价和终结性评价都没有着落。

大单元教学也要有产出成果的意识,规划好大单元及课时的学习成果及其评价方式,使教学有的放矢;甚至围绕产出成果的需要,开展"以终为始""教学评一体化"的教学设计。

第二节　大单元教学设计的依据及步骤

大单元教学因提升学生核心素养而受到关注,"素养导向的教学变革是为了让学生能解决未来现实世界中的复杂问题"②。因此,大单元教学设计的依据和步骤应该关照核心素养改革的相关要求。

一、大单元教学设计的依据

大单元教学设计除了要依据单元内容、学情等,在核心素养课程改革背景下,更要依据以下几个方面进行考量。

(一) 依据课程标准要求

"各学科基于学科本质凝练了学科核心素养,明确了学生学习相应学科课程后应达成的正确价值观念、必备品格和关键能力……围绕核心素养的落实,精选、重组课程内容,明确内容要求,指导教学设计,提出考试评价和教材编写建议。"③

---

① 中华人民共和国教育部.新文科建设工作会在山东大学召开[EB/OL].(2020-11-03)[2022-10-30].http://www.moe.gov.cn/jyb_xwfb/gzdt_gzdt/s5987/202011/t20201103_498067.html.
② 刘徽.真实性问题情境的设计研究[J].全球教育展望,2021(11):26.
③ 中华人民共和国教育部.教育部关于印发普通高中课程方案和语文等学科课程标准(2017年版2020年修订)的通知[EB/OL].(2020-05-13)[2022-10-30].http://www.moe.gov.cn/srcsite/A26/s8001/202006/t20200603_462199.html.

核心素养为本的教学设计,包括大单元教学,应该主动落实新课程标准的相关理念和要求。如高中语文单元教学,可以将单元教学内容对照具体的任务群要求;将单元教学评价对照具体的学业质量水平要求;将教学设计对标语文学科核心素养等。

(二) 依据核心素养目标

"双基"时代的教学设计,多以教科书或文本内容为中心;"三维目标"课程改革时代,即使强调学生知识与能力、过程与方法、情感态度与价值观的整合,教学设计会关照到"三维目标",教学内容也仍然是以教科书范畴为主的。核心素养为本的教学设计,尤其大单元教学,突破教科书范畴、突破课堂学习局限,将核心素养作为语文教学设计范畴最大的大概念,纳入教学设计的考量范畴甚至设计步骤中。

大单元的多课时内容,可以分别以某条核心素养为侧重点,或者涉及多条核心素养。如开展小学二年级《大象的耳朵》《蜘蛛开店》《青蛙卖泥塘》《小毛虫》所在单元的大单元教学,可以对照义务教育阶段的"文化自信、语言运用、思维能力、审美创造"四条语文核心素养,分别设计如下课时目标:①激发阅读童话的兴趣、热爱童话(文化自信);②读、讲、演童话,理解童话故事中的对话(语言运用);③感知和理解童话故事中的想象(思维能力);④创编童话故事(审美创造)。

(三) 依据深度学习需要

"所谓深度学习,就是指在教师引领下,学生围绕着具有挑战性的学习主题,全身心积极参与、体验成功、获得发展的有意义的学习过程。"[1]深度学习强调学习有难度的内容,学生在教师指导下完成有挑战性的任务。深度学习强调与学生个体产生关联,以便于学生动手、动脑。大单元教学的情境任务正好可以满足这一要求,因为真实的情境恰恰与学生的个体产生了关联。

新时期的教学实践证明,大单元教学是深度学习的有效途径;大单元教学的目的之一就是深度学习。让学生深度参与其中是深度学习的前提,大单元的情境任务能激发深度学习的动机,在完成情境任务的过程中调动各种思维技巧和资源,实现对大概念的理解,从而实现深度学习。

---

[1] 刘月霞,郭华.深度学习:走向核心素养:理论普及读本[M].北京:教育科学出版社,2018:32.

二、大单元教学设计的步骤

大单元教学设计是个系统工程,要对课程标准有整体而深入的把握,要研究教材,以避免教学的重复和盲区,然后确定大单元和大概念。大单元教学的最终目的是高效组织教学,提升学生的语文核心素养。

威金斯与麦克泰格提出"逆向设计"(UbD)理念,并将逆向教学设计分为三个阶段:确定预期结果;确定合适的评估证据;设计学习体验和教学[①]。预期结果确定的依据之一就是大概念,而大概念的确定与教学目标有紧密关系。大单元教学设计可按以下几个步骤开展,并在实际教学中结合各方面因素加以变通。

(一) 对标核心素养

教学是个层级系统,每个层级系统有不同的教学目标,具体到学期,有单元教学目标与课时教学目标。课时教学目标更为具体,有的是从单元目标分离出来的,有的是结合教材内容产生的目标。大单元教学设计先要结合教材等因素来确定核心素养目标,再在课时目标中落实。

高中语文学科核心素养主要包括四个方面:语言建构与运用、思维发展与提升、审美鉴赏与创造、文化传承与理解[②]。"语言建构与运用是语文学科核心素养的基础,在语文课程中,学生的思维发展与提升、审美鉴赏与创造、文化传承与理解,都是以语言的建构与运用为基础,并在学生个体言语经验发展过程中得以实现的。"[③]大单元教学在具体设计时应围绕"语言建构与运用"这一核心素养,再联系其他一个或三个核心素养。如统编版高中语文教材必修上册第六单元主要侧重"语言建构与运用""思维发展与提升"两个核心素养,尤其强调"思维发展与提升":能阐述自己的观点,学会说理与反驳,有理有据。

(二) 提炼大概念

大单元的灵魂是大概念,大概念的提取是大单元教学的关键。《普通高中

---

① 威金斯,麦克泰格.追求理解的教学设计追求[M].闫寒冰,宋雪莲,赖平,译.上海:华东师范大学出版社,2017:18-19.
② 中华人民共和国教育部.普通高中语文课程标准(2017年版2020年修订)[S].北京:人民教育出版社,2020:4.
③ 中华人民共和国教育部.普通高中语文课程标准(2017年版2020年修订)[S].北京:人民教育出版社,2020:5.

语文课程标准(2017年版2020年修订)》指出:"重视以学科大概念为核心,使课程内容结构化,以主题为引领,使课程内容情境化,促进学科核心素养的落实。"①有研究者认为:"学科核心概念是特定学科中最基础、最根本的观念""选择少而重要的学科核心观念,让它们彼此间建立有机联系,使课程结构由'学科事实覆盖型'转化为'学科观念理解型'"②。有研究者认为语文学科大概念是词语、短语,如人物、情感、主题等③。笔者认为大概念用简洁的短句子表述更准确、清晰。大概念的提取要综合考虑到学科、学段、学年、学期、学情等多种因素。有研究者归纳出大概念提取的八种途径:"其中课程标准、教材分析、专家思维、概念派生是自上而下的四条路径,而生活价值、知能目标、学习难点、评价标准则是自下而上的四条路径。"④八种提取大概念的途径可以针对教学实际灵活运用,有时不同的提取路径却殊途同归。

一线教师应主要根据教材的编写体系,系统梳理,再结合专家结论或教师自己的经验总结等提炼出大概念。然后在大概念的统摄下去整合教材,选择文本,并将大概念分解为几个子概念,对应到相应的课时中去。尤其还要注意从课程标准中"学业质量水平"的描述里提炼大概念,这不仅有利于应试,而且不至于忽略一些重要的大概念,避免造成学生大概念理解的盲区。如《普通高中语文课程标准(2017年版2020年修订)》的学业质量水平1有这样的描述"能区分事实和观点,分析各部分内容之间的关系,发现观点和材料之间的联系";结合统编版高中语文教材必修上册第六单元,则可以提取大概念"议论要有针对性"。在具体课时教学时,这一大概念又可以分为几个子概念:①议论要有现实针对性;②议论要有读者针对性;③论据要针对论点。

(三)确定教学目标

在确定核心素养目标及提取大概念之后,再确定单元目标与课时目标。单元目标并不等同于大概念下位的子概念,子概念更为概括,单元目标相对具体,且涉及具体的单元内容。从核心素养目标到大概念再到单元目标与课

---

① 中华人民共和国教育部.普通高中语文课程标准(2017年版2020年修订)[S].北京:人民教育出版社,2020:4.
② 张华.论学科核心素养:兼论信息时代的学科教育[J].华东师范大学学报(教育科学版),2019(1):55-59.
③ 刘艾清.以核心素养为本的语文阅读教学设计[J].现代基础教育研究,2022(4):195-196.
④ 邵卓越,刘徽,徐亚萱.罗盘定位:提取大概念的八条路径[J].上海教育科研,2022(1):12-30.

时目标,可以说越来越具体,离具体的教学活动越来越近,课时目标和单元目标主要帮助学生理解大概念,但又不限于对大概念的理解,它们之间可谓相得益彰。

单元目标,主要包括子概念理解的具体化操作过程,单元目标一般在教材单元开头的单元导读里有很明显的提示。如统编版高中语文教材必修上册第七单元编排了五篇写景散文,即《故都的秋》《荷塘月色》《我与地坛》《赤壁赋》《登泰山记》,可以提取大概念:情景交融和情理结合是写景散文的常用手法。这一大概念至少有两个子概念:①情景交融是写景散文的常用手法。②情理交融是写景散文的常用手法。其中,第一个子概念是学习的重点。第一个子概念又可以分为更小的子概念:①景因情而呈现;②情因景而唤起。那么单元目标应该是什么呢?该单元导读有这段文字:"学习本单元的写景抒情散文,体会民族审美心理,提升文学欣赏品位,培养对自然的热爱之情。要关注作品中的自然景物描写和人生思考,体会作者观察、欣赏和表现自然景物的角度,分析情景交融、情理结合的手法;还要反复涵泳咀嚼,感受作品的文辞之美。"依据单元导读的这段重点文字,可以提取出如下单元目标:①体会民族审美心理,提升文学欣赏品位,培养对自然的热爱之情;②关注作品中的自然景物描写和人生思考;③体会作者观察、欣赏和表现自然景物的角度;④掌握情景交融、情理结合的手法;⑤反复涵泳咀嚼,感受作品的文辞之美;⑥能写一篇情景交融(或情理结合)的散文。这些单元目标其实都指向单元大概念。

课时目标,非常具体,是单个课时的目标,有和单元目标相联系的,也有纯粹属于某一课时的,课时目标与教材和具体教学活动关系最近。如文言文教学中具体的实词含义、虚词用法,一般就是和大概念联系较小而仅仅属于某个课时的。例如统编版高中语文教材必修上册第六单元,可设计两个指向文言知识的课时目标:①掌握重点文言实词:劝、已、中、就、疾、彰、强、假、水、绝。②掌握而、焉、以、其、之这五个虚词的用法。

(四) 设计教学活动

设计教学活动,应该避免单纯的任务指令,如"找出文中写景的句子并加以赏析""概括文章的主旨"等,而应该在真实情境中设计教学活动。崔允漷教授认为:"学生学科核心素养的表现程度需要通过在真实情境中运用所学的知识并能完成某种任务来衡量,指向素养的评价必须要有恰当的情境,离开真实情境或任务是无法很好地评价核心素养的。"①核心素养的评价离不开真实情境,核心素养的提升同样也离不开真实情境。单纯的任务指令,缺少了情境的综合性,也缺少了与真实生活的联系,很难调动学生完成任务的积极性,也难以提升大多数学生的核心素养。因此,学习活动的设计,要通过真实的情境任务来生成大概念,迁移大概念,利用情境的综合性来承载核心素养提升所需的思维空间。

"语文实践活动情境主要包括个人体验情境、社会生活情境和学科认知情境。"②大单元教学一般以创设"社会生活情境"为主,因为该情境最容易驱动绝大部分学生,且通常可用"社会生活情境"来涵盖其他两种情境;"个人体验情境"与"学科认知情境"则在纸笔测试中较为常见。为了设计真实的情境,教师需要关注当下的热点、看过的风景、学生的兴趣点、现代信息技术背景等方面,努力寻找社会生活情境与语文学科大概念的关联。

(五) 明确成果评价

学习成果评价在教学中不可或缺,不仅能检测教学目标是否达成,还能促进学生反思。评价常被分为过程性评价和总结性评价。过程性评价是指在教学过程中的阶段性评价;总结性评价则往往是对一个时段的学习的评定。两种评价的评价主体和评价方式都应多元化,可教师评价、学生自评、学生互评,可笔试后教师批改,也可以软件测评。对于一些比较重要的评价,还应该设计详细的评价量表,评价量表要能让学生一目了然,可以对照操作。

从大单元教学评价来说,结合前面的步骤,评价最理想的途径也是通过真实情境任务来进行的。如果在大概念教学时设计大情境却没有包含评价,也可以另外设计情境进行评价。首先,评价内容的确定,应该是依据大概念、课时教学重点、学生的能力迁移点等;其次,关于评价标准,可以落实分层分级的考评要求;再次,关于评价的形式,要突破书面作业的单一形式,可以结合跨媒介学习、跨学科学习、实践活动等形式设计;最后,评价设计思考,在教案上的呈现,可以打破以往在课堂结束前展示评价的习惯,落实"以终为始""教学评一体化"等评价新理念,将评价设计在课堂开始后不久,结合情境任务设计,以便课堂教学中师生带着明确的评价任务高效学习。

---

① 崔允漷.如何开展指向学科核心素养的大单元设计[J].北京教育(普教版),2019(2):14.
② 中华人民共和国教育部.普通高中语文课程标准(2017年版2020年修订)[S].北京:人民教育出版社,2020:48.

第三节 新文科背景下语文大单元教学策略

新文科要求创新人才培养机制。大单元教学以大概念为核心,改变传统单篇教学方式,以学生的"学"为中心,注重真实情境与大概念理解;在人才培养方面,相对于传统教学而言有了突破,能让学生更好地适应当今时代的发展。这使得大单元教学与《新文科建议宣言》不谋而合,大单元教学应该结合新文科背景,在教学策略方面不断探究,不断完善。

一、综合考虑定位大单元

教材是最重要的教学资源,经过专家充分论证,综合考虑多种因素,契合新课程标准,因此一线教师应尽可能地充分利用教材,从整体上把握教材单元,选好角度,发现教材选文的聚合点,然后结合学业质量评价标准与学科核心素养等,寻找教材聚合点与大概念之间的契合点,给大单元教学定位。

如统编版高中语文教材必修上册第一单元的诗歌情感比较充沛,但是如何读懂诗歌的情感呢?这些诗歌都有意象,有的意象还形成意境,有的意象的描写就是景物描写,意象、意境、景物描写都与情感有紧密关系,《普通高中语文课程标准(2017年版2020年修订)》的学业质量水平1要求学生"有欣赏文学作品的兴趣,能整体感受作品中的形象,把握作品的思想观点和情感倾向"[①],这里的"形象"在诗歌中就是意象。可以提炼出大概念"意象、意境表现情感的特点",也就是意象和意境的特点和情感的特点正相关("乐景衬哀情"例外)。读一首诗歌,首先应该注意那些直接抒情的句子,因为这些句子往往可以撬动对含蓄抒情的诗句的理解,但是诗歌往往讲究含蓄美,直接抒情的句子并不多见,这时候就要通过找出意象或意境的特点来读出情感的特点。结合必修教材、选修教材和《普通高中语文课程标准(2017年版2020年修订)》的要求以及高一学生解读诗歌的情况,本单元的教学定位就是让学生学会通过意象和意境来撬动对整首诗歌的理解。

---

① 中华人民共和国教育部.普通高中语文课程标准(2017年版2020年修订)[S].北京:人民教育出版社,2020:36.

二、设计"有我"的问题情境

新文科教育强调让学习与时代、生活紧密结合,以便让学生在将来的学习与工作中表现出较强的素养。语文教学也应该设计真实的情境任务,培养学生在真实情境中解决复杂问题的能力。设计的情境一定要"有我",方能更好地调动学生的角色意识,更具有情境的真实性,从而调动学生解决问题的积极性,最终实现素养的真正提升。

比如有老师在教学《谏太宗十思疏》时这样设计情境角色:"假如你是唐太宗……"或"假如你是魏征……"。这其实不是"有我"的情境设计,因为学生与唐太宗毕竟差异太大,这是要求学生舍弃自己的角色而去扮演另一个自己并不一定擅长的角色,至少不适合大多数学生。可以这样设计"有我"情境:有同学在班级意见箱中反映部分同学偷看漫画等不良状况,现在想请你给他们写一封劝说书,规劝他们不要玩物丧志。以《谏太宗十思疏》为例,学习魏征劝说的艺术,完成劝说书的撰写。

三、营造班级学习生态

大单元教学追求高效学习,应充分利用班级的群体性优势,营造共同学习的良好氛围,使学生学会合作学习。"合作"是新文科所强调的基本素质,是当今社会团体和个人获得成功的关键因素之一,也是新时代的常态。班集体是个可以很好地开展合作学习和培养合作意识的载体,良好的班级学习生态应成为新文科背景下不可或缺的课堂因素。

创新,也是新文科所强调的。指向学生核心素养发展的深度学习,需要学科基础,也需要学习创新。只要教师能呵护学生思辨的积极性,让学生有展示的成就感、收获的喜悦感,就能让绝大多数学生参与到情境中来,实现相互启发,相互补充,相互修正,让学生对课堂语境从心理上接纳,从而激发学生的思辨热情,形成良好的班级学习生态,从而有利于深度学习的实现,有利于大任务的完成和大概念的理解。

四、充分利用智慧课堂

语文课堂离不开语言文字运用,不恰当地使用多媒体等现代信息技术,有时反而会喧宾夺主,偏离语言文字运用。但是语文课程的学习不能隔离于时代,现代信息技术是现代社会的特点,语文课程要与时俱进,充分利用智慧课堂加深语文学习的深度和广度。

新文科以信息科技为重要背景,指出"新文科建设既要固本正源,又要精于求变,要立足两个大局,不断从中华优秀传统文化中汲取力量,主动适应并借力现代信息技术手段,实现文科教育高质量高水平发展"[①]。中学语文教学要以智慧课堂的普及为契机,与时俱进。《普通高中语文课程标准(2017年版2020年修订)》还提出:"语文课程资源形式多种多样,可以是纸质文本,也可以是多媒体资源、网络资源。"[②]"要充分利用先进的信息手段,发挥网络等信息工具的优势,优化研究方法,提高研究质量。"[③]智慧课堂可以将课堂和生活世界相连接,让课堂更形象,更生动,更具情境化。利用现代信息通信技术等,构建"互联网+语言建构与运用"的学习模型,让互联网与语文教学进行深度融合,用语言建构与运用来撬动高中生语文学科素养的提升。大单元教学要利用智慧课堂进行情境化设计、资源利用、学习项目化,为教学评价等方面提供便利。

第四节　新文科背景下的大单元教学案例

高中文言文学习,对于提升高中生优秀传统文化积淀、文言文阅读素养以及全面发展高中生学科核心素养等,都有很重要的意义。因此,本节选取统编版高中语文教材选择性必修上册的第二单元,进行新文科背景下的大单元教学设计。本单元包括《〈论语〉十二章》《大学之道》《人皆有不忍人之心》《〈老子〉四章》《五石之瓠》《兼爱》几篇优秀传统文化作品的节选。

一、案例呈现

针对大单元教学的特殊性,此处案例设计包括大单元教学规划案例以及其

---

① 中华人民共和国教育部.新文科建设工作会在山东大学召开[EB/OL].(2020-11-03)[2022-10-30]. http://www.moe.gov.cn/jyb_xwfb/gzdt_gzdt/s5987/202011/t20201103_498067.html.
② 中华人民共和国教育部.普通高中语文课程标准(2017年版2020年修订)[S].北京:人民教育出版社,2020:51.
③ 中华人民共和国教育部.普通高中语文课程标准(2017年版2020年修订)[S].北京:人民教育出版社,2020:27.

中一个课时教学案例。

(一) 大单元教学设计规划案例

大单元教学,首先必须基于单元情况综合考量,进行单元教学规划。基于前文的阐述,本单元教学规划如下:

手法灵活　论证有力
——统编版高中语文教材选择性必修上册第二单元教学设计

大单元教学设计规划

教材分析	本单元选文都是先秦诸子的文章。对于先秦诸子散文,高二学生都不陌生,但是一个自然单元全都是先秦诸子的文章还是首次。这能让学生感受先秦诸子不同的文风和思想,有利于学生对其进行比较,培养独立思考意识,发展创新思维,有利于加深学生对传统文化的理解,有利于培养学生的审美趣味和增进对中华优秀文化的认同,增加民族文化自信,以便更好地继承与弘扬传统文化。 本单元的文言文翻译相对较难,如《〈论语〉十二章》《〈老子〉四章》。在文言文翻译方面需要花费不少时间,学生可以通过本单元进一步积累文言实词,梳理虚词用法、特殊句式及文化常识等,进一步夯实文言基础。可采用情境任务驱动的方式让学生去阅读、翻译选文。在语文学科核心素养提升方面,按照温儒敏教授的"以一带三"建议,教学的重点放在"语言建构与运用",并顾及其他三个核心素养的提升。 必修上册第六单元学生学习过比喻和对比的论证方式;必修下册第八单元学生从确定论点和论据的使用方面学习过如何论证;本单元既涉及论证方式,也涉及论点的确立和论据的使用。不应重复必修所学,而应在必修的基础上进一步,形成大概念。本单元主要学习论证手法的灵活运用、选文思维方式的独特。鉴于本单元与学生作文的联系,要引导学生学习审题与立意,尤其是立意的具体、明确与独特方面。
对标核心素养	本单元是文言文单元,文言实词须进一步积累,虚词要认真梳理,进一步掌握;选文用到多种写作手法,思路清晰,论证有力。学习本单元,不仅要能欣赏这些写作技巧,提升审美鉴赏能力,还应该借鉴其写作手法尝试写作;反复诵读,对选文的思想内涵可批判传承,结合当代生活,审视当今,活学活用。
提炼大概念	本单元以手法鉴赏和写作思路借鉴为主要学习内容,学生不仅要会鉴赏,还要能将部分写作技巧迁移于自己的写作实践中。鉴于此,提炼出大概念——"灵活运用论证手法,可使思路清晰,论证有力"。
子概念	① 比喻论证让论证生动形象,易于为人所接受。 ② 对比论证让观点更鲜明。 ③ 借助寓言可使论证委婉曲折,更具趣味性。 ④ 重视对待关系中被忽略的一面,让论证更具思辨性。 ⑤ 假设论证让逻辑更严谨。 ⑥ 层层递进使思路清晰,论证有力。

(续表)

单元教学目标	1. 掌握本单元课文中出现的重点实词,梳理虚词的用法,进一步熟悉特殊句式,积累古代文化常识。 2. 理解仁、义、礼及君子的内涵,理解先秦诸子思想对塑造中华民族性格起到的重要作用,增强民族文化自信。 3. 对先秦诸子的思想加以比较,并结合现实对其进行评论。 4. 理解大概念"灵活运用论证手法,可使思路清晰,论证有力",能写一篇论证有力、思路清晰的作文。
课时安排 (8课时)	第1课时:理解子概念"比喻论证让论证生动形象,易于为人所接受"。 第2课时:理解子概念"层层递进使思路清晰,论证有力"。 第3课时:理解子概念"对比论证让观点更鲜明"。 第4课时:理解子概念"重视对待关系中被忽略的一面,让论证更具思辨性"。 第5课时:理解子概念"借助寓言可使论证委婉曲折,更具趣味性"。 第6课时:理解子概念"假设论证让逻辑更严谨"。 第7课时:梳理文言实词、虚词。 第8课时:练习审题立意。 前6个课时根据课堂情况穿插文言实词的理解与积累。

(二) 大单元课时教学设计案例

正如上文大单元教学规划表中所分析的,本单元全部教学主要包括6个子概念,共8个课时。限于本章篇幅,仅设计围绕"层层递进使思路清晰,论证有力"子概念的课时教学内容。

第二课时 学习《大学之道》

子概念	层层递进使思路清晰,论证有力。
课时目标	1. 理解文言实词:明、亲、止、定、静、安、虑、得、近、齐、修、正、诚、致、本。 2. 理解"三纲""八目"的内涵及其内部关系。 3. 理解子概念"层层递进使思路清晰,论证有力"。

教学过程:

活动1:理解"三纲""八目"内涵,厘清彼此关系	**任务1:** 以下是来自你们小区物业的求助:他们打算在小区围墙上制作几个以"大学之道"为主题的传统文化宣传栏,主要宣传内容为"三纲""八目"。请你为每个具体的条目制作一个版面,版面由条目和条目的说明组成。为了达到宣传效果,还可以画上自己喜欢的图画,让版面显得更加美观。 请同学们选择自己最感兴趣的条目,帮助完成文化墙的版面设计。(可以参考以下评价量表和样例)

(续表)

评价量表 1			
优秀	良好	合格	不合格
说明性文字准确解释条目，文字生动、亲切，有感召力，版面美观。	说明性文字准确解释条目，文字生动，有感召力。	说明性文字准确解释条目，但主要是照搬课文对相关条目的解释。	说明性文字不准确，没有认真阅读课文，只凭自己的理解去任意解释条目。

活动 1：理解"三纲""八目"内涵，厘清彼此关系

样例：

　　明明德
　　彰明美好的德行，
　　从你我做起。

　　格物
　　读"无字之书"，
　　推究事物的原理

　　止于至善
　　生命不息，追求道
　　德修养不止

　　齐家
　　家和才能万事兴

任务 2：
　　在完成情境任务 1 之后，再做一个宣传板，放在最后，能清晰体现"三纲""八目"的关系，可用思维导图的形式制作。

样例：

大学之道 ⎰ 明明德（平天下）←治国←齐家←正心←诚意←致知←格物
　　　　 ⎨ （物格→知至→意诚→心正→家齐→国治→天下平）
　　　　 ⎩ 亲民
　　　　　 止于至善→有定→能静→能安→能虑→能得

活动 2：鉴赏层层递进的写作手法

任务 1：
　　社区宣传栏准备将选文《大学之道》的两段全部展出，但是因为版面有限，有人认为选文第二段不够简洁，至少可以删除一半的篇幅，即"古之欲明明德于天下者，先治其国。欲治其国者，先齐其家。欲齐其家者，先修其身。欲修其身者，先正其心。欲正其心者，先诚其意。欲诚其意者，先致其知。致知在格物"与"物格而后知至，知至而后意诚，意诚而后心正，心正而后身修，身修而后家齐，家齐而后国治，国治而后天下平"可任去其一。你同意这种看法吗？如果不同意，你打算如何说服他？

明确
　　文章第二段主要由两种句式组成："先……"和"后……"。"先……"句式，层层逆推，后一项是前一项的前提，抽丝剥茧，给人的感觉是重心"永远"是在后面一个，有缺一不可、不容置疑、一气呵成的气势；"后……"句式，详细展现了目标实现的过程，环环相扣，层层递进，完整而连贯，丝毫没有突兀之感；"先……"是前提，"后……"是结果，两者结合既充分表现"八目"之间的关系，又突出了"八目"各部分的重要性，思路清晰而富有气势，具有无可辩驳的说服力。

(续表)

活动2：鉴赏层层递进的写作手法	**任务2：** 　　鉴于第二段要保留全部文字，有人又发现《大学之道》选文的两段不对称，第一段没有"先……"句式，只有"后……"句式，并参照第二自然段，把第一自然段的"先……"句式补写出来。你认为该不该加呢？ 　　**第一自然段补充后，如下：** 　　大学之道，在明明德，在亲民，在止于至善。<u>古之欲止于至善者，先知其止。欲知其止者，先得。欲得者，先虑。欲虑者，先安。欲安者，先静。欲静者，先定。定在知止。</u>知止而后有定，定而后能静，静而后能安，安而后能虑，虑而后能得。物有本末，事有终始，知所先后，则近道矣。 　　**明确：**第一自然段简洁，只用了"后……"句式，因为其目的在于强调"知止"的作用，加上"先……"句式就变成了强调知止、定、静、安、虑、得的重要性及这几者之间的关系了。
活动3：整理行文思路	**阅读下列材料并完成任务：** 　　有一位老爷爷行动不便，有一天家里有只老鼠在啃锅盖，老爷爷让猫去抓老鼠，猫不愿意。老爷爷让绳子去拴猫，绳子不愿意。老爷爷又让火去烧绳子，火也不愿意。老爷爷让水去浇火，火答应了。因为水要浇灭火，火才愿意去烧绳子；绳子又愿意去拴猫，猫又被迫去抓老鼠；老鼠最后放弃啃锅盖逃走了。 　　**任务：**模仿选文《大学之道》第二段，用"先……""后……"句式描述这段文字。 　　　　　　　　　　　**评价量表2** | 优秀	良好	及格	不及格
---	---	---	---
能完整写出条件关系和目标实现过程，层层递进、环环相扣，能体现出各环节的重要性和关系。语言简洁，有说服力。	能完整写出条件关系和目标实现过程，层层递进、环环相扣，能体现出各环节的重要性和关系。语言不太简洁，有说服力。	能写出大部分条件关系和目标实现过程，层层递进、环环相扣，能体现出各环节的重要性和关系。语言不够简洁，有说服力。	能写出部分条件关系和目标实现过程，不能体现出各环节的重要性和关系。语言不简洁，语句不通顺。	 **样例：** 　　行动不便的老爷爷要赶走老鼠，就要有只愿意抓老鼠的猫，但是猫不愿意。要让猫愿意去抓老鼠，先要用绳子去拴住猫，但是绳子不愿意去拴住猫。要让绳子去拴住猫就要让火去威胁绳子，火不愿意。要让火愿意去威胁绳子，先要让水去威胁火。水愿意去浇火，就会让火乖乖去烧绳子。火去威胁绳子，绳子就会被迫去拴猫。猫为了避免被拴住，就会听老爷爷的话去抓老鼠，这样最终阻止了老鼠继续啃锅盖。 　　**总结行文思路：**确定目标后层层逆推出三到五个条件，然后从最后一个条件层层递进，完整展现目标实现过程。

(续表)

活动4：迁移	用此思路，写一段以"技术与时间兼得"为目标的文段。（师生可参照评价量表2评价） 逆推：技术与时间兼得←掌控时间←掌控自我←掌控技术产品←有效使用技术产品 目标实现过程：有效使用技术产品→掌控技术产品→掌控自我→掌控时间→技术与时间兼得 文段：技术与时间兼得，必须先学会掌控自我，连自己都不能掌控的人，何谈掌控时间。在信息时代，要掌控自我，先要掌控技术产品，不要为技术产品所控制。掌控技术产品，先要学会有效使用技术产品，避免大量时间浪费在技术产品如何使用上，在完成任务后离开技术产品，比如，已经上网查阅了所需的资料，就不要继续停留在网络上看八卦。有效使用技术产品之后，便能掌控技术产品，掌控技术产品之后才能谈掌控自我，掌控了自我才能掌控时间。
作业	以"安静一下不被打扰"为目标，写一段文字，用今天所学的层层递进的思路。（师生可参照评价量表2评价） 逆推：安静一下不被打扰←放松身心←有自己的时间、空间←合理安排自己的事情 目标实现过程：合理安排自己的事情→有自己的时间、空间→放松身心→安静一下不被打扰 文段：安静一下不被打扰，首先自己要放松身心，在紧张和压力之下，欲求得片刻的宁静也不可得。要放松身心，得要有自己的时间和空间，喧闹与繁忙可能会让大多数人身不由己。想要有自己的时间、空间就先要学会合理安排自己的事情，要在恰当的时间、合适的地方完成自己的事情，留下足够的时间和空间给自己，因为你不大可能在作业还没写完的教室里获得不被打扰的安静，而在做完作业后的周末的午后，则可以在自己的书房里尽情享受一个人的宁静。一旦你合理地安排自己的事情，你就很容易获得自己的时间与空间，那么，这来之不易的时空就可以为自己所用，这时，只要你愿意放松身心，那么你就能享受"安静一下不被打扰"的惬意。
板书	**大学之道** 大学之道 { 明明德(平天下)←治国←齐家←正心←诚意←致知←格物 　　　　　　(物格→知至→意诚→心正→家齐→国治→天下平) 亲民 止于至善→有定→能静→能安→能虑→能得 }

二、案例简析

新文科背景下的大单元教学是以大概念的理解为主线的整体教学，以提升学生的核心素养为主要目标。大单元教学应该遵循学生认知规律,设计简单明了,脉络清晰,让学生知其所以然,能够迁移,甚至能迁移到高度不相似的情境中以培养创新思维。

1. 运用大单元教学策略,落实设计步骤

本单元教学设计通过6个子概念的理解来生成大概念"灵活运用论证手法,可使思路清晰,论证有力"。其中比喻论证和对比论证在必修阶段学过,所以大单元教学中对这两个论证手法简单复习即可。通过真实情境任务,让学生在自主、合作、探究中完成任务,在完成任务中实现教学目标,实现对大概念的理解。

如第二课时让学生制作宣传板,以及解决因版面不够而产生的删除文字的建议问题,都能激起学生解决问题的积极性和主观能动性;在解决问题时努力让全班同学积极参与,合作完成或参与评价。教师用平板或手机拍照展示学生作品,通过对层层递进思路的赏析和写作实践,实现对子概念的理解。

2. 对照语文课改前沿理念,落实语文核心素养

本单元论证手法多样,思维严谨,学生可以通过鉴赏和仿写来提升语文学科核心素养。在具体教学中,四个语文核心素养的发展不是彼此孤立的,是彼此交叉的,以"语言建构与运用"为主要活动目标,做到"以一带三"。这几篇选文都是我国优秀传统文化的结晶,所以"审美鉴赏与创造"及"文化传承与理解"是必然会涉及的。此外,"思维的发展和提升"本就是这个单元学习的应有之义。

3. 借助文本思路,培养学生思维品质

本单元选文逻辑性强,较具思辨性,是学生写作的范本。通过对文本的学习生成大概念,通过在高度不相似的情境中实现大概念迁移来培养学生的高阶思维品质。

如第二课时从对原文思路的感知到对原文思路的总结和迁移,从学生看老师的范本到合作学习再到独立学习,从对"猫赶老鼠"的高度相似性迁移到"技术与时间兼得""安静一下不被打扰"的创新性写作,学生的思维得到了锻炼,既有利于培养学生的思维品质,也提升了高中生语文学科核心素养。

第八章　新文科背景下的支架式教学

新文科背景下的学习强调创新、融合，当然也强调学习者主体性。支架式教学理论的兴起反映了人们对学习规律研究的新进展，体现了对学习主体的关注，与新文科建设的理念具有较高的契合性。本章介绍支架式教学理论的基本知识及其在"新文科"背景下语文课程教学中的实施程序及案例。

第一节　支架式教学概述

本节主要介绍支架式教学理论的内涵、理念和特点。

一、支架式教学的内涵

"支架"一词最早出现于13世纪，原指在建筑房屋或攀爬到高处时所使用的脚手架。1976年，大卫·伍德（David Wood）率先将"支架"引入教育领域，将其描述为学习过程中成人或同伴所给予学习者的支持。支架式教学早期的一个经典实验是由伍德（Wood）、布鲁纳（Bruner）和罗斯（Ross）所设计并施行的：他们教3岁和5岁的孩子搭建金字塔模型，在整个过程中引导着孩子，通过仔细评估孩子们的进步，不断调整任务，并在孩子需要的时候给予帮助[1]。此后，支架渐渐成为教育学中被普遍认可的一个概念，并拓展延伸到教育学各个领域，影响深远。随着研究的推进，人们对支架式教学的认识逐渐深入。罗森塞恩（Roseshine）等学者对支架式教学作了进一步的探讨。

早期学者将支架式教学作为一种理论体系，后人则更多将其视为一种教学

---

[1] 戚瑞丰."最近发展区"理论及其在西方的发展[J].学前教育研究，2003(5)：11-12.

策略,认为其是基于建构主义理论的一种教学手段。如欧共体"远距离教育与训练项目"的有关文件就将支架式教学界定为:"支架式教学应当为学习者建构对知识的理解提供一种概念框架(conceptual framework)。这种框架中的概念是为促使学习者对问题的进一步理解所需要的,为此,事先要把复杂的学习任务加以分解,以便于将学习者的理解逐步引向深入。"①

我国教学论研究学者在20世纪末就开始支架式教学的理论研究。经查阅相关文献,在我国,支架式教学这一概念最先出现于1996年张建伟和陈琦发表的文章,他们指出支架式教学是在教师的指导下学生自主建构和内化所学知识技能,从而能够进行更高水平的认知活动②。何克抗在1997年起发表的系列论文中提到,支架式教学(Scaffolding Instruction)是在建构主义的教学思想下开发出的比较成熟的教学方法之一③。何克抗的系列论文引起了国内教育界的广泛关注,此后国内就陆续有学者对支架式教学进行研究。近些年来,人们更倾向于认为,支架式教学是一种教学实施的手段,其内涵是:在课堂教学过程中,教师通过搭建支架,为学习者提供临时帮助,随着学习者自身能力的不断提高而慢慢撤掉支架,在此过程中提高学习者解决问题的能力和认知能力④。

二、支架式教学的理念

任何教学实践策略的提出,都是建立在一定的学习理论基础之上的。支架式教学作为一种教学策略,其理论基础主要是建构主义学习理论。建构主义理论是20世纪出现的影响深远的学习理论。尽管建构主义作为一种学习理论的历史并不悠久,但建构主义作为一种认知方式却有着深厚的历史渊源。有学者提出,苏格拉底和柏拉图就可以视为最早的建构主义实践者⑤。杜威"做中学"的思想也蕴含着建构主义的思想萌芽。现代建构主义学习理论的思想先导是皮亚杰。皮亚杰认为,儿童是在与周围环境互动的过程中逐步建构知识、发展自身认知结构的。皮亚杰强调了建构过程的两个方面:新经验要获得意义就需

---

① Griffiths D, Owen M. Environmental challenges: making a difference in the classroom [C]. DGXIII Proceedings of the Computer Assisted Learning CAL97 Conference, 1997(3): 1-8.
② 张建伟,陈琦.从认知主义到建构主义[J].北京师范大学学报(社会科学版),1996(4):80.
③ 何克抗.建构主义的教学模式、教学方法与教学设计[J].北京师范大学学报(社会科学版),1997(5):74-81.
④ 刘娜.支架式教学在中学文言文教学中的应用[D].盐城:盐城师范学院,2021:4.
⑤ 张大均.教育心理学[M].3版.北京:人民教育出版社,2015:93.

要融会到原来的经验结构中,即同化;新经验又会影响原有经验,使其得到丰富或改造,这就是顺应。布鲁纳的发现学习、认知心理学中的图式理论也对建构主义发挥了积极影响。苏联学者维果茨基强调活动和社会交往在人的高级心理机能发展中的突出作用,并提出了最近发展区理论。所谓"最近发展区",即学习者实际的发展水平与潜在发展水平之间的差距。最近发展区理论认为,教学须落在最近发展区内,如此才能不断超越最近发展区而创造新的最近发展区,有效促进学习者提升认知水平和解决问题的能力。支架式教学的理念主要有以下方面。

(一) 新的知识观

支架式教学理念强调知识具有相对性和不确定性,知识并不能精确地概括世界的法则,会随着社会的变化和人类的进步而不断革新。人们在具体问题中,需要根据具体情境进行知识的再创造。传统的知识观认为知识是客观的、固定的,支架式教学对此给予了批判和超越。这就意味着,知识在被个体接受之前,对个体没有权威性,学生的学习不仅是对知识的理解,而且蕴含着对知识的检验和批判。

(二) 新的学生观

支架式教学理念主张学生并非可以任意涂画的白纸,不是可以被灌输的知识容器。学生面对问题情境时,往往会基于个体经验形成对问题的某种解释。因此,教师要关注学生的原有经验,帮助学生丰富或调整自己对问题的理解,从而在原有经验中生长出新知识。由于学生个体经验的差异,学生对问题的理解也存在差异,教师要引导学生尊重不同于自己的看法,重视合作学习。

(三) 新的学习观

支架式教学理念强调学习的主动建构性、社会互动性、情境性。其认为学习是个体基于自身经验背景来解释新现象、解决新问题的过程,是主动建构知识的过程;学习是在共同体的合作互动中进行的、通过社会文化的参与而内化相关知识能力的过程;学习是与具体的、情境化的社会实践活动相结合的过程。因此,教师要善于组织学生在具体的问题情境中,通过合作学习来实现经验的改造。

(四) 新的教学观

支架式教学理念强调让学生通过解决问题来学习,认为教师不是要将准备好的知识内容传授给学生,而是要为学生设置学习任务,即要探究的问题,这种问题应该体现学科知识的关键内容,与学生的现有知识经验相适宜,从而便于学生实现从原有经验到新知识的过渡。通过解决问题,学生的探索精神得到激发,思维能力得到训练,认知水平得到提升。学生在问题情境中学习,其学习效果也通过问题情境的解决来检验。

支架式教学是建构主义理论在发展过程中形成的一种教学策略,其宗旨在于提高学习者的认知水平和知识建构能力。在支架式教学中,教师或者其他能力水平更高的人发布对学习者而言具有一定挑战性的任务,并搭建支架,随着学习者解决问题能力的不断提高而逐渐撤销支架,并根据需要提供新的支架,直到学习者能独立完成任务,并发展自身的认知结构。

三、支架式教学的特点

在支架式教学的实践探索中,人们逐渐认识总结支架式教学的特点。支架式教学的特点主要体现在指向性、个体性、情境性、互动性、适时性五个方面。

(一)指向性

支架式教学目的指向明确。特定发展阶段的学生面对特定的课程,需要实现怎样的发展,教师对此应该有清晰的认知。实施支架式教学,所有教学策略的选择都应该以学生的最近发展区为基础,以促进学生的发展。支架式教学的指向性,要求教师要在掌握各阶段教学要求和各阶段学生学习的基础上,将教学内容形成一个合乎逻辑的序列,尽可能地制定出较为清晰的教学目标系统,并根据教学实施的具体情况进行及时调整。

(二)个体性

支架式教学的个体性又称差异性,因学生的个体差异而产生。由于学生主体认知、心理、环境等因素的差异,他们的最近发展区也会因此产生差异,需要外界支持的支架也会相应地有所区别。在支架式教学模式下,要关注个体的差异,选择具有个体针对性的合适的支架类型和表现形式。例如,面对具有较好学习基础的学生,教师可提供适量的相对具有抽象性的学习支架,以促进学生逻辑思维素养的进一步提升和学习能力的进一步发展;而面对那些学习基础薄弱、思维能力不足的学生,教师要给予更多的细致明确的学习支架,以帮助学生在现有基础上形成进一步学习探究的动机和兴趣。

(三)情境性

支架式教学具有情境性。支架式教学理论强调学习具有社会特性,认为人的高级心智功能都是社会性的。因此,支架式教学理论主张创造情境,引导学习者在贴近生活的问题情境中完成学习任务。这样做既有利于在解决问题的过程中唤起并激发学习兴趣,又有利于促进学习者实现学习能力的迁移,从而能够具备在真实的生活情境中解决问题的能力。因此教师在支架式教学中,要有意识地创设贴合学生生活的问题情境,引导学生主动发现问题、探究问题。

(四)互动性

支架式教学下的教与学具有互动性。支架式教学是教师和学生合作解决实际问题的过程,学生可以在互动中获得认知发展,从而实现知识的建构。支架式教学中,教师要积极了解学生的学习近况,为学生提供适当的帮助,给予学生实时反馈和引导,因此体现出师生的互动性。组织开展小组合作学习活动也是支架式教学的重要途径。在合作学习中,学生互相给予同伴帮助和支持,也体现了互动性。学习同伴之间有不同的认知结构,学生对同一知识的理解和建构各不相同,学生在交流互动中可以碰撞出智慧的火花,不断完善自身的认知结构,实现学习能力的提升。

(五)适时性

适时性是支架式教学的重要特征。支架的搭建,是一个从无到有再到无的过程。支架式教学的基本宗旨是帮助学生开展独立自主的学习,实现认知发展。但是,由于学生的经验有限,教师要为学生提供一些支架,从而争取达到最佳的效果。教师应在学生掌握了相应的知识之后,根据学生的学习实际情况适时撤离支架。过早或过晚地撤离支架都会带来不好的效果。支架式教学强调教师提供的学习支架要是逐渐撤离的,即在学生的能力发展到一定程度以后,教师要逐步把主动权交还给学生,隐蔽地撤销支架。教师要引导学生主动学习,保证发挥学生的主体作用,让学生在积极的自我管理和活动调节的过程中逐步提高自身认知水平和问题解决能力。

以上就是支架式教学的主要特点。知悉并把握以上特点,对科学开展支架式教学的过程设计,合理选用支架的类型,保障支架式教学的顺利实施,从而达成最佳的教学效果,具有重要作用。

第二节　语文课程中的支架类型

对于支架式教学中的支架类型,目前学术界并没有统一的划分方式。各国学者在研究中提出了自己的看法,例如斯科隆(Scollon)1976年将支架分为为儿童提供语言基本框架的连续型支架和为儿童提供获得信息过程的垂直式支架;彭尼(Penny)1991年根据教学情境不同,将支架分为策略性支架和偶发性支架;埃根(Eggen)等在1997年从互动类型的角度将支架分为交互型支架和单向型支架。国内学者何克抗按照表现形式,将支架分为范例支架、问题支架、图表工具支架、建议支架、一对一支架、同伴支架等[①]。这些支架对各门课程的教学具有普遍性,但具体运用到各门课程中,还需要具体分析并加以创造性调整。

基础教育阶段语文课程是学习国家通用语言文字运用的课程,是致力于培养学生语文核心素养的综合性、实践性课程。结合语文课程的特点,从全面培养学生语文核心素养的目标出发,语文课程的教学支架可以是丰富多样的。语文课程与教学中的支架类型,择要举例如下:

一、语言支架

语言支架是语文课程中最基本的支架。语言支架,就是为了促进学生学习语文,实现语文素养的发展而提供的与学生原有语文水平相适应的语言材料。语言支架广泛应用于语文课程教学的识字写字、阅读鉴赏、表达交流、梳理探究等各个领域。

例如,词语教学。儿童早期学习词语从实词开始;实词的学习又主要从名词、动词开始;在名词学习过程中,又优先学习形象化较强的名词。学生的词语积累越充分,后续学习词语的难度越小。初期的词语积累,就是为后续的词语学习提供的支架。在讲解一个词语时,教师联系以前学习过的相关词语来指导学生感悟词语意思。比如,教师教学朱德的《回忆我的母亲》,对于"慰勉"一词的理解,教师指导学生给"慰""勉"两个字分别组词,学生通过组"安慰""宽慰""勉励"等词,对这两个字的意思有了更深刻理解,从而领悟"慰勉"一词的意思。这就是支架式教学的表现。在文言词语教学中,学生初步积累文言词语,教师

---

① 孙琴妃.支架式教学理论视域下初中记叙文写作教学研究[D].成都:四川师范大学,2022:14-15.

需要充分讲解,指导学生理解词语意义和使用场合,特别是要说明古今异义等问题,培养学生扎实的基本功。待学生有了一定的积累之后,阅读文言文遇到陌生的词语,就能够容易地借助以前形成的敏锐的语感,去推测词语的意思;有了这样的语言经验,才可以去认识名词活用为动词、名词用作状语等常见的词类活用现象。

在语法教学中,也需要语言支架。现代汉语语法的学习建立在学生多年语言实践活动经验的基础上。比如,在教学偏正短语时,教师指导学生列举带有"的"和"地"的若干短语,就有利于引导学生区分"定中关系"和"状中关系"两种不同类型的偏正短语。就文言语法学习来说,如果学生一接触文言文就被动接受语法知识,那是很难掌握的。因此,文言语法的学习,需要教师指导学生积累语言材料,在学生掌握了一定数量的同类句式之后,再指导学生梳理归纳这类句式的语法特征,进而逐渐上升到更有概括性的语法知识学习,理解定语后置、状语后置、宾语后置、主谓倒装等特殊的文言句式。

修辞鉴赏和运用的学习,更需要语言支架。词语的锤炼、句式的选择、辞格的运用,这些修辞知识的掌握,都需要建立在大量积累语言材料的基础上。譬如,关于七年级的"比拟"修辞教学,学生一般比较容易"拟人",但相对不容易理解"拟物",因为他们尚缺乏这方面的积累。如果教师单纯讲解概念,学生理解难度较大;如果教师列举文学作品中的若干实例,学生就容易理解了。因此,教师在教学中引导学生联系文学作品或日常生活中的某类修辞现象来作为支架,就可以避免学生因缺乏语言经验而对修辞知识产生隔阂。

二、背景支架

背景支架是为了理解语言作品而提供的关于写作背景的支架,既包括作者个体的阅历特别是特定的写作动机,也包括作者所处的社会时代背景乃至民族文化传统。背景支架广泛应用于阅读教学中,特别是写作年代久远的经典作品和外国作品的教学中。运用背景支架,也就是"知人论世"的阅读策略。知人论世主张在阅读作品时,要对作者的生平经历、所处的社会环境、人际关系、作品的写作背景都有所了解。

背景支架可以在课堂刚一开始就搭设。教师可以是简明扼要地向学生介绍课文的写作背景或者师生共同交流写作背景,使学生能更快把握文本内容尤其是理解主题,从而提高教学成效。如在教学鲁迅的《藤野先生》时,可以首先介绍其创作背景：1926年，45岁的鲁迅在北京经历了一番波折，特别是经历了"三一八"惨案，尔后离开北京到厦门工作。通过这样的介绍，学生就能从作者的写作背景出发，去探究作者追忆青年时代的特殊心境。在这一阶段搭建背景支架需要注意，支架内容应言简意赅，避免占用太多时间，影响学生与本文的对话。

背景支架也可以在课堂中途搭设。当学生理解文本遇到阻碍时，教师可以提供适当的背景支架。例如，学习辛弃疾的词作《清平乐·村居》时，教师就可以在学生感知了美好田园生活的画面之后，再向学生介绍辛弃疾的坎坷生平，如此一来学生就能理解辛弃疾报国无门、壮志难酬的失落。再如，学习《荷花淀》时，学生可能好奇，几位乡下女性要去看望丈夫，为什么说："我本来不想去，可是俺婆婆非叫我再去看看他，有什么看头啊！"这可能就需要适时介绍我国传统女性在夫妻感情表达上的内敛特征。

此外，背景支架也可以在课外搭设，以拓展学生的知识储备。教师可以指导学生在课余时间分别了解多个不同作家的生平经历、生活环境及其文学作品的特点，又或者了解不同历史时期乃至不同国家民族的文化环境，或者同一作家的多个作品、多方面情况。通过搭建这样的背景支架，不仅能够拓宽学生的视野，还能够激发学生学语文的兴趣，培养学生借助背景知识理解文本的学习能力。

要强调的是，阅读教学终究不能脱离文本本身，背景支架只是帮助学生解读文本的辅助性手段，不能喧宾夺主。例如，有一位教师在教学朱自清的《背影》时，用了半节课的时间讲解作者与父亲的情感纠葛，却没有来得及引导学生阅读课文，这就偏离了语文课程的轨道。如果要改进的话，可以先让学生阅读课文，找出文中的"反常"之处，思考：为什么写背影而不写正面形象？祖母去世，父亲为什么不立即回家却在徐州等我？我独自坐火车几次了，这一次父亲为什么执意要送我？文末为什么说不知何时再相见？然后结合全文尝试推理，当学生推理出现困难的时候，教师再补充介绍作者与父亲的情感纠葛，就有利于培养学生文本解读的能力。

三、问题支架

提供问题支架，就是通过提出有效的问题，引导学生进行自主思考，从而实现认知的发展。作为支架的问题可能是一个，也可能是多个。多个相关的问题组成问题群。问题群，就是围绕一个中心问题而设计的一系列问题。中心问题应该具有牵一发而动全身的功能。围绕中心问题设计的一系列问题，要有清晰的逻辑关系结构，可能是由中心问题发散出来形成的辐射结构，可能是环环相扣的链状结构，也可能是链状结构与辐射结构相结合的树状结构。逻辑清晰地设置问题，往往更能激发学生的学习动力。

  问题支架在各种文体的教学中都可以运用。例如，教学鲁迅的《故乡》时，可以设计这样一个问题：作为一个虚构的小说，"我"回故乡的场景为什么是天气阴晦的冬天，而关于少年闰土的追忆，却选取圆月朗照的夏夜？这一个问题就可以促进学生揣摩"我"对现实世界和理想世界的不同感受，从而认识到作者面对现实和理想巨大落差的思想。学生通过这一问题支架，不仅可以理解这篇课文的思想主题，也可以由此学到借助环境描写来解读小说思想主题的阅读方法。再如，教学《西游记》整本书阅读，有一位教师就提出一个问题作为支架："唐僧的三个徒弟，他最喜欢哪一个？请说明你的理由。"学生初读文本，比较容易进入文本的情境之中。但这个看似简单的问题，却需要进行复杂的纵向勾连和横向比较才能讲清楚。学生在思考探究这个问题的过程中，也就训练了整本书精读和跳读的方法。

  问题支架也可以运用于写作教学中。比如，一位教师在执教"写人要抓住特点"这一写作专题时，就布置学生观看陈佩斯、朱时茂表演的小品《胡椒面》，指导学生把这一近似于哑剧的小品记录下来。在学生写作前，教师就指导学生思考问题：人物语言极少，如何才能写出人物的个性特征？学生由此意识到要仔细观察人物的肖像、表情、动作，并注意运用人物对比的手法。再比如，指导学生写作过程中要"发挥想象和联想"，就可以根据学生的初步构思进行追问，启发学生在原有基础上进一步扩充想象，使原本相对笼统的情景经过再造想象之后变得更加充实生动。

四、范例支架

  提供范例支架，也就是通常所说的"举例子"，当然这里的例子必须是符合学生最近发展区的典型例子。这与"范例教学"的理念也是相契合的。德国的克拉夫基、瓦根舍因等创立的范例教学论，是20世纪中叶出现的三大教学论流派之一，基本主张是选取蕴含着本质因素的范例，使学生透过这种范例，掌握科学知识和科学方法，认为"不应把教的过程看做传统规定知识和固定技巧的过程,而是当做帮助学生主动学习的教育手段"①。在语文课程的支架式教学中,学生通过教师对典型例子的讲解,领会语言运用的规律,并迁移运用,实现举一反三。

在单元整体教学中,教师重点讲解"教读"课文,引导学生掌握一类文章的阅读方法,随后指导学生尝试阅读"自读"课文并完成一定的学习任务,这就是典型的通过范例支架开展教学。在单篇课文教学中,范例教学广泛应用。比如,在教学舒婷的诗歌《祖国啊,我亲爱的祖国》时,可以先分析第一节的意象,让学生迁移意象分析方法自主分析后面的意象,就可以避免冗长烦琐的讲解,让学生充分发挥主动性。范例支架也可以运用于写作教学中。例如,教师通过指导学生研讨某一篇课文或习作范文,体会这篇文章的写作手法及其妙处,从而掌握写作的某一种技能;随后布置给学生一个具有一定关联性的题目,要求学生独立写作,这就是范例支架的运用。再如,集中指导学生修改作文时,以某一个习作的某一个典型片段为例,讲解文章修改的要领,学生掌握了这一要领之后,对自己或同伴的习作进行修改或提出修改思路,这也是范例支架在写作教学中的运用。

五、工具支架

工具支架,是指引导认知的工具,可以是用于展示的物品,可以是应用现代教育技术呈现的画面、视频、音频等,也可以是绘制的图表,促进学生理解,更具有便捷性。

比如,教学《安塞腰鼓》时,通过播放安塞腰鼓表演的视频,就可以帮助学生理解"多么壮阔、多么豪放、多么火烈"的气势。又如,在阅读《看云识天气》时,可以指导学生列出图表,梳理不同的云分别预示着什么样的天气。再如,教学柳宗元的《小石潭记》时,可以指导学生绘制游览路线图,沿着路线图讲述景物,就有利于促进学生对课文内容和写作顺序的理解。

在运用工具支架时,教师需要根据对学情的判断,来确定支架的难易程度。譬如,前面提到的《看云识天气》一课的教学,在为学生提供图表支架时,就需要调研学情。教师可以先让学生尝试自己画图表。如果学生绘制表格有困难,教师再呈现带有空格的图表让学生填充。在需要提供图像支架时,教师也可以尝

---

① 裴娣娜.现代教学论基础[M].北京:人民教育出版社,2012:429.

试先让学生联系自己的生活经验展开想象,在头脑中浮现想象出的画面,然后再呈现给学生相应的图像。这样的设计,更有利于促进学生思维品质的培育。

六、具身支架

提供具身支架,就是通过具身手段,来促进学生对知识的感知和理解。具身支架可以有多种表现形式。

例如,形体支架。教师在讲解动词、形容词的时候,或者引导学生理解某一形象或某一场面的时候,可以通过肢体动作对教学知识进行引导,也可以组织学生进行肢体动作或表情的表演,让学生加深印象,从而更好地掌握相关知识。例如,一位老师在教学《孔乙己》一课时,就引导学生把孔乙己用手"罩住"茴香豆的动作、"排出九文大钱"的动作、"摸出四文大钱"的动作进行表演,帮助学生理解人物形象。

再如,声音支架。声音支架包括课文的朗读的多种形式。通过朗读,学生可以用声音将文本的语音美展现出来,从而读出作者蕴含在文字中的情意。例如,朱自清的《春》,文中句子有长有短,有整有散,朗读时有不同的要求,通过朗读就可以感受到作者表现出的生机活力。此外,声音支架还包括对课文中写的某些自然声音的模拟。在小学语文教学中,对自然声音的模拟较为常见,恰当运用这种支架可以更好激发学生的学习兴趣。

需要说明的是,语文支架式教学中,可运用的支架远不止以上几种。教师可以根据需要自行设计其他多种支架。在语文教学中,支架可能是单独应用的,但很多情况下,多个支架互相交叉、兼容,配合应用,构成"支架集"。"支架集"中的各种支架之间可以互为支撑,共同致力于提高课堂教学效果,促进学生语文核心素养的培育。

第三节 语文课程中支架式教学的实施程序

伍德等提出了支架应用的六个步骤,分别是:激发学生兴趣、简化任务、维持方向、注明特征、控制消极情绪和示范。此后,关于支架式教学实施的步骤,学者们有不同的表述。国内学者也对支架式教学的基本程序进行了进一步探索。何克抗是国内研究支架式教学程序的代表人物。他提出,完整的支架式教学的环节包括：搭脚手架、创设情境、独立探索、协作学习、效果评价①。结合语文课程的特点，介绍如下。

一、搭脚手架

教师在充分把握学情的基础上，围绕学习主题，按"最近发展区"的要求建立概念框架，依据教学目标不断地为学生提供合适的支架。语文课程中，课前调研学情，在了解学生语文素养基础的前提下进行目标定向，即"搭脚手架"的过程。

支架搭建要难度适中。语文教师作为支架的搭建者，应当把握好学生所处的最近发展区。如支架难度过低，学习者易完成，就是在做重复低效的事情；反之，如果支架难度过高，学生则感到茫然无助。因此，语文教师在教学过程中，首先要准确把握学生学习基础与新课学习内容之间的关系。这就要求教师能通过观察准确了解学生的已有知识水平、知识经验和学习兴趣，又要求教师能够具备科学准确地推测、预计学生潜在发展水平及学习需要的能力。在学生通过支架实现认知发展的过程中，教师也不断撤销旧支架，搭建新支架，逐步提高支架的难度，使之适应并促进学生的发展。统编版语文教科书的编排就体现了对这一理念的遵循。例如，关于初中名著导读的专题，就从"消除与经典的隔膜"到"精读与跳读"再到"圈点与批注""快速阅读"，进而不同体裁书籍阅读和其他阅读方法，逐步过渡。教师在指导学生进行名著阅读时，就应该对学情进行充分调研，立足学生的阅读经验和阅读潜力，对阅读的要求合理定位。

二、创设情境

教师遵循学生的认知基础，根据教学目标的指向，积极创设适宜的问题情境。适宜的问题情境关联着学生概念框架中的某个节点。安德烈·焦尔当在《学习的本质》一书中就提道："一种新的内在状态是学习的发动机，必须建立这种发动机，以便启动一整套动力机制。"②当前语文课程正在着重强调"语言运用情境"，引导学生在语言运用情境中积累语言经验，提升语文核心素养。语言运用情境的创设，正是语文课程开展支架式教学的关键步骤。

---

① 何克抗.建构主义 革新传统教学的理论基础[J].中学语文教学，2002(8)：58-60.
② 焦尔当.学习的本质[M].杭零，译.上海：华东师范大学出版社，2015：69.

情境创设应符合学习需要。语文教师创设情境时容易出现两种问题：一是脱离文本，创设与语言运用无关的情境。譬如，有教师执教汪曾祺的《昆明的雨》时创设的情境是"为昆明设计一组旅游明信片"，漠视了散文教学重在探究作者表达独特情思这一常识。再如，有教师教学苏轼《赤壁赋》时，提问："假如你遇到苏东坡，你们在一起探讨人生，你想对他说些什么？"这就忽视了古诗文阅读的学习重在掌握文言词语、语法、文体等知识。二是滞留在情境本身之中，没有致力于知识的建构。在课堂上，教师要引导学生切身感悟作者的思想感情，但更要引导学生探究作者表达思想感情的言语策略。一位教师执教郁达夫的《故都的秋》，让学生较长时间沉浸于文本的情境，却没有充分指导学生探究作者情景交融的手法，没有充分指导学生通过涵泳咀嚼来感受作品的文辞之美，那就不利于培养学生的语文核心素养。

三、独立探索

学生独立的探索，首先需要教师启发引导。其次，在学生的探索过程中，教师要适时提示，帮助学生沿概念框架逐步攀升；同时教师的指导、帮扶力度可以逐渐减少。叶圣陶曾经以"导儿学步"为喻，讲的就是这个道理。就语文课程来说，将学生作为学习的主人，引导学生自主探究语言文字运用规律，就是支架式教学的应有之义。

支架撤离要循序渐进。在教学过程中，当搭建好的支架已经充分发挥引导辅助作用时，支架应该逐渐撤离。这种撤离不是一下子就渺无踪迹，而是循序渐进，由渐次减少到最终消失。如果教师认识不足，师生关系将会出现误区。其一，过度重视教师的权威和主导地位，导致学生的主体性受到制约，不利于学生学习能力的发展。例如，在教学《唐诗五首》时，若采取逐一精讲的方式，就不能促进学生学习能力的逐层进阶。如果精讲第一首，略讲第二首，后面三首则可尝试让学生运用学到的诗歌鉴赏方法，自读自解，教师只负责答疑和检测，这样才有利于训练学生的学习能力。其二，过度强调学生的主体地位，放弃了教师的引导作用。指导学生独立探索，并不意味着要否定老师在学习活动中的支持作用。教师不应盲目被动地任学生按自己的速度去发展探索，而应当是学习活动的组织者和设计者。例如，在教学《唐诗五首》时，在指导学生自主阅读鉴赏的基础上，教师还要对学生的鉴赏方法进行指导点拨，帮助学生提升鉴赏诗歌的素养。

四、协作学习

协作学习,即在小组内共享学习资源并展开交流讨论。协作学习在古代就有思想渊源,《礼记·学记》中就论述:"相观而善之谓摩。"就语文课程而言,组织学生在自主探究的基础上开展小组合作学习,实现智慧的碰撞,建构关于语文运用的知识,是促进学生认知发展的重要一步。

协作学习要追求实效,避免流于形式。语文教师需要注意以下几点:一是要研究学生语文核心素养的个体差异,合理动态分组,引导学生"互为支架"。二是要指导学生通过小组协作相互取长补短,实现语文关键能力和思维品质的互相促进,对学生协作学习的过程适当监测,必要时适当介入。三是要特别关注语文基础较差、参与小组协作学习有较大困难的个别学生,适当单独辅导其协作。需要强调的是,学生的协作学习,并不意味着教师放弃作为学习组织者和引导者的责任。教师要了解学生的讨论进展,并在学生遇到困难的时候给予帮助和指导,并以此为依据及时调整教学活动。

五、效果评价

效果评价是对学生的知识掌握情况、课堂表现等方面进行的评估。学生自我评价、小组互评、教师评价都是评价的主要形式。对学习效果的评价内容包括:学生自主学习的能力、学生对小组协作学习的贡献、学生是否完成对所学知识的意义建构。在语文课程中,学习效果评价是衡量学习目标达成度的重要手段,对学生的学习发挥着重要的反馈作用和调节导向作用。

效果评价要遵循及时、客观、全面的原则。在语文课程中应用支架式教学,应当快速及时地作出效果评价,肯定学生在建构知识的过程中取得的成绩和在此过程中的积极表现,并指出其存在的不足,以发挥对学生的反馈调节作用。教师对学生的评价要尽可能客观准确,避免不准确的评价对学生产生误导。效果评价还要注意全面,评价不仅关注学生个体对所学知识的掌握情况,而且关注自主、合作、探究的过程,从而有利于培养学生学习能力。支架式教学的效果评价与学习者的自我反思相结合,才能帮助学习者更好更快地成长。

需要说明的是,以上只是介绍了语文课程中支架式教学的基本程序,在不同的学段,在不同的"学习任务群"的教学中,面对具体的教学目标内容,面对千差万别的学情,支架式教学的实施程序是有弹性的,可能存在不同的"变式"。

一个"完整"的支架式教学过程,可能是一节课,也可以是连续的几节课,乃至一个教学单元。要避免为了实施支架式教学而强行"一刀切",使课堂教学削足适履,过度"模式化",那就违背了教学探索的初衷。

第四节 语文课程中支架式教学的案例评析

本节呈现由徐梦诗老师设计的部编版小学语文教科书四年级下册第四单元课文《母鸡》的支架式教学设计[1]案例(略有改动),并简要评析教学设计的理念。

一、案例呈现

> **《母鸡》支架式教学设计**
>
> **教材解读:**
>
> 《母鸡》是作家老舍写的一篇散文,以优美细腻的文字,展现了母鸡的"负责、慈爱、勇敢、辛苦",抒发了作者对母鸡的喜爱和赞美之情。本文是四年级下册第四单元的课文,本文之前有老舍的散文《猫》,其后则有丰子恺的散文《白鹅》,本单元的习作题目是《我的动物朋友》。可见,本单元的学习主题与动物相关。而单元导语则非常明确地提示本单元的学习主题:"体会作家是如何表达对动物的感情的""写自己喜欢的动物,试着写出特点"。这为《母鸡》这一课的教学提供了基本指引。
>
> **教学目标:**
>
> 1. 学会生字词,能正确流畅有感情地朗读课文,学习借鉴作者仔细观察并生动描写小动物的方法。
>
> 2. 认识作者对母鸡由厌恶到喜爱的情感变化线索,并理解情感变化的原因;通过对比阅读,感受作品在表达上的异同。

---

[1] 徐梦诗.基于支架式教学的小学语文阅读教学设计研究:以部编版四年级下册《母鸡》为例[D].扬州:扬州大学,2022:31-42.

3. 在文本解读中感受母鸡的"负责、慈爱、勇敢、辛苦",体会作者对母爱的由衷赞美之情,并通过诵读表现出来。

教学重点:

思考"我"对母鸡的态度前后出现变化的原因,找出文中赞美母爱的具体语句,在探究原因的过程中体会作者蕴含的情感。

教学难点:

将本文与老舍先生的《猫》进行比较阅读,探索作者对不同描写方式的异同,体会作品的语言特色和及其背后的情感,进而学习本文中的写作方法,并能学以致用,为本单元的习作"我的动物朋友"作铺垫。

课时安排: 2课时。

教学过程:

第一课时

学习生字词、初读课文理解大意等。(略)

第二课时

一、了解学情,搭建支架

教学要从学情出发。教师要确定学生的最新发展区,预判可能出现的问题,建立有效的支架,使学生顺利解决问题,促进认知发展。

1. 课文内容回顾

教师提问:我们上节课已经初步读了课文。请同学们回忆一下这篇课文写了什么。

学生简述课文主要内容。

教师适当对学生的简述进行引导性的纠正或补充。

教师根据学生的回答结果,了解学生上节课对课文内容的掌握情况。

2. 字词学习反馈

教师根据字词学习测验结果,有针对性地讲解字词,并进一步检测学生的订正情况。

教师提问:同学们在自学生字词的过程中,有什么困难?

根据学生识记字词的困难,教师有针对性地补充讲解。

3. 教师预设支架

以学情为基础,考虑为学生搭建问题支架、图表支架、建议支架等。

二、创设情境,激发兴趣

教师要创设适当的问题情境,围绕学生已有的经验,将教学活动巧妙地融入其中,增强学生学习的情境性,提高学生阅读的兴趣。

学习活动:师生合作讨论"我"为什么讨厌母鸡。

1. 进入情境

搭建如下问题支架:

结合生活实际想想:有没有遇到令人讨厌的事情发生,是怎么面对这些事情的?

随后搭建图表支架,引导学生完成如下学习单:

"我"对母鸡的控诉单

"我"一向讨厌母鸡,是因为它:

(1) _____

(2) _____

(3) _____

2. 填写"控诉单"

学生朗读课文第1至3自然段,圈画出相关语句,在旁边写上批注,在教师的指导下完成"控诉单"。

若遇到概括不准确的情况,教师可引导学生抓住关键词句,并适当点拨,根据需要为学生提供建议支架、情感支架等。

例如:在交流第一条"罪状"(母鸡的叫声令人心烦)时,教师要引导学生关注作者是如何描写母鸡声音的,引导学生在朗读中感受作者的厌烦之情。

3. 引导点拨

在交流"控诉单"的第三条"罪状"(下了蛋就发狂)时,教师要点拨学生,指导其关注"就是聋人也会被它吵得受不了"一句修辞格的运用,提问:聋人能听见声音吗?作者这样写有什么效果?

学生思考回答使用夸张的修辞手法进行写作的好处,并模仿文中使用的手法开展表达训练,互相交流。

4. 搭建范例支架

引导学生使用类似的手法进行说话训练，落实语言运用素养的培育，为后面的写作练习做铺垫。

三、独立探索，自主学习

学习活动：学生独立思考"我"为什么不敢再讨厌母鸡了。

1. 搭建图表支架

教师出示如下学习单，放手让学生独立探索"我"不敢再讨厌母鸡的原因。

"我"为母鸡的辩护单

"我"不敢再讨厌母鸡了，是因为它：

（1）_____

（2）_____

（3）_____

在学生开始独立探索之前，教师先让学生学会如何进行独立探索，了解分析文本的操作步骤。

2. 搭建问题支架

大家想想：该如何完成这份学习单？

给学生充足的独立思考时间，让每一个学生个体都能参与到知识的探索中来。

3. 搭建建议支架

提出完成学习单的建议性步骤：朗读课文片段，圈划出关键词句；根据关键词句提炼观点；将问题与观点结合起来，检验观点是否准确。

4. 请学生按照步骤独立完成学习单。教师巡视，详细了解学生的学习情况。

四、协作学习，加强交流

组织同学们进行互动、交流，并分享看法。当学生在进行小组交流合作学习的时候，教师需要关注他们是如何分析及解决课堂问题的，并针对不同小组的讨论情况，提供适当的支架帮助，以促进其顺利解决问题。教师也可以根据学生交流学习的情况，及时调整教学活动。

学习活动：学生合作探究"我"不敢再讨厌母鸡的原因。

1. 合作交流

教师组织学生合作交流:"我"为什么不敢再讨厌母鸡?

① 同桌之间进行交流。

② 前后四人为小组展开讨论。明确组内分工,每位组员都要安排指定的任务,增强协作的有效性,让每位组员都分享自己的想法,进一步拓宽研究思路,达成一致意见,完善学习单。

③ 全班同学进行组间交流,共同解决问题:"我"不敢再讨厌母鸡的原因。

2. 搭建问题支架

引导学生体会作者的思想感情,关注"我不敢再讨厌母鸡了"这一句话蕴含的情感,引导学生抓住关键词"不敢"进行思考。

朗读第9~10自然段,交流讨论发现作者对母鸡不仅仅是赞美之情,更多了一份敬畏之情。

例如,在母鸡时刻警戒着准备保护鸡雏这段中,就可以运用问题支架引导学生关注动词的作用,关注"挺着脖儿""挺着身儿""歪着头听"等一系列动作描写。

3. 搭建情感支架

在学到母鸡教会鸡雏生存技巧这一节时,关注对母鸡的动作描写,通过搭建各类情感支架,引导学生结合生活经验发挥想象,体会作者的感情。

让学生结合生活实际,说说自己与母亲之间的故事,说一说自己母亲的伟大之处。

五、效果评价,总结延伸

评价的方式是多种多样的,除了课堂交流过程中的口头评价,还可以通过课堂练习的方式进行评价。

学习活动:思考《猫》与《母鸡》在表达上有什么异同;开展写作练习。

1. 出示学习单

《猫》和《母鸡》的对比			
对比角度	相同点	不同点	
		《猫》	《母鸡》
结构			
语言			
情感			

搭建图表支架和问题支架,提问:《猫》和《母鸡》在表达上有什么异同?引导学生从文本结构、语言表达、情感态度等角度进行比较。

小组讨论《猫》和《母鸡》在表达上有什么异同之处,交流讨论成果,并完成学习单。

2. 写作训练

拓展延伸,仿写小动物。学生完成写作练习,交流分享,并通过自评、互评等方式总结小练笔。教师随机投影几篇学生的作品,并进行评价。

板书:

母鸡

控诉——辩护

二、案例评析

本教学设计是支架式教学在语文课程实施中具有典型性的案例。在此从教学目标、教学过程、教学效果三方面作简要评析。

(一)教学目标定位合理

本课的教学目标建立在对教材和学情的充分研究基础之上。以语文核心素养为导向,结合课文的具体特点和四年级学生的阶段特点,全面设计教学目标,涵盖学习字词、朗读课文、学习观察描写、比较文本异同、体会感情等多方面,把探究"对母鸡的态度前后出现变化的原因""找出文中赞美母爱的具体语句,在探究原因的过程中体会作者蕴含的情感"作为教学重点,定位合理。

本课教学目标以语言运用素养的培育为基础,试图引导学生在读课文的过程中积累语言经验,并蕴含着思维素养、审美素养、文化素养的培育,试图实现语文核心素养诸方面的协调发展。

(二)教学过程设计科学

在搭建支架的环节,教师引导学生回顾课文大意,一方面可以更好地与上节课的学习内容相衔接,另一方面又可以了解学生的学习情况,从而为新内容的学习作好支架搭建的准备工作。

在创设情境的环节,教师通过设置填写"控诉单"的情境,促进学生积极思考。在填写"控诉单"的过程中,学生必须对课文进行深度的解读,并从阅读中提炼出重要信息。教师将学生前面学到的做批注的方法与"感受作者对动物的情感"的语文要素结合起来,促进学生积累语言经验。

在自主学习的环节,要求学生能够独立分析文本,解决课后习题。教师先使用问题支架,让学生总结文本分析的步骤;再使用建议支架,更具体地引导学生分析"我"不敢再讨厌母鸡的原因。教师是学生自主学习的积极引导者,因此,面对学生在独立探索中出现的困惑,教师也可提供合适的建议支架。

在协作学习的环节,教师深入学生之中,进行巡回指导,掌握学生讨论的情况,创造和谐、积极的协作学习氛围。学生在知晓作者不讨厌母鸡的理由的同时,关注到了文本在语言运用方面所使用的技巧,学到了语言运用的策略。

在效果评价的环节,设计《猫》与《母鸡》对比阅读的学习单,既体现了群文阅读的理念,也有利于更好地评价学生的学习效果。布置小练笔其实是引导学生迁移内化课堂上习得的方法技巧,体现了语文要素的训练。在评价时,选择先让学生自评,再进行学生互评,强调评价者与被评价者之间的平等对话。

(三)教学效果鲜明有效

本课将支架式教学的理念和模式应用于《母鸡》的教学过程,有利于促进学生对文本的理解走向深入,对母鸡的形象和作者的情感有深刻的认知,同时也有利于体会作者描写的精妙之处,学习作者的写作手法,并将之应用于自己的写作实践中。在课堂学习中,学生充分利用教师提供的多种支架,可以有效实现对文本的解读,实现阅读经验和写作经验的积累,特别是关于对动物进行细致观察和描写、抓住关键语句体会作者情感等言语活动的经验,从而有效提升语言运用的素养,以及关于语文的思维素养和审美素养,进而提升关于祖国语言文字的文化素养,增强文化自信。

第九章　新文科背景下新技术与语文学科的融合

《国家中长期教育改革和发展规划纲要(2010—2020年)》指出:"把教育信息化纳入国家信息化发展整体战略,超前部署教育信息网络。到2020年,基本建成覆盖城乡各级各类学校的教育信息化体系,促进教育内容、教学手段和方法现代化。"[1]当前,教育信息化目标已基础实现;基于信息化的教育教学也早已常态化。2019年冬天开始的三年新冠疫情,影响了常规的到校学习模式,我国中小学大规模采用在线教学;广大师生乃至学校的整体信息技术水平都被迫快速提升。但多数教师仍然只是采用信息技术进行知识的数字化呈现,而缺少基于信息技术的教学与学生学习的理念、内容和方式的深度变革。《教育部2022年工作要点》提出:"实施教育数字化战略行动……积极发展'互联网+教育',加快推进教育数字转型和智能升级……探索大中小学智慧教室和智慧课堂建设,深化网络学习空间应用,改进课堂教学模式和学生评价方式。"[2]因此,新文科背景下的语文教学,回应未来的学习需求和培养学生核心素养的要求,将信息技术与语文学科的课程、教学、学习、评价等方面深度融合,是语文学科改革和教育数字化深入发展的必然要求和关键因素。

第一节　新技术与语文学科融合的理念

21世纪以来,信息技术与语文学科的融合,可以粗略分为三个阶段:21世

---

[1] 国家中长期教育改革和发展规划纲要工作小组办公室.国家中长期教育改革和发展规划纲要(2010—2020年)[EB/OL].(2010-07-29)[2022-10-22].http://www.moe.gov.cn/srcsite/A01/s7048/201007/t20100729_171904.html.
[2] 中华人民共和国教育部.教育部2022年工作要点[EB/OL].(2022-02-08)[2022-10-22].http://www.moe.gov.cn/jyb_sjzl/moe_164/202202/t20220208_597666.html.

纪初,尤其体现在教学课件的图形、声音、动画的"精心"设计中,但融合重心仍然是以教师主导的传递知识性内容为主;到21世纪10年代后,随着教育信息技术的发展及其与教育的深入融合,凸显学生学习主体性的慕课、微课、翻转课堂等的涌现,颠覆了传统的教与学的时空模式;再到21世纪20年代前后,因为疫情倒逼,全体师生基于信息技术教与学的水平大幅提升,核心素养课程改革也强调全面深度融合的要求,所以当前新技术与语文学科融合正进入转型和深入探索阶段。

一、两份语文课标中的"信息技术"相关阐述梳理

国家颁布的课程标准文件,最能体现教育教学的理念和要求。因此,首先按颁布时间先后溯源高中、义务教育阶段的两份语文课程标准文件,梳理其对信息技术融入语文学科的理念和要求。

(一) 高中语文课标中的阐述

《普通高中语文课程标准(2017年版2020年修订)》9次提及"信息技术"一词,具体表述摘录整理如表9-1:

表9-1 《普通高中语文课程标准(2017年版2020年修订)》中"信息技术"相关阐述

所在位置		具体表述
课程理念		"加强实践性,促进学生语文学习方式的转变": 应增强学生学语文、用语文的自觉意识,积极利用信息技术以及身边的各种资源和机会,通过……语文实践,积累言语经验,把握语文运用的规律……
课程内容	必修课程学习要求	自主写作,自由表达,以负责的态度陈述自己的看法,表达真情实感,培育科学理性精神……学会用现代信息技术辅助交流。
实施建议	教学与评价建议	"创设综合性学习情境,开展自主、合作、探究学习": 合理利用信息技术,优化整合课堂教学,促进知识的迁移与运用。
		"探索信息化背景下教与学方式的转变": 要改变因循守旧的语文教学习惯,也要打破唯技术至上的观念,把握好技术与语文的关系,合理利用信息技术。……要借助信息技术优化整合课堂教学,引导学生经历多样化的学习过程,促进学生在更广阔的语言环境中主动学习,实现知识的迁移与运用。要积极探索基于网络的教学改革,利用具有交互功能的网络学习空间,创设线上线下一体化的"混合式"学习生态,为课堂教学和课外学习服务。在信息化环境下,需要进一步探索教学流程、资源支持、教学支持、学习评估等影响学生学习的各种要素所发生的新变化,积极探索信息化环境下的语文教学模式。

(续表)

所在位置		具体表述
实施建议	教学与评价建议	"选用恰当的评价方式"： 有条件的地方,可以运用信息技术,丰富学生的表现性评价,形成多样化的学生成长记录,全面而科学地衡量学生的发展。
	教材编写建议	教材编写要有利于师生运用多种媒介和信息技术呈现学习内容,更鼓励教师积极调动各种资源创造性地开展教学活动。鼓励专业机构建设丰富的数字化资源库。
	课程资源的利用与开发	要高度重视信息化环境下的资源建设,引导师生运用多种媒介和信息技术手段呈现学习内容,开展教学活动,促进教师自觉开发和利用语文课程资源,并为教学提供全方位的解决方案。
	地方和学校实施本课程的建议	要加强学校的图书资料和信息技术资源的建设,为语文课程的有效实施创造必要的物质条件。

（二）义务教育语文课标中的阐述

最新的语文教育国家文件《义务教育语文课程标准（2022年版）》,18次提及"信息技术"一词,多方面论及信息技术与语文教育的关系。具体摘录整理如表9-2：

表9-2 《义务教育语文课程标准（2022年版）》中"信息技术"相关阐述

所在位置		具体表述
课程理念		"增强课程实施的情境性和实践性,促进学习方式变革"： 充分发挥现代信息技术的支持作用,拓展语文学习空间,提高语文学习能力。
		"倡导课程评价的过程性和整体性,重视评价的导向作用"： 注重评价主体的多元与互动,以及多种评价方式的综合运用,充分利用现代信息技术促进评价方式的变革。
课程内容组织与呈现方式	语言文字积累与梳理	引导学生借助信息技术等多种方式汇总、梳理自己积累的语言材料,建立自己的创意语言资料库,并能学以致用。
	思辨性阅读与表达	应鼓励学生借助现代信息技术,自主搜集和利用学习资源,拓展思路,支持自己的思考和论说。
	整本书阅读	借助信息技术为学生拓展学习空间,提供写作、展示、研讨和交流的平台。

(续表)

所在位置		具体表述
课程实施	教学建议	"关注互联网时代语文生活的变化,探索语文教与学方式的变革": 教师要关注互联网时代日常生活中语言文字运用的新现象和新特点,认识信息技术对学生阅读和表达交流等带来的深刻影响,把握信息技术与语文教学深度融合的趋势,充分发挥信息技术在语文教学变革中的价值和功能。 积极利用网络资源平台拓展学习空间,丰富学习资源,整合多种媒介的学习内容,提供多层面、多角度的阅读、表达和交流的机会,促进师生在语文学习中的多元互动。充分利用网络平台和信息技术工具,支持学生开展自主、合作、探究性学习,为学生的个性化、创造性学习提供条件。发挥大数据优势,分析和诊断学生学业表现,优化教学,提供及时、准确的反馈和个性化指导。积极关注教学流程、教与学方法、资源支持、学习评估等新变化,探索线上线下相结合的混合式语文学习。要正确认识信息技术对阅读习惯、写字能力、深度思考等可能产生的影响,扬长避短,使用适度,避免网络沉溺。
	评价建议	"过程性评价":鼓励有条件的地区和学校采取信息技术手段丰富评价资料搜集和分析的途径。
		"命题规划":系统设计考试形式,一般采用纸笔测试,有条件的地区可以考虑逐步引入基于信息技术的考试形式。
	教材编写建议	教材编写要有利于师生运用多种媒介和信息技术呈现学习内容,积极探索信息化环境下的教学变革,发挥传统纸质教材和线上学习资源各自的优势。
	课程资源开发与利用	"建立合作开发机制,实现课程资源的共建和共享": 应重视利用现代信息技术推进资源建设,通过开发阅读资源库、跨媒介阅读平台等数字资源,逐步建立地区、学校之间资源互补、共建与共享的机制;还可创造条件,建立中小学、高等院校和研究机构的资源建设共同体,建设、整理、优化课程资源库,持续更新课程资源,通过资源开发促进教师的专业发展。
	教学研究与教师培训	"适应时代要求,提升信息素养": 语文教师要不断提升信息素养,合理利用网络资源,将语文教学的传统经验和现代信息技术有机结合,不断探索语文教学和信息技术深度融合的方式方法,充分发挥信息技术在学习情境设计、教学资源提供、个性化学习指导、学习证据收集等方面的优势,提高语文教学效益,增强课程育人效果。
		"采用多种方式,增强培训效果": 要充分利用现代信息技术优势,将线上培训和线下培训相结合,整合培训资源,增强培训效果,扩大培训的受益面。

二、融合的理念

两份课程标准文件,尤其是《义务教育语文课程标准(2022年版)》,花了大量笔墨,在文件的多个板块,阐述了信息技术与语文学科融合的相关内容。由上文的梳理可见,信息技术与语文学科融合的理念如下。

(一) 全面融合

首先,体现在课程理念、课程内容及课程实施的全面融合。信息技术不仅是技术层面辅助教学的工具,更应该是语文教学不可或缺的一部分。课程理念方面,突出强调运用信息技术促进学习方式变革,拓展学习空间,促进评价方式变革。课程内容方面,信息技术可以融入阅读、写作、语言梳理、资料搜集、表达与交流等内容的学习。课程实施方面,信息技术可用于创设教学情境、变革学习方式、改革评价方式、开发课程资源等。信息技术与语文学科的融合还体现在教学工具、教学环境、教学模式、课程文化等层面融合①。

其次,集中体现在学生学习和教师教学两方面的融合。可以促进学生语文学习的有:学习方式变革、评价方式变革、学习材料梳理、学习资源搜集、学习空间拓展、学习交流展示、学习评价开展等。可以促进教师语文教学的有:方式变革、资源丰富、评价方式变革、资源开发、专业发展等。

(二) 深度融合

首先,体现在信息技术与语文学科融合的转型深入。经过十余年的探索,信息技术运用于教育教学各方面已经司空见惯。随着人工智能等高科技日新月异的发展及其对教育的深远影响,当前应积极探索信息技术由知识的存储、传递的工具,转向作为促进思维发展、学习内容生成、学习成果产出、学习动态评价等的有机组成部分,即强调信息技术与语文学科的全面、深度融合。相较于2017年的高中课程标准,2022年颁布的义务教育语文课程标准已经体现了这一趋势,也符合我国当前"以核心素养为本,推进基础教育课程深层次的改革"②的要求。

---

① 蒋丽清,薛辉.信息技术与语文课程的整合:以文化变革为视角[M].上海:上海社会科学院出版社,2008:41.
② 中华人民共和国教育部.教育部关于印发《普通高中课程方案和语文等学科课程标准(2017年版)》的通知[EB/OL].(2018-01-05)[2022-10-23]. http://www.moe.gov.cn/srcsite/A26/s8001/201801/t20180115_324647.html.

其次,体现在信息技术融入语文学科的功能转变。信息技术超越知识呈现的功能,转变为课程资源挖掘、教师教学和学生学习开展、学习成果动态生成、学生核心素养培养、学生评价等语文教学各方面的重要参与因素、辅助或推进的媒介。"信息技术与语文课程整合是在整合作用面和整合时间段两个维度不断发展的动态过程。"①信息技术与语文学科融合的最终指向,是构建指向学生核心素养发展的线上线下一体化"混合式"的语文学习生态,师生能够根据具体情境,适切地使用信息技术等各种学习媒介、各种资源,达到高效而有趣的学习。

(三) 全程融合

首先,体现在各学段的全程融合。两份课程标准文件体现了从义务教育到高中全学段,都要促进信息技术与语文学科的融合。2022年颁布的义务教育语文课程标准,是对2017年版高中语文课程标准的传承与超越;义务教育阶段的很多表述更符合课程改革推进新进展和未来需求,涉及信息技术与语文学科融合的相关内容更是如此,如将信息技术与情境教学、命题规划、教师培训等融合。

其次,体现在课堂内外的全程融合。当前,教师和学生都已经习惯于在课堂内外随时使用信息技术帮助学习,如:课前查找资料,拓展学习。课中,教师借助信息技术推进学生的学习活动;或者在智慧教室环境下,师生借助网络资源、信息设备,实现即时互动。课后,运用信息技术拓宽学习视域,完成作业,进行跨媒介交流与学习成果展示。

(四) 学习为本

首先,无论是信息技术在语文学科的应用,还是强调教师信息素养的提升,最终目的都是促进学生的语文学习和发展其语文核心素养。所以,二者融合始终应以学习为本,促进学生语文学习效率的提升,最终发展学生语文核心素养。应该避免对信息技术哗众取宠地使用,过度追求学生感兴趣、课堂"氛围好",都违背了以符合语文学科特性的学习为主的目的。

其次,教师的基于信息技术的教学、资源开发、信息素养提升等,也是为了更好地提升教学成效,促进学生发展。教师应该始终以学生的学习为根

---

① 蒋丽清,薛辉.信息技术与语文课程的整合:以文化变革为视角[M].上海:上海社会科学院出版社,2008:28.

本,将信息技术融入语文教学中,从以教为中心的身份转变为学生学习的设计者和引导者。以师生最熟悉的语文课件为例,其应该包括的基本元素有大小环节提示、主问题或学习任务、学习方法提示、课内外资源、主要学习结论以及必要的动画效果等,应做到教师教学思路清晰,学生学习路径清楚。语文课件中常见的冗余的信息,如教师的教学组织语言、大段重点不清晰的文字、多余的动画或图标等,都是不恰当的,影响学生对学习重点的把握。

第二节　新技术与语文学科融合的策略

当前,信息技术与语文学科的融合呈现多样态发展,因此,对于融合策略可以从多角度进行分析。

一、基于基础性网络与语文学科融合

基础性网络与语文学科的融合,即传统课堂样态下的融合,是最常见的融合样态。传统课堂样态,指借助教室的电脑、教学一体机、电子白板、实物投影等信息技术设备,展示教学课件(PPT)等资源,进行课堂教学。目前,我国中小学的语文学科与新技术融合绝大多数是这样的。其优点是教学思路清晰,便于教师把控教学内容和课堂教学节奏;其不足是教师中心、学生的学习主体性较多受到教师的预设限制。因此,课堂教学总体而言是预设大于生成的。

其融合策略包括:首先,立足语文学科和课内,融合信息技术全面挖掘课内资源。其中,教科书范畴的资源是最重要的,是一切教学设计和课外教学资源挖掘的定锚,教师可以备课时不查阅资料进行素备,也可以基于信息技术进行教学资源挖掘。其次,超越语文课内或语文学科,融合信息技术广泛挖掘跨媒介教学资源。最后,整合资源,设计由信息技术辅助的教与学的过程、内容、资源、PPT等。当然,信息技术的融入应该是相机而行的,没有定式。所谓没有最好的,只有更好的教学设计,对于新技术融入语文学科也是如此。

如《百合花》一文的教学。首先,挖掘小说的情节、人物、环境、主题等内容;基于网络查找"诗化小说"的内涵、特征、革命文学等知识;联系文本语言具体分

析文本内容，联系学情确定教学重难点。其次，基于新技术查找关于《百合花》的视频、音频、文学评论、学术论文、其他青年革命者形象等跨媒介、跨学科资源。最后，根据教学的一些限定，如时长、教学焦点等，进行融合式教学设计，最终通过本文的教案、学案、PPT、音视频、文字等媒介，完成融合新技术的课堂教学立体化设计。

二、基于智慧教室环境与语文学科融合

网络是双刃剑，它既给予世人时刻增长的海量信息，带来沟通与生活的便捷，让世界丰富多彩且高效运转，又让人容易沉迷其中，被过度的不相关信息淹没。如今，互联网早就与人们的生活、学习、教育深度融合，也与学校教育日常、学生的课堂学习以及生活深度融合。对互联网的利用如何扬长避短，始终是教育者应该高度关注的问题。智慧教室，是基于互联网和教育信息技术搭建的数字化学习时空，集智慧教学、人员考勤、课堂互动、学习成果动态生成、视频监控及远程控制于一体的新型现代化、智慧化教室系统。

基于互联网的智慧教室环境与语文学科的融合，优点是：颠覆传统的以教师讲授为主的教学模式，让课堂变得简单、高效、智能；培养学生基于网络的自主思考和学习能力；具有学习组织形式灵活、学习历程可视化、交流互动多维、学习评价基于过程证据等特点；教师既能把握全班学习情况，也能快速掌握每位学生学习情况，并进行针对性指导。其不足是：受限于目前学校办学资金实力及信息技术水平，智慧教室一般未能普及使用；很多语文教师的信息素养难以胜任智慧教学的设计与管理；学生的信息素养，包括利用电脑和网络的自我管理能力也有待提升。

智慧教室环境与语文学科的融合策略，可以借助教育部主管的"智慧中小学"App或网络平台上相应的语文课，开展学生自主学习。教师还可以借助网络或云班课等程序，利用智慧教室环境，给学生补充其他学习资源或布置过程任务，达到教师引导与学生自主学习相结合的目的。这样，既能保证学生实施个性化学习，又能兼顾学生学习能力和需求的差异，教师也能及时发现学生学习的过程证据。

三、基于翻转课堂与语文学科融合

翻转课堂样态，是基于互联网催生的以学生课前自主学习为主、课堂学习

进行反馈、研讨、提升的课堂模式;是对传统的以教师讲解、课堂学习新知为主的课堂模式的翻转。因此,翻转课堂带来教师角色、学习方式、课程模式、管理模式等一系列变革。其优点包括:凸显学生学习的自主性,增加个性化学习和教学;丰富了学习资源,扩展了学习内容的深广度;能够促进知识的内化,加强学习能力的提升;有机融合信息技术,挖掘广泛资源,开展跨媒介学习,超越学习的时空局限等。翻转课堂样态下的融合,对教师提出更高的专业要求,教师要拓展学习资源,预设学生的学习历程和学习成果;学生也需要很强的学习自我管理能力才能确保学习效果;开展学习更依赖于信息技术条件和学生的信息素养,学生和地区之间学习成效可能有很大差异。

翻转课堂样态下的融合策略包括:首先,教师课前基于信息技术开发资源,设计学习任务单和配置相关学习资源。学习任务单,是对开展学习的导引,也是对学习成果的呈现,应该融合和指导学生的课内外学习,培养学生的文本理解、信息梳理与整合、能力迁移等语文关键能力。学习资源包括网络视频、文字或图表类的电子材料、教师提前录制的微课教学视频、纸质材料等。其次,学生课前基于信息技术开展跨媒介的自主学习,完成学习任务单;学生也可以选择线上、线下形式反馈和跨媒介交流学习成果。最后,教师通过检查学习任务单、课堂反馈与研讨等,了解、提升或拓展学生课前学习情况。

其实,在新文科和信息化背景下,无论是学生当下的学习还是未来的工作、学习,个性化自适应学习都应该是趋势。只是对于中小学生而言,因在校集中学习的模式、时空等的限制,没有办法在校开展网络环境下的个性化自适应学习。根据家庭条件、家长素质、学生自主学习能力等情况,可以在家庭环境下开展一定程度的个性化自适应学习。以寒暑假的自主学习为例:中小学生可以借助网络平台(智慧中小学 App、哔哩哔哩甚至中国大学慕课等),根据自我学习基础、学习兴趣等,选择学习内容,自己安排学习进度,当然最好还能关注学习策略和学习收获。

第三节　新技术与语文学科融合的案例

新技术与语文学科融合,在课前、课中、课后三个时空各有侧重;在具体的阅读、写作、整本书阅读、实践活动等内容模块教学中也有一些差异。例如:在阅读教学过程中,新技术的参与,从内容方面来看,主要与文本的解读、理解、学习结果呈现等相关;从呈现方式来看,主要有文字、图片、音视频等。这里以诗歌《天上的街市》阅读教学为例,开展新技术与语文学科融合的案例设计。

一、案例呈现

在此仅采用表格形式展示《天上的街市》阅读教学设计案例[①]。具体如下:

课题 作者	天上的街市 郭沫若
教材 分析	《天上的街市》是统编版语文七年级上册第六单元的第二篇课文。 　　从人文主题看,该单元以"想象"为中心话题,用童话、诗歌、神话和寓言等不同文学体裁来"引导我们换一种眼光来看世界"。本诗取材于我国古代有关牛郎织女的传说,借助丰富新奇的想象,描绘了美妙的天街景象,表达了诗人对幸福生活的向往和对黑暗现实的迷惘。 　　从语文要素看,本册统编版语文教科书,重在阅读训练。学生基于第一、二单元的朗读及第三、四、五单元的默读训练后,已具备一定的阅读基础。因此,本单元要求:"学习快速阅读……寻找关键词语以带动整体阅读,提高阅读速度……发挥联想和想象,把握作者的思路,深入理解课文。" 　　本文可以结合诗歌意象关键词,借助快速阅读和其他学习方法,培养学生诗歌学习的联想、想象的能力,引导学生憎恶假丑恶,向往真善美。
学情 分析	由于本首现代诗语言浅显、主题鲜明,学生理解难度不大,只是缺乏一些切实可行的鉴赏方法。于是教师本着"授人以鱼,不如授人以渔"的想法,借鉴《朗读者》节目的访谈、解读、朗读三个环节设计学习活动,借助新技术支持的学习环境,引导学生层层深入,走进诗歌,并掌握鉴赏现代诗歌的方法:发挥想象、知人论世。
教学 目标	1. 通过朗读指导,学生能读好停连、读准重音、读出情感,并能开展快速阅读。 　　2. 通过描绘画面,学生提升想象能力,学会鉴赏诗歌凝练生动的语言。 　　3. 借助网络资源,了解写作背景,学生能体会诗人对幸福生活的向往和对黑暗现实的迷惘。
设计 理念	1. 依托互动平台,将课堂互动的白板、学生端的平板互相连接,构建起白板与终端、设备与课堂、课堂与师生、教师与学生、学生与学生等对象之间多元互动的教学网络。 　　2. 体现情境教学理念,设计《朗读者》节目的三环节学习情境,引导学生趣学诗歌。

[①] 该案例设计者是江苏省盐城市鹿鸣路初级中学的陈燕飞老师。本书主编修改完善。

(续表)

	活动设计	信息技术融入说明	设计思考
教学过程	**一、游戏热身,情境导入** 1. 古诗配对 2. 创设情境 明确《朗读者》的节目形式:访问空间、解读空间、朗读空间。 主持人开场白:古往今来,无数诗人、作家仰望星空时,会产生种种思绪,留下一句句动人的话语。星空中留有杜牧"天阶夜色凉如水,<u>卧看牵牛织女星</u>"的孤寂幽怨;留有苏轼"但愿人长久,<u>千里共婵娟</u>"的美好祝愿;留有曹操"日月之行,若出其中。<u>星汉灿烂,若出其里</u>"的雄心壮志。星空,是宇宙赠予人类的礼物。那在今天的节目时间里,就让我们走进这深邃神秘、充满情感的星空。	课前游戏热身,利用希沃EN5的"课堂活动"中的"知识配对"功能,完成关于星空的古诗配对,让学生快速进入课堂主题。 利用"蒙层"功能在学生回答对节目《朗读者》的了解时,根据学生答案及时展开相关环节。	借助新技术,带出课堂学习情境,激发学生学习兴趣。
	二、访问空间 同学们自由朗读诗歌,边读边思考:采访嘉宾时,会准备哪些问题呢? 预学案展现提问,平板投票提问,明确需解读的重点问题。 如:诗歌应该着重赏析哪些语言?如何赏析诗歌的主题?	对于采访提问,让学生通过平板投票自行选出。	① 调动学生学习积极性,争做课堂主人。 ② 明确课堂学习重点。
	三、解读空间 **(一)发挥想象** 巴尔扎克曾说过:"真正懂诗的人,会把作者诗句中只透露一星半点的东西拿到自己心中去发展。"这句话充分说明了发挥想象对于解读诗歌的重要性。[板书:发挥想象] 同学们,快速阅读诗歌,试着抓住诗歌中"一星半点"的文字,发挥想象,描绘天上的街市和生活! **预设1:**[想象街市上有哪些珍奇]云雾缭绕,无数明亮的街灯,繁华美丽的街道,一条条玉路整洁平坦,一间间店铺林立,顾客如潮,孙悟空叫卖自己的寿桃,托塔天王展示自己的锻造物件,各色奇珍异宝,琳琅满目,花样繁多。	利用"倒计时"功能规定学生进行画面想象的时间,既方便把握课堂进程,也利于营造学生积极思考的紧迫氛围。 在交互环境下,依托互动平台和移动终端等多媒体手段,便可以让全班共享学习成	① 借助想象画面赏析诗歌,落实了单元学习要求,也是赏析语言表达并不复杂的现代诗的好方法。 ② 借助新技术手段,突破学习的时空边界,链接课内外学习。

(续表)

活动设计	信息技术融入说明	设计思考
朗读指导(1)：街市繁华热闹明亮。"无数的""美丽的""世上没有的"这几个凝练的形容词，都是表意的，我们朗读的时候可以重读，在字的下方加重读号"．"。 **预设2**：[想象闲游的画面]他们一定是领着一双可爱的儿女在美丽的街市上游玩！他们缓步慢行在街市，微笑挂在他们的脸上，一路洒下欢声笑语。 **朗读指导(2)**：抓住了几个准确的动词"闲游""来往""提着灯笼在走"，让我们感受到了牛郎织女的自由幸福！"闲游"和"悠闲"不可对调，满足诗歌押韵的需要。正因为韵脚"△"的存在，诗歌才会朗朗上口、音韵和谐。 **预设3**：[灵动的字]如"那朵流星"的"朵"字,有什么特别之处？"朵"字作为量词使用，不但使人联想到流星有如"白云""鲜花"般美丽可爱，而且陡然降低了流星的速度，使它可与"闲游"同步，更突显出牛郎织女闲适惬意的生活。 **朗读指导(3)**："那朵流星"语速适当快些。 **(二) 知人论世** **过渡语**：同学们，"知人"是指了解作者生平，"论世"是指研究时代背景。这样才能深入解读作品。知人论世是语文文本解读的常用方法。[板书：知人论世] 1. 诗人为什么要对牛郎织女的传说加以大胆地改造，赋予牛郎织女凄美的爱情以幸福的结局呢？ **明确**：对这样幸福美好生活的向往。这样的向往是坚定的，四处"定然"与一处"定能"。 **朗读指导(4)**：通过四处"定然"与一处"定能"的重音，来表达坚定的情感，在字的下方加重读号"．"。 2. 诗人仅仅是表达对美好生活坚定的向往吗？ **学生活动**：以小组合作的方式，运用在线搜索的网络资源来了解当时的写作背景。	果，实现课堂的资源共享与多元互动。将同学想象的画面文字"晒"在平台上后，进行赏析感悟。 利用"预设动画"功能，把"闲游"和"来往"进行对调，质疑引发思辨，体会用词的准确和诗歌的韵律美。 利用"放大镜"功能放大了"朵"，并质疑为何不能用"颗"，学生通过比较，感悟诗歌精练灵动的语言美。	③ 结合相关内容赏析，指导诗歌朗读，落实单元的语文要素学习要求。 ④ 该环节重在培养学生搜集、处理信息的能力。 ⑤ 引导学生运用知人论世的学习方法加深对诗歌情感的深入理解。

教学过程

(续表)

	活动设计	信息技术 融入说明	设计思考
教学过程	**教师活动**：搜集诗人在1921—1922年期间收录在诗集《星空》中的其他诗歌：《静夜》《献诗》。 **明确**：面对黑暗现实的苦闷与忧伤。 3.《天上的街市》向我们虚构了一个理想王国，但这样的苦闷在这首诗里也有含蓄的表达。试着找找。 **明确**：现实生活中无处不见、象征光明的街灯是"远远的"，有一种身处黑暗，与光明存在的距离感。 "缥缈"是隐隐约约，若有若无，再美好的故事都发生在缥缈的环境里，这是一种彷徨与忧伤。 **朗读指导(5)**：读"远远的"时考虑通过声音的延续(用"——"表示)读出距离感；通过声调的抑扬和声音的延续，读出飘忽不定之感。	学生用平板自主上网搜索有关资料，从中提取有价值的信息。	
	四、朗读空间 **过渡语**：同学们，让我们进入朗读空间。朗读水平的高低反映着你对所读作品的理解程度，有感情的朗读能使读者和听者进一步加深对作品的理解。节目把这一环节放在最后，正是有这样深刻的用意。 1. 在解读时，老师已经提示了一些重点词的朗读技巧，大家觉得：要朗读好这首现代诗，还需要考虑什么？ **明确**：语速要缓慢不宜快，节奏要自然不宜强；语调要柔和舒缓；情感是美好而略带一丝忧郁的…… 2. 朗读练习。结合自己的学习理解，进行朗读练习。 3. 朗读PK：同学小组朗读竞赛；小组代表组际竞赛；获胜的"最佳朗读者"在全班表演朗读，教师录视频分享到班级群。	多媒体提供配乐，引导学生快速进入朗读情境。	朗读竞赛，反馈学习成果，增强学习兴趣。

（续表）

	活动设计	信息技术融入说明	设计思考
教学过程	**五、总结课堂，结束节目** 　　诗歌凝练生动的语言需要发挥想象力来理解，知人论世更能感悟诗人所要抒发的情感。希望它们变成那盏牛郎织女提着的灯笼，在同学们遨游现代诗海时，指引着大家。 　　本期《朗读者》已接近尾声，作为主持人，不仅想带领大家走进诗人郭沫若的星空，更希望能继续和大家研讨现代诗的学习。	多媒体展示郭沫若、艾青、海子、舒婷等诗人和诗作图文。	回扣导语设计，课堂首尾照应。
	六、课后作业，延伸阅读 　　1. 课后，请大家到班级群中阅读老师收集的现代诗人及其诗作的文字、音频及视频的资料文件夹。 　　2. 如果大家有兴趣收集相关资料，也请分享到该文件夹中。	鼓励开展跨媒介学习。	激发学生继续探究的热情，拓展课堂教学的容量。
板书	天上的街市 郭沫若 **访问空间**，定位学习重点 **解读空间**，品析诗歌 { 发挥想象：繁华的街市　自由的生活 　　　　　　　　　　　知人论世：美好的向往　深沉的苦闷 **朗读空间**，呈现学习成果		

二、案例简析

（一）体现新技术与语文学习的深度融合

常态的语文课堂教学，往往只是运用多媒体（PPT 为主），随着教学过程展示相应的教学内容。该教学设计案例，运用基于新技术的智慧学习环境，突破传统课堂学习的时空界限，实现了学习资源拓展、多维即时互动、动态生成等新形态，体现了新技术与语文教学的深度融合。

（二）落实语文课程与教学改革新理念

《义务教育语文课程标准（2022 年版）》提出情境教学、跨媒介学习、教学评一体化等语文课程与教学改革新理念。该阅读教学案例，利用《朗读者》节目形式作为学习情境,运用智慧学习环境进行跨媒介学习,学习活动设计紧扣单元提示的人文主题、语文要素的要求,一定程度上做到了教学评一体化。

当然,该案例也存在有待提升的空间,如结合本诗学习可以培养的学生的具体语文能力或核心素养不够清晰。这除了落实到朗读以外,更要落实到语言文字的运用中,以体现核心素养的全面发展,使学习成果"可见"。如:可以写诗歌鉴赏片段,课堂中结合《天上的街市》的语言、主题等内容学写诗歌鉴赏;课后阅读诗歌多元资料时,完成一篇鉴赏文字。

第四节 新技术与语文学科融合实施的注意点

当前,语文学科范畴的常态的信息技术运用策略包括:丰富语文教学内容、创设教学情境、优化教学方式、培养学生的语文思维与审美能力等[1];也有很多基于智慧环境新技术的探究案例。无论哪种融合状态,新技术与语文学科的融合,始终应该立足语文、教学语文,技术辅助语文的教与学。因此,要注意以下几个方面。

一、始终立足语文学习,以新技术为辅

立足语文学习,就是立足汉语语言、立足中华民族文化的学习,这是语文学习之本。在当前核心素养课程改革情境中,就是始终要紧扣义务教育语文核心素养(文化自信、语言运用、思维能力、审美创造)以及高中语文学科核心素养(语言建构与运用、思维发展与提升、审美鉴赏与创造、文化传承与理解)开展学习。以此为导向,使用新技术提升语文学习成效,加强以教科书为主要载体的、相对静态的语文学习,与基于新技术辅助的更广泛的、动态的生活语文相互结合。

二、体现学生主体性,促进学生语文核心素养全面发展

无论是语文本体的学习还是信息技术的使用,都应该以学生为主体,落实学生学习的主体性。当然,教师的引导作用不可忽视,但是角色或功能要转变,

---

[1] 王振英.初中语文教学与信息技术融合的实践研究[J].中国教育学刊,2020(S2):67-68.

主要包括：从教师中心的教学转变为设计学习历程导学为主；从提供学习资源转变为提示语文资源线索；从提供语文知识转变为设计学习活动培养学生核心素养；等等。

三、注重资源链接，课堂内外结合

信息技术在整个社会、生活中的渗透与迭代可以说日新月异。除了浩如烟海的网络公共资源，当前在教育、语文教育范畴都有很多优秀的资源可以在课堂内外链接语文学习，增加语文学习的深广度。如大学慕课平台、智慧中小学平台，一些优秀的公众号等网络资源，都可以作为教师备课资料引入课堂教学，或推荐给学生拓展学习的资源。

总之，在教育数字化转型的当下，学校的语文教育要以深度融合的智慧教育升级常态的多媒体辅助教学，还有一段路要走。但信息技术融入已经带来教学理念、课程内容、教学范式、教育管理等方面的变革。2022年，"教育数字化"写入了中国共产党的二十大报告中。当下的学校教育应该多引导、多促进和深度挖掘恰当高效的学生数字化学习，为推进教育数字化，为学生成为学习型社会的终身学习者奠基。

第十章　新文科背景下的新语文教学评价

语文教学评价具有检查、诊断、反馈、激励、发展等功能。新文科背景下的语文教学评价意在促进学生发展，强调在立德树人的宗旨下，将评的过程变为学的过程，实现教、学、评一体化；以语境为载体，突出过程评价，为培养学生的创造精神奠定基础。同时，基础教育核心素养课程改革和信息化社会，都对新文科背景下的新语文教学评价具有深远影响。

第一节　新文科背景下新教学评价的基本理念

新文科背景下的新教学评价，体现以学生为本的原则，促进每一位学生的健康成长，促进每一位学生创造能力的形成与发展。其主要遵循下列理念。

一、以保持公平为底线，开展科学合理的教学评价

新教学评价强调公平底线，保障每一位学生的发展权利，为此遵循语文教育规律和人才成长规律，为学生搭建科学合理的评价平台。

（一）语文教学评价的目的：有效地促进每一位学生的发展

促进学生学习是语文教学评价的主要目的。教学评价不是简单地发挥甄别、选拔功能，或武断地判定学生的发展，而是意在改善学生以后的语文学习。为促进学生获得公平发展，新教学评价强调三个方面：

1. 依照语文学业质量标准

《普通高中语文课程标准（2017年版）》开始设有"学业质量"和课程实施的

"教学与评价建议""学业水平考试与高考命题建议";《义务教育语文课程标准(2022年版)》设有"学业质量"和课程实施的"评价建议"。两份文件都规定了学业质量,都对考试的命题等方面作出了具体规定。如高中语文学业质量标准,从语文核心素养"语言建构与运用、思维发展与提升、审美鉴赏与创造、文化传承与理解"四个方面,制定了五级学业质量水平;强调测评与考试目的是:"应真实反映学生语文学科核心素养的发展过程与现有水平,准确判断学生核心素养发展过程中的问题及其原因,对高中语文教学改革发挥积极的引领和导向作用。"[1]义务教育阶段语文学业质量标准,则按四个学段,分别从识字与写字、阅读与鉴赏、表达与交流、梳理与探究等语文实践活动方面描述学业质量标准。新课标为评价学生学业提供统一的质量要求,避免了学业评价中可能出现的繁、难、偏、怪等不良倾向,也为学生减负奠定基础。

2. 做到"教—学—评"一体化

一是,将评价看作课程、教学的一个有机构成环节,将评价融入教学过程。二是,教、学、评均围绕新课标规定的课程目标与课程内容,实现课程目标内容化、课程内容教材化、教材内容教学化、教学内容评价化,反之做到评价内容教学化、教学内容教材化、教材内容课程化、课程内容目标化,这样才能使课程目标、课程内容、教材内容、教学内容和评价内容在双向互动中一致起来,真正实现一体化。这样才能避免传统的教非所学、学非所考以及考非所学、学非所教的不良倾向,避免形成教与不教、学与不学无所谓的局面。

3. 增强评价命题的开放性

在命题中增设任选题,为学生的个性化发展奠定基础。根据多元智力理论,智力是多元的,具有多向性,每一位学生的智力发展方向不完全相同;就是同属一种智力,也有多样的表现形态。有鉴于此,应发现学生个性化的智力特长,在每一位学生的发展方向上发现其成长趋势和发展苗头,并较早地为学生规划成长方案。因此,教学评价中关照学生个体差异,考试评价中适当增加任选题,有助于促进学生获得公平成长。

(二)语文教学评价的内容:全面考查学生的语文核心素养

新文科背景下的语文教学评价,强调基础性,重视全面考察学生汉语言、思

---

[1] 中华人民共和国教育部.普通高中语文课程标准(2017年版2020年修订)[S].北京:人民教育出版社,2020:47.

维、审美以及文化等方面的语文素养发展情况,注意考查识字与写字、阅读与鉴赏、表达与交流、梳理与探究等多方面的语文实践能力。

全面考查学生的语文素养,一方面重视知识技能的考察,另一方面也重视情感态度与价值观的考察。命题材料注意体现中华优秀传统文化、革命文化和社会主义先进文化的相关内容,为立德树人宗旨的落地创造条件。追求动态评价,突出学生的语文学习能力与学习习惯,注意考察学生的学习方法运用与学习程序的操作,让学生在具体的语言运用情境中动态地生成自己创造性的交流与沟通能力。

二、以关注过程为重心,重视学生的全面发展

新的评价方式重在突出学生发展,为学生发展提供动力,引导方向。因此新的评价方式更突出过程性评价,在学生学的全过程,做到教、学、评一体化。

(一) 统筹安排评价内容

过程性评价重在"考察学生在语文学习过程中表现出来的学习态度、参与程度和核心素养的发展水平,应依据各学段的学习内容和学业质量要求,广泛收集课堂关键表现、典型作业和阶段性测试等数据,体现多元主体、多种方式的特点"[①]。

(二) 遵循全过程评价原则

可以学前进行诊断性评价,学中进行形成性评价,学后适当进行阶段性评价。通过这些评价,"教师要有意识地利用评价过程和结果发现学生语文学习的特点与问题,提出有针对性的指导意见,促进学生反思学习过程、改进学习方法。要依据评价结果反思日常教学的问题和不足,优化教学内容,改进教学设计,调整教学策略,完善教学过程"[②]。过程性评价的主渠道多样,如课堂教学评价、作业评价和阶段性评价等。合理使用评价工具,采取融合于日常教学的纸笔形式以及综合性的学习任务,如诵读、演讲、读书交流等。纸笔测试要增强测评题目的科学性、多样性,发挥阶段性评价的诊断、调节功能。

---

① 中华人民共和国教育部. 义务教育语文课程标准(2022年版)[S]. 北京:北京师范大学出版社,2022:46.
② 中华人民共和国教育部. 义务教育语文课程标准(2022年版)[S]. 北京:北京师范大学出版社,2022:47.

（三）综合运用多种评价方法

过程性评价与学生的学习过程结合在一起，因此，通过课堂观察、对话交流、小组分享、学习反思等方式，了解学生的表现；具体通过学生日常写字、读书、习作、讨论、汇报展示、朗读背诵、课本剧表演等方面的材料，了解其学习态度和个性特点，考察其内在学习品质的发展。有条件的地区和学校还应积极采取信息技术手段辅助评价资料收集和分析。当然要避免过度评价、无序评价对日常学习造成干扰，避免用评价结果简单衡量、比较学生的学业表现。

三、以倡导多元为准则，制定个性化的评价标准

教学评价应发挥多元评价主体的积极作用；肯定每个学生的进步和发展，彰显个性。

（一）充分尊重学生的主体地位

每位学生在遗传因素、学习兴趣、学习能力和学习基础等方面都不相同，教学评价应关注个体差异，引导学生开展自我评价和相互评价。在课堂教学中，教师要有计划地或者随机针对学生学习情况进行个性化的指导。如对于学生作文的评价，可以结合教师全班集中批阅与教师给个别学生面批交流；可以结合学生自评、互评与教师评价等。

（二）鼓励多元主体参与过程性评价

除了语文教师、学生作为评价的主要相关人以外，学校的管理人员、班主任、家长、社会人员等均可在适当契机下参与过程性评价。通过多主体、多元化、多角度的评价反馈，帮助学生处理好语文学习和个人成长的关系，发掘自身潜能，学会自我反思和自我管理。比如，可以利用班级公众号、家校群、家长朋友圈、学生的QQ空间等，发布学生的作文等学习成果，发动多主体参与评价，激发学生学习热情。

第二节　新文科背景下课堂教学评价的特点与类型

传统的课堂教学评价存在形式化、程式化、机械化等脱离课堂语境的倾向，如常见的一些不顾目的、不看具体情景、低效的评价语言或做法。"课堂教学评

价是过程性评价的主渠道。教师应树立'教—学—评'一体化的意识,科学选择评价方式,合理使用评价工具,妥善运用评价语言,注重鼓励学生,激发学习积极性。"[1]因此,教师在评价中,需要注意自己的评价语言,力求通过得体的评价语言,提出科学合理的指导意见,引导学生乐于内化学业,保证学业质量标准得到具体落实,学生的学业水准得到提高。

一、评价特点

课堂教学评价以随机口头评价为主,要遵循目的需要准则,教师要根据教学需要调动学生学习语文的积极性和主动性,引发学生思考,提升其语文能力,促进学生和谐发展;遵循赞誉准则,"最小限度地贬低学生,最大限度地赞扬学生;遵循谦虚性准则,教师自我评价要谦虚,以此赞誉学生;遵循一致性准则,评价应求同存异,减少分歧"[2];遵循同情性准则,对学生存在的问题抱以基于"了解之同情"的态度,促进相互理解。总之,要做到评价语言通俗易懂、简明扼要、条理清晰。教学名师们课堂教学点评的经典案例,仍然值得学习和借鉴。下文结合钱梦龙老师的课堂教学评价,分析评价的主要特点。

(一) 激励性

激励性即坚持表扬为主。表扬分两类:一是面向个体;二是面向群体。两种类型的评价都应根据学习的具体内容作出适宜的评价。如钱梦龙老师教学《故乡》时,引导学生回答学生提出的"闰土为什么要把碗碟埋在灰堆里?"这一问题。当一位学生结合课文中内容"母亲对我说,凡是不必搬走的东西,尽可以送他,可以听他自己去拣择",认为"闰土尽可以明着拿,根本用不着偷埋"时,钱老师评价说:"有道理!有说服力!我都被你说服了。我们解决问题,都应该到书中去找根据。"当学生以文本为依据,得出结论说不知道是谁埋的以后,钱老师说:"这个问题大家解决得真好,使我特别高兴。我曾经看到杂志上也议论过这个问题,结论大概是闰土是绝不会偷埋的,理由呢,跟我们这位同学所说的完全一样。这位同学如果写了文章,也可以在杂志上发表了嘛!"当学生不相信自

---

[1] 中华人民共和国教育部.义务教育语文课程标准(2022年版)[S].北京:北京师范大学出版社,2022:48.
[2] 孔凡成.语境教学研究[M].北京:人民出版社,2009:331.

己有这个能力时,老师又说:"我们要树立自信心,用不着看不起自己的,对吗?"①这里的评价既有面向全体的,也有面向学生个体的,能根据学生回答的思维特点和准确度给予适当的表扬。

以表扬为主,还要求教师能从不同角度找到学生的优点,善于捕捉学生提问或回答中存在的合理因素。如钱梦龙老师在《论雷峰塔的倒掉》的教学中,针对学生提出"活该"后面应该用感叹号这一问题。首先表扬学生这个问题提得好,接着让主张用感叹号的同学,按感叹号的语气读,又请另一名学生按原文的标点朗读,表扬他们两人都读得很好,读出了感情,最后让学生比较用哪一种读法更接近作者的本意。当学生明白了还是原文用句号好以后,教师对提出"活该"后面应该用感叹号的学生说:"看来你是少数派了。(笑)不过你的问题提得好,帮助大家更好地体会了作者的感情,你也是有贡献的。(笑)他(生10)的发言很有水平,不过他用了个'幸灾乐祸',这个成语习惯上带有贬意,其实他的意思也许是说,作者为法海可耻的下场既感到可笑,又为之庆幸,所以'活该'两字带有一种'冷嘲'的色彩。这样体会,我觉得是符合作者本意的。"②该片段中,学生提出的"活该"后面应该用感叹号的观点是错误的,但教师并没有批评学生,而是紧密结合文本引导学生朗读比较,使学生心悦诚服。教师的评价语既委婉地指出学生的失误,又表扬了学生的贡献;对学生存在的问题还应委婉地提出来,既指出他发言很有水平,又点出他用词不够得体。

(二) 针对性

针对性,即评价重点和语言受到具体评价情景的制约,并随着评价情景的变化而变化。因此要针对学生个体的回答内容迅速反馈,及时具体地指出优点和问题所在。钱梦龙老师在《论雷峰塔的倒掉》的教学中,针对学生提出的"第八自然段写吃螃蟹和怎样找到蟹和尚,是不是闲笔?如果不是,那么这一段的作用是什么?"这一问题,既表扬学生用了一个绝对高级的名词——"闲笔",又具体了解学生是否真正懂得什么叫"闲笔",进一步针对学生的理解水平,建议将问题适当修改:"你这个问题是不是改为这样提法:作者写这一段有什么必要?它有没有离开中心?你看这样问是不是容易回答一些?同意吗?"③这样的

---

① 钱梦龙.我和语文导读法[M].北京:人民教育出版社,2005:157-158.
② 钱梦龙.我和语文导读法[M].北京:人民教育出版社,2005:186-187.
③ 钱梦龙.我和语文导读法[M].北京:人民教育出版社,2005:184.

评价和建议,便于学生接受。

针对性还要求评语多样化,避免简单化、程式化。如《驿路梨花》的教学中,当一位学生说:"后来才知道这小茅屋是十年前过路的解放军造的。我在读的时候就一直想往下看,这小茅屋究竟是谁造的,所以我说这篇文章很引人入胜。"钱梦龙老师说:"'引人入胜',讲得很好,这四个字用得非常恰当。"当一位学生说:"我认为这篇文章很有特色……"教师说:"好哇,他的语言也挺有特色的。"当一位学生说:"这篇文章很有特色,主人公梨花并没有出场,我读完后,梨花姑娘的形象就像在我的面前一样。"老师:"(笑着连连点头)你看到了这位小姑娘了?……喔,看到了!想象力很丰富。我们读文章就是要这样,读到写景的,眼前就要出现相应的景象,看到写人的,我们就好像看到这个人,听到他的声音,这就叫想象力。有时要闭眼想一想。你闭过眼吗?(众笑)我们读文章,这个很重要。"[1]这里针对不同的学生给予不同的评价,评价用语丰富多彩,幽默风趣。

(三) 诚恳性

诚恳性,要求评价者态度要诚恳,评价语言发自内心。如在《故乡》的教学中,学生针对"闰土和'我'小时候那么好,现在为什么要叫'我''老爷',而且还叫水生磕头"这一问题,回答说:"这是封建等级观念对闰土的毒害……"老师迫不及待地问:"你怎么知道的?是自己想出来的吗?还是书上看到的?啊,我打断你的话了吗?对不起。不过我不能不问一个我不明白的问题:这个问题你怎么回答得这样好呢?"当明白了学生是从历史课上刚读到过董仲舒提出的"三纲五常"后,教师说:"你看她把历史知识运用到语文课上来了,多聪明啊!我对你们的学习是充满了信心的!"[2]可见教师对学生的表扬不盲目,在搞清楚学生如何思考问题后,再给予表扬;特别是教师打断学生回答时的语言应对,更让人感受到教师诚恳的态度。

(四) 引发性

引发性,要求评价语言能够根据教学需要,启发学生进一步深入思考。钱梦龙老师教学《死海不死》时,指出说明文是个大类,包括各种产品说明书、书籍的出版说明和内容提要、词典的释文、影剧内容介绍、除语文以外的各科教科书

---

[1] 钱梦龙.我和语文导读法[M].北京:人民教育出版社,2005:266.
[2] 钱梦龙.我和语文导读法[M].北京:人民教育出版社,2005:153.

及讲义、知识小品等后,指一学生问:"你说说看,这篇课文是说明文中的哪一种?"学生说是知识小品,但不知道理由,教师随后步步引导学生怎么知道这篇课文是知识小品。最终学生回答:因为它是介绍关于死海的知识的,文章很短小,所以是知识小品。钱教师说:"说得对呀!知识小品就是介绍科学知识的;文章篇幅又很短小,所以叫'小品'。你看你说出了知识小品的一些重要的特点,你明明知道,怎么说不知道呢?"当学生说是他看了课文后临时想出来的后,钱教师说:"这更了不起,说明你的思维很敏捷,很有判断力。我早说过你不是瞎蒙的嘛!(笑声)"[①]教师的评价不是简简单单地要学生正确的答案,而是一步步引导学生明白思考的过程。

(五)互动性

课堂评价中,评价是相互的、多元的,除了有教师评价学生,还应该有学生评价老师、学生评价学生的情况。先看学生评价教师。学生评价教师当然可以是表扬性的,如一节课结束了,教师请学生谈看法,学生给予中肯的赞扬。也可以是否定性评价,对教师的评价和做法进行更正。如在《故乡》的教学中,钱老师提出"小说写冬天是为什么,而不能写故乡鸟语花香时"。学生提议说:"老师,我认为鸟语花香也可以。只要写出人物心情的不高兴就可以了。而且这样一衬托,作用就会更强烈。"钱老师从善如流:"对,对!你比老师高明!(大笑)这种手法叫反衬。在写作上是有一种'乐景写哀'(板书)的方法。同学们脑子里有很多老师没有想到的东西。这样讨论讨论,的确能集思广益。"[②]

除了师生之间的评价,还有生生之间的"你—我"式评价,使学生体验到了很真诚的"面对面"评价的好处,因而能激发学生更高的学习热情。

二、评价类型

课堂教学评价,包括形成性评价、诊断性评价和总结性评价等多种类型。也可以从"语境"的视角分为情景语境评价和虚拟语境评价两种。

(一)情景语境评价

情景语境评价是一种随机性的现场学业评价,应该根据课堂情景即兴进行;要根据课堂情景语境的相关要求,考虑课堂交际目的、交际内容、交际对象、

---

① 钱梦龙.我和语文导读法[M].北京:人民教育出版社,2005:291-292.
② 钱梦龙.我和语文导读法[M].北京:人民教育出版社,2005:166-167.

交际关系等因素,使评价富有针对性,显得真实自然。

如钱梦龙老师教学《驿路梨花》一文时,引导学生编列故事情节提纲,师生对话如下:

师:我们是不是抓住这次误会来编写这个要点?

生:欲见梨花……

师:这四个字开头开得好,我马上采纳。(板书:欲见梨花)要有自信心!你再说下去!

生:(接说)见梨妹……

师:见"梨妹","什么叫"梨妹"呢?恐怕人家不懂吧。(众笑)

生:见妹妹。

师:这样,暂时写为"欲见梨花见妹妹"吧。反正列一个提纲,帮助我们记住这一段故事情节就行了。(板书:……见妹妹)①

……

生:我对这第四个提纲有意见。"欲见梨花见妹妹",这句话意思不明确。这个"妹妹",可以是梨花的妹妹,也可以是我的或者是老余的妹妹。(全场点头赞许)我以为应改为"欲见梨花见其妹",这样才明确这是梨花的妹妹。(全场惊喜)

师:好!(大笑)我们班有不少同学比我行,这个"其"改得好,接受你的意见改过来。②

上述案例中,编列提纲时,尽管学生编列的提纲教师不是很满意,但是教师仍然迁就了学生的理解。很明显,教师考虑到学生此时的理解水平。而在复述课文时,师生间的互评,以及学生对前一片段中所列提纲存在问题的纠正,都反映出在其乐融融的现场情景中,教师教学评价亲和的魅力及其引发的创造性理解与表达。

在情景语境评价中,还可以通过声调气息、微表情、身势语等表明教师的态度,并且要与评价语言的态度保持一致,达到"一切尽在不言中"的评价效果。

(二)虚拟语境评价

虚拟语境评价是在课堂语境下,为了某种目的,在特定的虚拟语境中,教师

---

① 钱梦龙.我和语文导读法[M].北京:人民教育出版社,2005:275-276.
② 钱梦龙.我和语文导读法[M].北京:人民教育出版社,2005:279.

根据虚拟语境中的角色要求,对虚拟语境中的扮演特定角色的学生进行的一种评价。虚拟语境评价要求评价者的评价语言符合虚拟语境中的特定角色身份。如于永正课堂实录《草》的复习巩固阶段,师生扮演奶奶和孙女,孙女将《草》背给奶奶听。当学生背出并解释了有关语句后,教师的虚拟语境评价如下:

师:后面两句我听懂了。你看俺孙女多有能耐!(众大笑)小小年纪就会背古诗!奶奶像你这么大的时候,哪有钱上学啊!(众大笑)好,今天的课就上到这,小朋友,放学回家后请把《草》这首古诗背给家里人。①

在该虚拟语境中,教师以奶奶的身份表扬学生(孙女),语言朴实自然,与特定语境要求一致,十分符合人物身份,非常得体。

第三节 新文科背景下新语文教学评价举隅

语文教学评价,除了课堂教学评价以外,还有作业评价、作文评价、考试评价等。随着新文科理念及新文科教育的推行,新语文教学评价也有所不同。

一、作业评价

作业评价是过程性评价的重要组成部分。作业评价的前提是要科学地设计作业。传统的作业设计存在思想要求的一元化倾向、题型单一化、训练方式雷同化、训练题量大等弊端②。同质性作业评价枯燥单调,既加重了学生的学业负担,又不利于学生健康个性的养成。因此,应限制同质性作业评价,倡导异质训练性作业评价。

(一)作业评价特点

倡导作业评价的差异性、选择性、适度性、情境性、合作性③。

差异性,针对不同水准的学生,为保护学生学习的积极性,作业评价题显示出不同层次的水平。张富老师的三分评价级,即跳摘、蹲摘和站摘三级,意在解

---

① 于永正.于永正课堂教学教例与经验[M].北京:人民日报出版社,1995:178.
② 孔凡成.异质训练浅论[J].小学教学研究,2005(6):2-3.
③ 孔凡成.异质训练浅论[J].小学教学研究,2005(6):4.

决调动每位学生学习积极性的问题。

选择性,针对学生的个性特长,有意识地提供一些学生可以选择完成的作业评价题,根据学生的选择,发现学生喜好与发展趋势。

适度性,针对学生身心发展和学业进展状况,根据学生所学内容,在作业评价题的质与量两方面作出适宜的规定,做到难易适宜,数量适中。

情境性,针对了解学生的实际操作能力,在具体的语文实践作业情境中评价学生情况。作业评价情境类型,主要有上下文语境作业、情景语境作业和虚拟语境作业。

合作性,针对完成复杂任务,适当布置一些有分工的作业,根据学生合作完成作业的情况,评价学生的语文能力与合作精神。

(二)作业评价要求

作业评价意在及时了解学生的学习情况,并根据学生的作业情况发现问题,改进教学,促进学生更好地成长。为保证作业评价质量,教师要根据作业评价要求开展相关活动。

(1)及时反馈。作业评价属于过程性评价,需要教师及时批改学生的作业,注意针对学生素养水平和个性特点提出意见,及时反馈和讲评,并要求学生及时订正。有时针对个别学生的特殊问题,还应做好个别辅导,促进学生共同成长。

(2)激励为主。作业评价意在调动学生学习的积极性、主动性,并能创造性开展学习,因此作业评价应以鼓励为主,多就少改,通过多种表扬手段,激发学生的学习热情,保护学生的自尊心。

(3)尊重学生的个性差异。作业评价尊重学生不同的个性心理,对不同的学生采用不同的评价方式,使每一个学生都获得发展。

(4)进行跟踪评价。教师跟踪学生的作业情况,及时跟进学生的纠正情况,梳理学生作业发展变化的轨迹,及时反馈不同阶段作业质量的整体情况。

(5)渗透思想教育。作业评价中应适度渗透思想教育,注意思想教育得体自然。如有位学生将"边疆"的"疆"字写错了——把"弓"字里面的"土"字给丢了。于永正老师在帮助学生纠正错字时,先在黑板上写下大大的"疆"字,说:"记住,祖国的边疆寸土不让!'土'字无论如何不能丢。"[1]在这一纠正错别字指

---

[1] 于永正.教海漫记:增订版[M].徐州:中国矿业大学出版社,2005:148.

导片段中,于老师一语双关,在写字指导中渗透人文教育,将写字指导与爱国主义教育巧妙地融为一体。此种评价做到了工具性与人文性的统一,润物无声,妙合无垠。

二、作文评价

作文是学生语文综合素养的展示。作文教学包括作文评价,也一直受到高度重视。新文科背景下的作文评价需要明确评价要求,用好评价方法,写好作文评语。

(一)明确评价要求

新文科背景下的作文评价将一改过去宽泛、不具体的评价标准,根据每次作文教学的教学目标、教学内容提出有针对性的评价要求,使作文评价能够真正促进学生习作水平的提升。明确作文评价要求,要根据语文学业质量标准中提出的关于作文教学的质量要求,根据学生学业的不同学段提出相应的要求。

为了使作文教学与学生写作,在具体的某次写作任务中能有针对性地开展训练,可以按照教学评一体化要求设置针对训练重点的评价量表。评价量表可在习作过程中发给学生,以便指导学生写作。也可以在修改环节发给学生,要求学生根据评价量表修改自己的作文。教师在评价学生习作时,也可以根据评价量表的相关内容,评价学生习作。

(二)用好评价方法

新文科背景下的作文评价方法,主要有面批法和间批法。批改应以全面批改为辅助,而以每次作文具体的写作训练重点为主。

面批法,即当着学生的面进行批改,可以直接向学生了解写作的动机、目的以及用语的依据,是一种情景语境批改法,具有即时、亲切感强的特点。面批法有两种:一是当堂批改,一般由学生读自己的习作,教师随机评价,或表扬,或点拨所存在的问题;二是课后批改时,请学生到办公室当面问询批改。面批法最大的好处是师生可以就作文情况进行深入交流,是最有利于提升学生写作水平的批改方法。因此,推荐教师更多使用这种方法。

间批法是一种学生不在场的批语方法。这种批改方法,是最常见的。教师的批改不受时空与学生的限制,有利于教师根据读者对象——学生的心理需求,根据学生作文文本的上下文,做到字斟句酌。

(三) 写好评价语言

新文科背景下的评价语言要求尊重学生,能够调动学生学习的积极性、主动性和创造性。教师的作文评价语言,对提高学生习作能力和激发学生写作兴趣,有很大的促进作用。但是,传统的作文评语大都缺少语境意识,不顾目的,不顾读者对象,也不顾具体写作训练重点。具体表现在:一是评语语意空洞。由于语言本身所具有的模糊性,再加上评语本身的抽象化,有些评语往往令人难以捉摸。例如:"文本中心明确,层次清楚,语句通顺。"层次关系究竟怎样?语句通顺程度究竟如何?这种评语很难使学生得到多大收益。再则,这种评改方式已成通例,形成了固定模式,缺少变化,可算是评语中的八股腔,因而味同嚼蜡,令人生厌。二是措词冷漠。一种是把不得要领的词语堆积在一起,故作高深;另一种是不顾学生心理特征。如:有眉批这样写道:"不通!"有的措词还有挖苦、讽刺学生的意味。这样的评语,不仅无助于学生提高写作水平,而且拉大了师生间的感情距离。要改变这种局面,新文科背景下的作文评语需要根据语境规律来写批语,注意批语的写作目的和阅读对象,使批语具有针对性、情感性和目的性。以下结合笔者对学生作文的评语示例,分析作文评价语言的要求和写法。

1. 基本要求

(1) 准确性要求

对习作主旨的把握要求做到准确、具体,避免空洞抽象。

例如,《狼与刺猬》的评语:"经验并非真理,教条还是躲到一边休息一下为好。"《狼与刺猬》写狼和刺猬合种庄稼,分收成果,而狼终因经验主义而吃亏一事。评语运用拟人化手法,运用较有哲理意味的语言,一语中的,很有味道。

(2) 共鸣性要求

这种评改方式追求评者与作者之间达到感情上的共鸣,这样能使作者感到评者可亲可近,增强学生的写作兴趣。所以在评语中要力求寻到共鸣点——思想上的交汇点、感情上的相通处,只有这样才能做到"言相通意相连"。

例如,《唉,恼人的作文》评语:"发泄是为了解脱内心的不满和郁闷,发泄是每个人都需要的;但发泄绝不是为了发牢骚,而是为了使自己感情得到升华,倘若发泄只是为了'出口气',那就未免降低了要求——但愿你能从中进一步升华。"习作一唱三叹,直抒胸臆,从中可见习作者渴望从书本中解脱出来,进一步发展自己各方面能力的愿望。

《唉,恼人的作文》发泄自己不知如何完成作文的心情,反复铺陈,大有"搁笔方休"的意味。评语准确地把握了作品的意旨,针对作者的"发泄"及"愿望"加以疏导和指点,不但能使习作者增强从各个方面(当然包括"作文"这件事本身)"发展自己"的信念,而且还缩短了师生间的距离。

(3) 诗意性要求

评语追求表达真情化、诗意化,力求做到形象生动,富有哲理意味,具有浓郁的生活气息,以此来拨动作者的心弦。例如,《盼》评语:

走出门外
那门外有个令人惊美的世界
那门外有个尚未外解开的谜
走出门外
我
　要
　　走
　　　出
　　　　门
　　　　　外

上例以诗的形式含蓄地点明散文诗《盼》的主旨。最后一句用"楼梯式"更形象地显示出决心走出门外大干一番事业的愿望。

另外,作文评价语言还要符合针对性要求,要求批语能针对具体的作文有感而发,针对具体的写作要求,针对特定学生的学习需要,灵活采用各类批语体裁,做到批语文体多样化。作文评价语言要符合互动性要求,学生可以对教师的批语作有针对性的"反批语",从而促进师生的双向交流。

2. 批语写法

(1) 摘录式

摘录式即主要摘录学生作文中精彩语句作评语。这种方法可调动学生写作积极性和创造性。如:

直接摘录学生作文中的精彩语句,并注明篇名及习作者姓名。例:

　　让离别作为下次会见的起点
　　　下次见面将会更添情趣
　　　　　——摘自朱宗然《离别》

在此基础上,间或亦可"故弄玄虚"。例:

  做胜利的微笑者易

  做失败的微笑者难

    ——摘自庄承延代表作

这既是对学生的鼓励、鞭策,也是对学生的期待。这对激发学生写作热情颇有效果。

亦可摘录名人名句作评语。例:

  今宵梦在故乡做,依旧故乡在梦中。

    ——《秋雨》评语

该评语引的是北岛诗句,既概括了习作主旨,亦令学生感到新鲜别致。

（2）随感式

评语围绕习作写些评者感受或个人体会;有时亦可随文引申,发表个人感慨。例如,《小议跑步》的评语:"对,明早跑步去!"

按常规可写为:"本文论点明确,能通过事实及理论加以论证,有较强的说服力。"但这里的评语随文引申,用评者的感受,一下子概括了主要论点,同时也道出了该文的写作效果——居然能使读者愿意去参加晨练,这就间接地达到了改评的目的。

（3）商榷式

对习作中出现的问题提出批评意见或建议时,不是板着脸孔说教,而是以商量的口气,委婉地表明评者的看法。这样,可以使评语具有较强的可接受性,从而使习作者乐意改正缺点或错误。例如,《秋叶》评语:"本文格调明快,清新洒脱。如能写得含蓄一些,那就更好了。你说是不?"

评语采取先扬后抑法,最后又以问句作结,以期通过商量达到目的。

总之,作文评语应根据语境要求,考虑评语的阅读对象,真实而艺术地表达自己的观点和态度,从而激发学生的写作热情。

三、考试评价

考试评价是过程性评价中的阶段性评价,意在对一个学程的学生学业情况作出评判,促进学生成长。新文科背景下的考试评价基本要求有以下三个方面。

(一) 核心素养为本

考试评价不仅仅重视对学生一个学段的学业作出价值判断,更强调能够推进学生发展。研究表明:评价是根据学习目标与学生学习规律,运用多样化的评价方法,系统收集与学生学业表现相关的信息,推动学生的发展性学习,调整教师教学方向与行为[①]。这就是说,评价重在确立"为学习而评价",通过评价了解学情,发现问题,改进教与学的方式方法,推进学生核心素养的提升。

当前的考试评价应以核心素养为本,促进学生核心素养的发展。考试命题不止要关注语文知识与技能,还应关注学生的言语思维能力、审美鉴赏与创造能力以及对中华优秀文化的传承与创造能力。以考促教,从各方面推进中小学语文教学改革,全面关注学生的语文核心素养培养,为改进教学创造条件。

考试评价要体现语文学业质量标准的要求。因为学业质量标准是根据语文课程目标与课程内容编制的,体现了学生通过一个阶段的学习在语文学业方面应达到的要求,其中包含语文课程培养的核心素养的相关要求。根据学业质量标准命题与判断学生的发展状况,能够反映出学生的素养表现,有助于教师根据学生的学业表现调整教学计划,改进教学方法,促进学生成长。

(二) "教—学—评"一体化

针对过去我国考试在相当长的一段时间内考非所教、学非所考现象带来的问题,新文科背景下的考试评价要求做到"教—学—评"一致,坚持考试的一致性原则。所谓一致性,评价专家韦伯认为是"两种或更多事物间的吻合程度,即事物各个部分或要素融合成一个和谐的整体,并指向对同一概念的理解"[②],做到"教—学—评"一体化,引导教师更好地教和学生更好地学。"教—学—评"一体化,也就是要求考试评价中,教、学、评应根据课程目标与课程内容,依托教材内容,实现教师所教是学生所学,学生所学正是考试所考;反之,考试应反映学生所学与教师所教,体现为课程标准规定的课程目标与课程内容。如此,可以解决语文教学中出现的教与不教一个样、学与不学一个样的怪现象,使教师所教与学生所学都能够根据课程标准规定的语文课程目标与课程内容开展正常

[①] 祝新华.促进学习的语文评估:基本理念与策略[M].北京:人民教育出版社,2014:5-8.
[②] Webb N L. Alignment of science and mathematics standards and assessments in four states[R]. Council of chief stares school officers. Washington,DC: National Institute for Science Education (NISE) Pubilcations,1999:43.

的课程实施,改变过去提前突击完成教材学习、将大部分教学时间用于考试复习的情况。

(三) 情境融入考评

新文科背景下的考试评价重视情境融入。语文考评应方便考生学会适应在各种情境中运用语言,要考查学生真实的语文水平,考试评价应提供语境载体。新课标指出:"考试、测评题目应以具体的情境为载体,以典型任务为主要内容。"①这里的"情境"实指语境。王宁先生指出:"所谓'情境',指的是课堂教学内容涉及的语境。"②笔者在解释"语文学科核心素养"概念中"真实的语言运用情境"这一关键短语时,也认为这里的"真实的语言运用情境"指的是语境③。语境指对具体的言语交际活动产生重要影响的条件和背景,包括上下文语境、情景语境、虚拟语境、社会文化语境和认知语境等类型。在具体的表达活动中,需要考虑到语境载体的作用与功效。语境中的诸要素应有助于帮助读者理解文章的真实意图;对文本的写作目的具有解释功能,能够帮助读者理解文本的言外之意。

首先,以高考作文命题为例,语境载体考查已经得到充分体现,特别是虚拟语境载体创设已经成为标配。命题注重虚拟出写作话题、交际任务、读者对象、作者角色以及文体样式,充分体现了写作的交际性特点,反映出新高考重视考查学生的书面沟通素养。如 2020 年高考语文全国Ⅱ卷作文的虚拟语境为"世界青年与社会发展论坛"邀请你作为中国青年代表参会,发表以"携手同一世界,青年共创未来"为主题的中文演讲。这里的交际话题是在"世界青年与社会发展论坛"上,就疫情背景进行"携手同一世界,青年共创未来"为主题的中文演讲。自我角色是中国青年代表,交际任务是围绕话题进行演讲,交际对象是参加"世界青年与社会发展论坛"的各国青年,文体是演讲稿。

其次,除了表达与交流考查注意提供语境载体,识字与写字、阅读与理解、梳理与探究考察同样需要提供语境载体。因此,语文考试命题中出现了将拼音和写字的考察纳入语境语段中考评的新型识字写字评价。如某小学语文考试

---

① 中华人民共和国教育部. 普通高中语文课程标准(2020 修订)[S]. 北京:人民教育出版社,2020:48.
② 《语文建设》编辑部. 语文学习任务群的"是"与"非":北京师范大学王宁教授访谈[J]. 语文建设,2019(1):5.
③ 孔凡成. "真实的语言运用情境"释[J]. 语文教学通讯(高中)(A),2018(31):24.

题目:"2020年,新冠疫情在全球 bào fā(　　　),无数白衣战士逆行而上,dǐ yù(　　　)病毒的攻击,科研工作者犹如 wēi fēng lǐn lǐn(　　　)的大神……"理解性默写,是常见题型,往往也融入语境进行命题。虚拟语境对默写内容有特定的语义指向和暗示作用,使学生意识到背诵可以在表达中运用起来,因此虚拟语境的设置应做到生活化、社会化。如:昨晚有一道数学题,我绞尽脑汁,百思不得其解。就在我_____时,爸爸走过来,经他一点拨,我豁然开朗,真是_____。(陆游《游山西村》)

另外,评价阅读能力,要根据学生的认知背景,提供上下文语境、社会文化语境、情景语境及虚拟语境等。对相关字、词、句、段的含义理解,应该是学生根据上下文就能作出的判断。考核所用的相关知识和技能要来源于学生已学过的课程内容,符合学生的认知背景。从作者写作意图、读者对象和写作的具体处境等角度命题,让学生思考文本选择如此内容,采用如此文体、结构、用语及写法的好处或问题所在;注意从大处着眼,宏观着手,注意考察学生从不同角度提炼信息、概括主要内容和文章主旨的能力。

此外,考试评价除了要重视提供语境考查载体,还应在此基础上,构建出考试命题语境载体、语篇读写语境载体和评价语境载体一致性写作学习体系,使考试评价真正能够达成课标要求、教材编制、语文实践与高考评价一体化目标,将提升学生语文核心素养的要求落到实处。

第十一章　新文科背景下的语文教师专业发展

新文科教育的提出,是为了应对新时代对人才培养的新要求。职前职后教师的专业发展,应跟上新文科教育的要求。而且基础教育核心素养课程改革的不断深入以及学生发展的需求,也要求各界比以往更加重视教师专业发展。语文教师是促进学生语文核心素养提升的专业人才,对促进学生"三观"形成与滋养文化自信发挥着重要作用。在新文科发展的大背景下,语文教师需要通过合宜的专业发展提升自身专业素养,以适应中国式现代化和新文科背景下的语文教学需要。

第一节　新文科背景下语文教师专业发展概述

新文科背景下的语文教师专业发展,需要准确把握教师专业化的概念,理解语文教师专业发展需要全面实现专业化。

一、教师专业发展的概念

1966年,联合国科教文组织与国际劳工组织在巴黎会议上通过了《关于教师地位的建议》。该建议认为教育工作是一种专门职业,即一种专业。

"教师专业发展"有"教师专业的发展"和"教师的专业发展"两种含义,这里着重指教师的专业发展,也即"教师专业成长"。"教师专业成长是多阶段的连续过程,是职前教育、上岗适应和在职提高一体化的过程"[1]。通过这一过程,语

---

[1] 刘捷.专业化:挑战21世纪的教师[M].北京:教育科学出版社,2002:43.

文教师在充分认识语文教育教学工作意义的基础上,不断提升语文教育专业精神,增加语文专业修养,拓展语文专业知识,强化语文专业技能。

二、语文教师专业发展需要实现专业化

语文教师需要专业化吗？这看起来似乎是伪命题。但是,在现实中人们大都认为教师是一种职业,并不都认可教师是一种专业。语文教师,在人们的印象中,似乎只要认识那么一点字,什么人都可以胜任。而且你还可以从20世纪80年代一系列名师身上发现,语文教师似乎也不需要专业化。比如魏书生、钱梦龙、赵谦翔的学历是初中。于漪的学历算是高的了,复旦大学本科文凭,可惜是教育系毕业而非中文师范专业;毕业后还是先教历史,后来改教语文。但是这些现象并不能说明语文教师不需要专业化,上述所列语文教师前辈们的专业发展有其时代因素。一是他们生活的那个年代,大家的文化、学历普遍不高,教师地位也不算太高,中小学师资又严重匮乏,他们能走上语文教师岗位是当时客观的社会环境带来的结果;二是他们之所以成功,还与他们对语文教育真挚的爱、刻苦的努力有关。在走上教师岗位后,他们都进行补偿性学习,比如赵谦翔实实在在拿下了中文本科;于漪也恶补中文本科内容;而魏书生、钱梦龙也极爱自学。并且他们都能将自己的自学经验转化为教法,在教学中做到了"教的法子来源于学的法子",实现了教、学合一,学、教一体。因此,我们并不能以他们学历低、非中文专业出身来得出结论:语文教师不需要实现专业化。而且我们不能只看到了这几位名师成功的一面,并将这些特例看作普遍现象。其实,还有许许多多学历低、非中文专业出身的教师,从事语文教学并不成功,尽管他们对教育也作出了巨大牺牲,但是他们对下一代语文素养的不良影响恐怕更让我们深思。何况,现在成长起来的新生代语文正高级教师、特级教师却很少非中文专业出身。

语文教师需要与语文课程改革同步发展。课程改革发展是以教师发展为条件的;离开了教师的专业发展,课程改革的成功只能说是纸上谈兵。因此,新文科背景下语文教师专业发展的首要条件是语文教师全面实现专业化。

三、语文教师专业化的内涵

新文科背景下的语文教师专业发展首先要实现专业化。语文教师专业化的内涵主要有以下六个方面。

(一) 专业道德

专业的重要标准之一就是要有服务理念并遵循一定的职业伦理。教师专业是以道德要求为基础的,教师必备的专业规范与专业准则之一就是教师专业道德。一名语文教师最基本的专业道德准则要求做到"四爱":爱教育、爱学生、爱语文、爱自己。其中核心是爱学生,爱每一个学生,不仅爱优秀学生,而且爱后进生;不仅爱学生的优点,也要正确看待成长中的学生在发展中出现的缺点和错误。像斯霞老师那样爱学生,像丁有宽那样"偏爱"差生。此外,语文教师要爱语文,热爱祖国的语言文字,热爱祖国的语言文化。如习近平总书记所要求的那样,要成为一名"四有"(有理想信念、有道德情操、有扎实学识、有仁爱之心)好教师。

(二) 专业知识

语文教师需要掌握的专业知识主要包括以下三个方面。

1. 中文专业知识

(1) 文学知识。语文教师首先要系统掌握的是文学史知识,如中国古代文学史、现代文学史、国外文学史和文学批评史;其次要掌握文艺理论知识,包括美学知识、文学理论,特别是当代叙事学理论、接受美学知识和文学鉴赏知识;最后是作品选读,中外经典的文学作品应该尽可能多地通读一遍。不仅如此,还要能背诵一大批经典诗文。要能阅读三到五位著名作家的所有作品,至少对其中一家的研究情况有深入了解。在学习过程中,要努力学会运用相关理论知识分析、鉴赏文学作品。

(2) 语言学知识。语文教师首先要掌握一般的语言学理论,包括语言学概论、古代汉语、现代汉语,具体如语音学、语义学、词汇学、语法学、修辞学基本理论;其次是掌握比较前沿的语言学理论,如语用学、语篇学、语境学、语体学、风格学、朗读学、交际学、演讲学等。通过这些语言知识的学习,掌握国家通用语言文字运用规律,能够运用语言学知识分析语言现象,特别是能够将言语作品放在具体的语境中,运用各种语言知识分析其在动态表达中的规范与魅力。

(3) 文章学知识。包括文章学概论、阅读学和写作学知识等。通过文章学知识的学习,掌握如何阅读文章、如何写作的知识技能。

2. 教育专业知识

语文教师要掌握教育学、教育心理学、教学设计理论等知识,在此基础上掌握语文课程论、语文教材论、语文教学论、语文学习论、语文教育心理学、语文教育科研方法论、语文教育史等知识。通过知识学习,学会将中文专业本体知识转化为语文教学中的"积极知识",提升中小学语文教学品质。

3. 通识知识

新文科背景下的语文教师不仅要掌握学科本体知识,还应融会贯通,了解多种学科的基础理论,如要了解哲学、社会学、政治学、文化学、人类学、管理学、逻辑学、经济学、法学、伦理学、历史学、生态学、科学学等学科知识,为跨学科学习指导奠定基础与创造条件,也为融通综合运用各类知识进行创造性表达与交流提供机遇。

(三) 专业训练

语文教师应通过专业训练掌握教师专业技能,如积极开展朗读和普通话、书法、作品鉴赏、教学设计、教学实施、教学评价、语文教育研究等能力训练。

此外,随着人工智能的发展,语文教师还应进行数字化教学技能训练,如学会利用智慧教室,学会运用各类网络资源开展自身专业学习等。

(四) 专业组织

教师专业组织有助于促进教师专业发展,增进教师联系与交流,为教师专业发展提供信息。因此,语文教师可以参加相关的专业委员会、学会等组织,为自己的专业成长提供机会。如参加中国教育学会、中国教育学会小学语文教学专业委员会、中国教育学会中学语文教学专业委员会等,通过参加相关学术研讨会获得前沿信息,了解最新发展动态,掌握先进教学手段。

(五) 专业自主

有句广告词叫"我的地盘,我作主",可以形象地说明教师在自己的专业范围内应该拥有自主决策的权利。比如,语文教师有权对语文课程内容进行合理设计,以便将课标规划变为活生生的、具体的教学过程;在教学过程中,语文教师享有管理与评价学生的权威,这种权限其他人员无权妨碍和干涉。如,观察了解学生、组织实施教学设计、选择教学资源、呈现教学材料、安排学习活动、训练学生技能、激发学习兴趣、鼓励学生大胆参与、运用教学情境、评估学业状况、反思教学策略等,这些是教师的专业工作,教师应享有高度自主性。

(六)专业发展

语文教师在整个语文教育生涯中,都有机会获得发展。一方面,语文教师要能够充分利用业余时间,发挥自主学习的功能与价值,使自己在业务专长上获得长足发展;另一方面,语文教师要珍惜所有培训机会,创造条件,积极参与各级各类研修,使自己在教学理念和教学技术等方面获得不断发展。

四、语文教师专业化基础

专业化是某一职业逐渐达到专业水平的过程,在这一发展过程中,需要一系列的配套条件才能促进其成长。教师专业化,一方面,需要国家提供必要的社会化基础。如:提高物质待遇,从经济方面保障教师专业化;提高职业声望,从文化方面引导教师专业化;建设教师组织,从政治上支持教师专业化;完善资格证书,从法律上保障教师专业化。另一方面,更需要教师们在教育基础和个人基础方面努力。

(一)语文教师专业化的教育基础

1. 强化知识整合

新文科背景下的语文教师要有广博的科学文化知识、系统的学科专业知识和坚实的教育专业知识,并强化整合,通过跨学科融通实现深度发展。

2. 加强临床实习

语文教育实践是语文教师专业化的实践基础。无论职前语文教师学习还是在岗培训,都需要将语文教育理论和语文教学实践统一在一起。语文教师应积极参与语文教育实践活动,在实践中验证和丰富语文教育理论,在实践中提升语文教学能力,从而解决眼高手低、理论与实践相脱节的问题。

3. 实现专业增权

专业增权是教师专业化的学术基础,也被称为赋权、增能等,强调教师通过积极参与决策和行动,提升自己的权利和能力。语文教师职业本身赋予了语文教师专业权利,包括教学自主权、专业发展自治权等。要注意克服行政体系对教学体系和语文教师自主权的不当干扰,鼓励教师在教学过程中积极主动地探究、创新和解决问题。

(二)语文教师专业化的个人基础

在任何情境下,人的因素,即语文教师自身,都是其发展的内因,是影响结果最主要的因素。

1. 反思经验

这是语文教师专业化的研究基础。语文教师在教学生涯中不断省思自己的教学状况，有助于促进自身的专业成长。语文教师在教学中通过反思可以发现自己的优点与问题。针对优点与特长，语文教师可以进一步放大自己的优势，在某一领域取得创造性的成绩，形成自己的教学风格。针对存在的问题，语文教师可以有意识地加强学习，弥补不足。这样，通过不断地反思，不断地追问我的优点有哪些、还有更好的做法吗、我存在哪些问题、如何克服，从而长善救失，积累经验，提升专业素养。

2. 终身学习

这是语文教师专业化的生长基础。终身学习，深度学习，不断完善，不断深化对相关问题的认识，是语文教师专业化的必备条件。如在教学中，可以通过联系语境来加强深度学习，纠正自己的认识。如"大漠孤烟直"，看到"孤烟"，一方面想到大漠的广袤无垠、孤寂静谧，另一方面联想作者的孤独寂寞、政治失意。这看似很有道理，但联系语境就会发现有误：一是作者代表皇帝慰问刚取得胜利的边将，不是政治失意，而是一种荣誉；二是联系下文"都护在燕然"，将士为守边卫国、建功立业而奋战，毫无失意萧索之情；三是孤烟乃烽火，用狼粪点燃，其烟直而聚拢。"孤烟"意味着平安火。"大漠孤烟直"写的是守边健儿傍晚时分燃一堆烟火以报边地平安，讲的是大唐边塞平安无事。由此可见，教师可以结合语境通过深度学习促进深度理解，提高自身专业素养的同时也提升了教学质量。

第二节　新文科背景下语文教师专业发展过程

新文科背景下的语文教师专业发展并非一蹴而就，是要经过一系列的发展阶段的。在每一个发展阶段中，语文教师的专业发展都呈现出一定的特色与发展要求。

一、国外教师专业发展阶段研究成果

关于教师专业发展阶段，学者们对此划分不尽相同。举例归纳如表11-1：

表 11-1 国外教师专业发展阶段研究成果

阶段名称	代表人物提出情况	发展阶段
1. 教师关注划分四阶段说①	20世纪60年代末,美国学者弗朗西丝·富勒根据教师的需要和不同时期所关注的焦点问题而提出	任教前关注阶段 早期求生存阶段 关注教学情境阶段 关注学生阶段
2. 教师成长划分的三阶段说②	20世纪70年代末80年代初,伯顿、纽曼、彼得森以及弗洛拉在美国俄亥俄州立大学关注新任教师的发展,根据新教师前五年教师的成长阶段而提出	求生存阶段(入职第一年) 调整阶段(第二至四年) 成熟阶段(第五年或五年以上)
3. 教学专业知识技能划分的五阶段说③	20世纪80年代后,波林纳等人根据教学专业知识与技能的学习和掌握情况而提出	新手阶段(入职第一年) 高级新手阶段(第二至三年) 胜任阶段(第四至五年) 熟练阶段(五年以上) 专家阶段(第八到十五年)
4. 教师生涯发展划分的五阶段说④	20世纪90年代后,美国学者斯特菲依据人文心理学派的自我实现理论而提出	预备生涯 专家生涯 退缩生涯 更新生涯 退出生涯

上述研究成果对于我国教师专业发展阶段研究颇有参照价值。

二、我国语文教师专业发展阶段

结合我国语文教育的实际情况,教师专业发展可以分为六个发展阶段。

(一)职前教育:学历与学力共发展

这里说的职前教育主要指师范教育阶段的教育。这一阶段是语文教师专业化的系统学习阶段。一方面应注重学历提升,至少努力使自己达到本科学历;另一方面,要注重内在学力的提高,使自己的学科专业素养获得真正提升。学习内容应注重基础性、前沿性和实用性,并注意相关知识的融会贯通和灵活运用。

---

① 中华人民教育部师范教育司.教师专业化的理论与实践[M].北京:人民教育出版社,2003:68-69.
② 张维仪.教师教育:改革与发展热点问题透视[M].南京:南京师范大学出版社,2000:315-316.
③ 申继亮,王凯荣,李琼.教师职业及其发展[J].中小学教师培训,2000(3):4-7.
④ 张典兵,王作亮.教师专业发展[M].徐州:中国矿业大学出版社,2017:102.

(二) 入职期: 自主与合作齐提高

入职培训阶段的任务主要是适应阶段的语文教育,了解真实情境下的学校语文教育。一般来说,语文教师刚刚入职,对语文教学工作有激情。但是由于对实际的语文教学情况不了解,他们可能会出现以理想代替现实的情况,从而出现挫折或随波逐流等现象。在这一阶段,教师一方面要保持工作热情,积极进取,强化自主学习,抓住机遇,促进飞跃;另一方面,要注意与其他老师合作,在合作学习中,主动向其他老师学习,促进成长。在学习中,要注意通过各种途径有针对性地提高语文教育专业学习质量。

(三) 在职培训期: 反思与探究同深化

随着工作经验的积累,可能会出现自我满足、不思进取和工作懈怠的情况。这就需要教育反思,在反思中进行探究性学习,并将学习成果运用于语文教改实践中。条件允许的情况下,积极参加培训,培训中带着问题主动求教,虚心求教,力争在研究专题上获得突破。

(四) 挫折期: 意志与信念共升华

在教师生涯中,或迟或早会出现瓶颈挫折阶段,出现非典型性和典型性挫折。"非典型性"挫折,指在非正常社会环境下受到的非教学问题方面的挫折。面对这类挫折,语文教师应磨炼意志,坚定信念,以积极的心态面对挫折。典型性挫折,指教师在教学中遇到的教学问题,自己熟悉的方式手段失灵了。面对教学中的挫折,应认真总结失败的教训,决心从传统的习惯中解放出来。

(五) 深化期: 反思与实践相结合

深化期阶段是教师实现自我突破的关键期。在这一阶段的教师充满着旺盛的创造力。因此,本阶段教师要强化责任意识,突出语文教育创新的使命感,强化反思意识;发现语文教育中存在的问题,发现自己的特长,并能根据自己的特长深入学习;注意博览群书,借鉴中外经验,按照语文教学中学生的认识规律,提出新的改革思路。在反思过程中,还应强化实践,大胆开展各种实验,使自己的反思成果在教学实践中得到完善、发展。

(六) 离职期: 自我修为与金针度人相结合

随着生活条件的改善、现代人寿命的延长,很多教师退休后,依然充满着生命的活力,有时间有精力进一步提升教师专业品质。退休教师在适度锻炼身体、颐养天年之时,一方面,可以强化自我修为,提升人文境界,将自己的教学经验升华总结,使个人化的教育经验升格为语文教育理论;另一方面,可以总结并传播自己的教育思想和教学经验,指导和帮助年轻教师成长,做好传帮带,在传帮带过程中验证、完善、丰富自己的教育思想,为语文教育事业作出新的贡献。

三、语文名师发展阶段举隅

这里以语文教育家霍懋征为例,谈谈在专业发展阶段中的具体做法。霍懋征老师是我国小学教育战线上颇有影响力的教育家之一,是周恩来总理称赞的"国宝级"教师。其专业发展历程与当今大部分普通的小学教师所走过的路一样,经历了职前期、入职期、发展期、挫折期、深化期和离职期等阶段。她由不懂教学到教才横溢,逐步成为一名语文教学专家型教师,对当今中小学语文教师的专业发展颇具启示意义。

(一) 职前期:学历与学力共发展

霍老师的职前学习包括从事教师工作前所受到的各种教育,尤其是师范教育。1939 年,霍老师进入北京师范学院数理系学习。1943 年,她毕业留校后,坚决要求到小学工作。霍老师的职前学习有三点颇值关注:

一是坚定的专业信念。霍老师从教前就树立了坚定的专业信念,立志终身从事小学教育。她认为要当一名好教师,要有高尚的情操、远大的理想和丰富的学识。本来,她可以留在母校从事研究工作,却坚决要求到小学任教。她热爱儿童,认为小学教育是启蒙教育,是一个人一生中最重要的教育,她愿意全力做好为儿童打基础的工作[①]。显然,霍老师的这种敬业、献身精神,需要发扬光大。

二是较高的文化学历。霍老师以本科学历身份从事小学教育事业给我们树立了榜样。时至今日,仍然有一些人认为做一名小学教师不需要太高的学历,认为高学历者从事小学教育事业是一种人才浪费,而且这一观点在一些师范生中还颇有市场,比如一些本科师范生就不屑于从事小学教育。事实上,小学教育专业化需要高学历,已成为世界共识。当然,在我国语文教学中,确实存在着一些非合格学历者取得成功的例子。但这仅是个案。高学历是教师专业

[①] 霍懋征.我一生的追求[M]//崔峦,陈先云.斯霞 霍懋征 袁瑢语文教育思想与实践.北京:人民教育出版社,2003:189.

化的重要标志,高学历者经过一番锤炼,会为中小学教育事业作出更大的贡献。霍老师的经历就是明证。

三是高深的学力水准。高学历教师要取得与之相称的成就,还要注重内在学力的提高,使自己的专业素养得到提升。霍老师在高师期间,总是严格要求自己,刻苦努力地学习,多次获得奖学金,是一名品学兼优的优秀生。无疑,职前扎实的文化功底为她的执教生涯奠定了坚实的文化基础。

此外,在职前教育中,语文教师还要强化专业训练,具有较高的朗读、书写、作品鉴赏、教学实施、教学评价以及教学研究等能力。像霍老师那样,逐步做到教态自然、口齿清楚、书写工整、善于朗读、擅长复述、会写作、能应变等①。

(二) 入职期:"勤"字当头,主动发展

入职阶段的主要任务是适应学科教育,了解真实情境下的学校教育。一般来说,师范生入职后,对工作有激情。但是由于对实际的语文教学情况不了解,他们可能会以理想代替现实,造成入职困境。

在入职初期,霍老师也陷入了入职窘境。1943年至1949年,是霍老师的入职期。这一阶段,她带着种种期待观察、学习、摸索如何进行教与学,下苦功夫锤炼自己的教学基本功。初上讲台,她没有经验,困难重重,面对窘境常常不知所措。一开始,她不知道该如何组织教学、如何让学生能安静听讲,更不用说如何让孩子们爱听、爱学了。有时硬着头皮去问同事,同事也往往是不置可否。"不愿教我,我就偷着学。"②平时,她细心观察,从同年级组老师们的言谈话语中琢磨体会。有时还抱着作业本,一边批改作业一边听别的老师如何讲课,如何组织学生的活动。功夫不负有心人,她的教育教学工作终于有了起色,由新手成长为熟手。

面对入职困境,从霍老师的经验看,教师要保持工作热情,积极进取,强化自主学习,抓住机遇,促进飞跃。

首先,要"勤"于学习。要知难而进,而不是知难而退;要主动学习而不是被动等待。霍老师认为:要当好一名教师,就要在"勤"字上下功夫。于是她勤看、勤问、勤想、勤做、勤分析、勤总结、勤改进,终于提高了自己的教学水平。

---

① 权伟太,蒋旭东.真善美的丰碑:霍懋征语文教学思想论[M].北京:中华书局,2003:236-237.
② 霍懋征.我一生的追求[M]//崔峦,陈先云.斯霞 霍懋征 袁瑢语文教育思想与实践.北京:人民教育出版社,2003:189.

其次，要主动实践。实践型知识的学习，需要教师积极主动地参与到教学实践中去，在教学实践中发现自己的教学优势和不足，从而长善救失，实现自己的理想和抱负。

最后，要虚心求教。研究和调查表明，向有经验的老教师学习是青年教师成长的最有效的途径之一。当今青年教师面临的校园文化生态，比霍老师当年的情形要好得多，只要愿意学，就有机会学好。一是可以和本校名师结对学习；二是向校外名师学；三是通过网络等现代沟通渠道，向相关专家学习。

(三) 发展期：专家引领，同行合作

发展期是一名教师逐步成长为专家型教师的一个重要阶段。1950—1965年是霍老师的专业发展期。解放后，校园文化生态大变，学校领导重视教师的学习和提高，教师互教、互学现象蔚然成风。在这样的背景下，除了自身刻苦努力，霍老师还十分注意向专家、同事学习，做到合作探究。

一是专家引领，拓宽视野。苏联专家来校指导工作，霍老师多次被听课，并在课后得到专家评议。这使霍老师大开眼界，教学理论水平得到明显的提高。此外，霍老师还得到中国科学院心理研究所专家的亲自指导，进行新编小学数学教材试验。

二是同行合作，互教互学。霍老师在担任教研组组长时，经常组织年级组老师一同研究教材和教法，采用"教师试讲—课后评议—教师主讲—大家参与评议—霍老师示范和总结"的模式，相互合作，相互进步。

在大家的合作下，霍老师逐步形成了自己的教学风格与特点，积淀了从事小学教育应有的各种素质。在语文教学中，她根据儿童学习汉语言文字的特殊规律，重视文道统一，强调"双基"教学，突出课堂讲授的启发性，逐渐形成了"以讲为主、以读为辅、讲讲读读、讲读结合"为特色的"讲读法"。这一方法能充分调动学生学习的积极性，受到了学生和家长的欢迎。

从霍老师的成功经验可以看出，专家引领和同行合作确实是专业发展的助跑器，值得今天的青年教师借鉴。

(四) 挫折期：磨炼意志，坚定信念

一名教师总会或多或少、或长或短、或大或小地经历挫折期。在霍老师的教师专业发展中，从1966年到1978年，遭受了非典型性挫折和典型性挫折。

面对教学中的挫折，霍老师认真总结失败教训，认识到面对中年级学生，应

按照三年级小学生的年龄特征、认识事物的规律开展教学,不能照搬过去教高年级的老办法。她意识到对过去自认为行之有效的教学经验,要辩证看待:对于一些符合规律的做法要敢于肯定;对于一些不合理的脱离实际的做法,要大胆否定,努力从已经习惯了的旧思想、旧方法中解放出来。

面对挫折,一些教师容易产生职业倦怠感,产生身份认同危机,对从事教师专业的意义、价值产生困惑。应该说,这是一种正常的心理现象。霍老师的这种坚定执着的信念、积极开朗的心态以及自我解剖的精神,值得效仿。

(五)深化期:深化反思,大胆探究

深化期是一名教师在已有成就的基础上,进一步拓展研究领域的专业发展阶段。1978年至1985年是霍老师专业发展深化期。本阶段,霍老师不断反思,大胆探究,在语文教学领域又取得了重要突破。

首先,责任意识强化了霍老师的使命感。1978年初,吕叔湘在《人民日报》上大声疾呼:"中小学语文课所用教学时间在各门课程中历来居首位,占到30%;而10年的时间,2700多课时,用来学本国语文,却是大多数不过关,岂非咄咄怪事!"[1]这很快在全国引起广泛共鸣。此时的霍老师尽管担任了副校长、工会主席、全国政协委员、政协文教组副组长等职,工作十分繁忙,却仍然肩负起全校语文教学领导工作这副担子,探索提高语文教学质量的路子。

其次,借鉴国外经验,总结语文教学中学生的认识规律,提出新的改革思路。她对比中外小学语文阅读量,分析阅读量与提高语文水平的关系,分析学生的阅读潜能,认识到使学生学习潜能得到正常发挥的关键在于教学是否得法。她从儿童心理特点出发,提出了"数量多、速度快、质量高、负担轻"的教改新课题。在教学理念上,重视学生的语文素养,着眼于学生智力和能力的发展和培养,形成全面育人、整体发展的教育思想;在教学策略上,提出"数量多、速度快、质量高、负担轻"的教学思路;在教法上,将拿手的"讲读"法变为"读讲"法,建构讲讲读读、议议练练、学习为主、注重智能的课堂教学模式;在学法上,突破接受学习的局限性,注意学法指导。可见,霍老师的改革已不再仅仅是教法改革,而是涉及课程改革的方方面面。

最后,强化实践,不断总结经验。在教学内容的安排上,霍老师突破教材限

---

[1] 吕叔湘.当前语文教学中两个迫切问题[N].人民日报,1978-03-16.

制,适当补充相关课文,如三年级第一学期指导学习95篇课文,四年级第二学期只用七周时间指导学完全册课文,之后又补充学习42篇课文;在课文处理上,霍老师有意识地重新组合课文单元,适当将一些课文处理成例文;在课时安排上,改变对所有课文一视同仁的做法,突破一味将所有课文都作为定篇讲授的思维定式方式,逐步做到三课时、两课时教一课书,一课时教一课书,两课时教三课书,三课时教六课书;在作业处理上,每天的作业最多不超过30分钟,基本上做到当堂内容当堂消化;在教学反馈上,霍老师每教完一课书,就及时了解学情,听取反映,检查效果;在校本研究上,霍老师常与其他老师共同研究,反复琢磨。这样,语文教学中"少慢差费"的落后面貌得到明显改变。

霍老师的教学经验得到了发扬光大。窦桂梅老师的主题教学、韩兴娥老师的海量阅读以及当前教师们拿手的群文阅读,都有霍老师阅读教改的影子。因此,在当今的语文课程改革中,教师如果能正确借鉴霍老师的上述经验,并像霍老师那样学会反思,勇于自我否定,积极拓宽学习视野,深化探究,在专业发展上就一定能获得突破。

(六) 离职期: 金针度人,终身学习

1985年,霍老师离职退休。退休后,她一方面扶植教改新秀,总结并传播自己的教育思想和教学经验,指导和帮助农村小学教育改革;另一方面,不断学习,提出许多值得重视的改革思想,如呼吁创新学习,提出"教在今天,想到明天",总结出"十个学会",即学会做人、学会自律、学会学习、学会思考、学会创造、学会审美、学会乐群、学会健身、学会生活、学会劳动。霍老师的这种"活到老,学到老"的精神也值得我们学习。

总之,霍老师的专业发展生涯经历了职前期、入职期、发展期、挫折期、深化期和离职期等阶段。她的每一阶段的学习特点都给我们留下了深刻的启示:作为一名教师,要热爱教育,热爱学生,根据自己在各个发展阶段遇到的不同问题,采取不同的学习方式,有针对性地在教学实践中不断学习,主动探究。只有这样,才能成为一名名副其实的专家型教师。

第三节　新文科背景下语文教师专业发展取向

语文教师专业发展建立在自身的专业素养基础上,这种专业素养的形成需要教师在专业发展过程中遵循特定的发展取向。

一、专业素养是专业取向的基础

语文教师的专业素养，主要由专业理念、专业知识、专业能力三方面构成。语文教师专业理念，体现为语文教师的教育观、教学观、学生观，表现在语文教师的语文教育专业理想、专业态度、专业情操等方面。语文教师的专业知识，是语文教师从事语文教育教学工作所必备的基本知识，包括本体性知识、实践性知识、条件性知识等。语文教师的专业能力，是指语文教师从事语文教育教学工作所必备的语文教育基本技能，包括语文学科能力和语文教育教学能力。

语文教师的学科能力，指以汉语言文学学科的本体性知识为基础，经过语言实践的锤炼形成的高超的国家通用语言文字运用能力。语文教师不仅应当具备这样的语文能力，而且应达到相应程度，符合语文教师专业化水准。

语文教师的教学能力，指以语文学科本体性知识、语文教学实践性知识和教育学领域条件性知识为基础，在语文教学实践中形成的，能正确把握语文课程改革理念，根据语文教材及学生语文学习的具体情况，准确拟定语文教学目标，有效组织语文教学活动，顺利完成语文教学任务的能力。

语文教师的专业理念、专业知识、专业能力三方面专业素养，可以在语文教师专业发展中达成，其达成效率如何，与语文教师专业发展取向有紧密相关。

二、语文教师专业发展取向

语文教师的专业发展，坚持"在一切为了学生发展的时代召唤下，参与课程研制、用教材教、为了每一个学生的发展"[①]，这是语文专业工作三大准则。为达成这三大准则，语文教师专业发展遵循一定的发展取向。具体说来主要有以下三个取向。

（一）理智取向

理智取向的语文教师专业发展，主张语文教师能够根据自身的发展需要，系统地、理性地向专家学习语文学科知识与教育知识。语文教师要进行有效的教学，需要拥有相应的最为基本的语文学科知识和语文教育知识。这些知识当

---

① 王荣生.语文科课程论基础[M].上海：上海教育出版社，2003：390.

然可以通过长期的暗中摸索而获得,但毕竟效率低下。要在较短的时间内明白并解决"什么样的知识对于教学是必要的",向专家请教可能是最为方便的一种路径。例如,语文教育家洪宗礼先生在语文教学改革领域已经创造性地提出语文教育链和双引法,这似乎已经登上了语文教育事业的峰巅;但他发现自己的语文教育事业发展出现了瓶颈,颇有一种"山重水复疑无路"的境地。即便如此,他并没有停滞不前,而是主动向语文教育专家顾黄初先生求教,在顾黄初先生的引领下,洪宗礼先生又积极投身于语文教材编写与研究中,重新打开了一片天地,为我国语文教材建设做出了巨大贡献,可谓是"柳暗花明又一村"。这就是理智取向的魅力。

当然,理智取向的语文教师专业发展,如果有条件,一线教师还可以带着问题走进高校,围绕要解决的问题,专心致志进修一段时间。特别是工作了一段时间以后,面对瓶颈与困惑,教师们可以力争考取语文教育相关专业的硕士或博士研究生,重新走进高校课堂,围绕相关问题,深入系统研讨,在深度学习中深化对语文教育的认识。

(二)实践反思取向

实践反思取向的语文教师专业发展,是指教师能针对自己在语文教学中发现的问题,边实践边反思。具体反思方式有三:一是通过写日记、传记、构想、文献分析等方式进行个体自我反思;二是通过讲故事、信件交流、教师晤谈、参与观察等方式与他人合作反思;三是由一组教师一起围绕目前工作的背景、当前正使用的课程、所坚持的教育理论、过去个人和专业生活等主题,写出自我描述性的文字。在此基础上,教师之间可以进行批判性的评论,促成反思性实践。在语文教学反思中确定语文教学研究方向,通过语文类校本课程开发、教学案例研究、教育叙事、微课题研究和行动研究等,开展语文教学实验,不断验证,不断发现问题;反复进行自主实践,最终解决相关问题,提升自我语文教育专业素养。钱梦龙、黄厚江、曹勇军、李吉林、于永正等语文名师的专业发展就是如此。

实践反思取向的语文教师专业发展,要求教师能有自觉的奋斗意识与不懈执着的进取精神。

(三)生态取向

生态取向的语文教师专业发展,要求教师能够主动利用良好的语文教师专业发展环境;当环境不良时,能够主动积极地创造一个便于自我专业成长的优质环境。教师专业知识和能力的获取、教学策略与风格的形成与改进,很大程度上依赖于"教学文化"或"教师文化"。良好的教学文化氛围,为语文教师的工作提供了意义支持和身份认同,有助于加快专业成长。

生态取向的语文教师专业发展,关注语文教师专业的背景和专业图景中各因素的关系。生态取向下语文教师专业发展最理想的方式,当是一种合作的发展方式,即教师以小组为单位,相互合作确定自己的发展方式。在这种合作的过程中,教师们良性互动,相互帮助,取长补短,相互成就。黄厚江在刚执教阶段就联系三五好友,每周轮流听课,相互批评研讨,创造了一个和谐、进取的小生态环境,为自己和团队的专业发展提供了一个良好路径。

第四节　新文科背景下卓越教师专业发展策略

基础教育阶段学生的发展非常重要,而基础教育的发展关键因素在于教师的发展。基础教育的发展应该是均衡的、高质量的发展,仅靠政策倾斜、经费倾斜带来的一个省市仅几所优质中小学无法完成引领全球科技创新的艰巨任务。几所优质的中小学撑不起优质的基础教育大厦,同样,一所学校仅有一两位卓越教师也撑不起一所学校的整体教育品质。所以仅依靠评出几位人民教育家培养对象,亦或是几位省、市教育名家是远远不够的。教师专业发展必须面向每一位教师,以卓越教师的标准要求每一位教师,以卓越教师的标准关注每一位教师的专业发展,并贯穿于每一位教师的专业发展生涯。

卓越教师的形成,不仅需要采取一定的策略加强职前卓越教师培养,而且需要采取一定的策略加块职后卓越教师的成长。

一、职前卓越教师专业发展策略

我国非常重视卓越教师培养,针对教师培养的薄弱环节和深层次问题,2014 年,教育部印发了《教育部关于实施卓越教师培养计划的意见》;2018 年,教育部印发了《教育部关于实施卓越教师培养计划 2.0 的意见》。这些计划与意见为培养职前卓越教师指明了方向。无论是本科段,还是研究生段,职前教师培养在课程内容、实践教学以及学习方式等方面都应为体现卓越创造条件。

（一）课程内容突出基础性与前沿性

1. 宽基础，打开通识教育新局面

我国教师教育很重视通识教育课程的开设，但由于过于强调实用性，很少开设反映一级学科基本原理的课程，使得学生的视野与格局受到影响。比如，师范院校很少愿意开设哲学、社会学、政治学、文化学、人类学、管理学、逻辑学、经济学、法学、伦理学、历史学、生态学、信息学、美学等课程。这些课程与语文课程密切相关，一方面有助于职前教师解释语文教育现象，深度理解课文内涵；另一方面可以将语文教育与这些课程知识相嫁接，形成新的研究领域，拓宽语文教育视野，如形成语文教育哲学、语文课程社会学、语文教育政治学、语文教育文化学、语文教育人类学、语文教育管理学、语文教育逻辑学、语文教育法学、语文教育伦理学、语文教育生态学、语文教育信息学、语文教育美学等。开设这些课程，意在让职前教师拓宽基础，为后续将之创造性运用于教学提供机缘。因此开设这些课程不必强调知识的系统传授，只需提供基本原理与基本学法，将一门课程定为0.5学分或1学分即可。而原来开设的一些课程或升格改造为一级学科课程，或缩减学分，或推出通识课程。

2. 重前沿，接轨学界最新认识

卓越教师的知识积淀与能力形成，不仅需要宽基础，更需要与学界接轨，将最新的研究成果引入课堂，使卓越教师培养在起点上就与时代发展同步。语言学课程一向是我国的语文职前教师必修的本体课程，这些课程大都重视基础知识，重视知识的传承。但很多知识与理论依然是结构主义语言学的观点，这虽然是必要的，却显然也是不够的。原因在于语言学飞速发展，早已走进功能语言学发展阶段，由静态的结构揭示走向动态的意义建构，由句子为研究单位走向语篇为研究单位。这势必要求语言教学引入语篇学、语用学、语体学、语言风格学、语境学、文体学等前沿理论，以此帮助解决语文教育中的前沿问题。

比如，语境理论作为上述语言学的基础理论，就很有必要引入卓越教师培养中。当教师们理解了语境的概念、特点、类别与功能等内容，能够利用语境理论帮助表达与交流，就能提高自己的语言艺术水准；同时也会意识到在语文教学中运用语境理论的价值与魅力，克服语文教学中存在的一味强调"情境创设"的不良做法。在教育学领域，情境是个通用词，缺少学科特质。在语文教育中，根据当代语言学的基本观点，情境应指语境，即言语交际环境，包括上下文、情景、社会文化、认知、虚拟等语境类型。据此，语文教学首

先要利用好现有语境,如上下文、情景语境、社会文化语境、认知语境。在这些语境类型没有办法解决相关问题的情况下,再根据需要创设虚拟语境。并根据虚拟语境中各种语境因素的联系,得体运用语文知识与技能。这就是说,在语文教学中,真正需要创设情境的场合并不很多,并不需要一窝蜂创设情境。再如,懂点语用学理论,也有助于深入分析相关课文,比如运用称呼语理论评析《我的叔叔于勒》《大堰河——我的保姆》等选文中的称呼语,可能更有助于理解课文。同样,引入叙事学理论帮助解读小说,引入话语理论帮助理解戏剧中人物对话,引入文体理论帮助理解课文内容,会进一步丰富教学内容,将语文教学引向深度学习。

(二) 实践教学强化主体性与实效性

教学实践是培养卓越教师的必经之路,因此强化教学实践是职前卓越教师培养的必然要求。

1. 教学实践突出学生主体性

教学实践的主体是学生,只有学生能够积极意识到自己所担负的使命,并能够为了达成这一使命积极参与教学实践,只有教师反思并改进自己的语文教学实践,语文教师才能最终成长为卓越教师。

职前卓越教师应积极参与校内实践,如积极参与课文鉴赏实践活动、优秀教学视频观赏活动、优秀教学设计与课堂实录还原与评析活动、教案写作与试讲活动等。这些活动是保障语文教师专业发展和成长为卓越教师的基础性实践活动,必须认真参加。

职前卓越教师应积极参与校外实践,如校外见习与实习活动,在见习与实习中认真听课、虚心求教、及时调研、科学设计、用心上课等,通过这些活动掌握日常教学常规,思考课堂教学实现卓越的艺术手段。充分发挥学生的主体性,要求职前教师能够带着一腔激情,真正投入具体的语文教育实践中去,勇于克服种种困难,勤奋刻苦,勤学好思。

2. 教学实践强化实践的实效性

教学实践要关注实践时间的长短,更要关注实践能否取得实效。当前卓越教师的校外实践时间一般要求达到一个学期以上,这为保证实践教学质量提供了方便。但需要注意的是,一些师范院校教条对待,加之中小学实习学校提供上课的机会少,目前的校外实践课基本上流于形式。

（1）分散时间，规划各阶段的实践任务

很多师范院校将实践时间定在大四第七学期一整学期，实践效果极差。原因在于：一是实习所在校给锻炼的机会极少，一般为两节课上课时间；二是本学期正是考研紧张复习阶段，学生无法两头兼顾。而且职前教师在实习中发现的困惑与问题也无法解决，因为无后续课程提供帮助。

一般而言，一方面，我们仍然要保证一个学期的校外实践时间量，另一方面我们可以对此进行改革，一是我们可以化整为零，适当分散实习时间，比如我们可以从大二开始分三学期，每学期分别实习两周时间。大二第一学期，重在听课与调研；大二第二学期、大三第一学期每学期，要求上两节课并进行调研；大三第二学期，再集中实习10周时间，并要求完成一定量的课时教学任务、班主任实习工作与调研任务；大三第二学期，完成一些必修课与微课程学习任务；大四第一学期，完成选修课程学习任务。这样既分散了实习任务，又能避免实习与考研、考编等事情相冲突而导致学生不安心于校外实习的问题。

（2）突出重点，抓住校内实践牛鼻子

校内实践课程多样，包括教师通用职业技能、学科教学技能、教育研习、教育调查、学年论文、毕业论文等。其中重点是抓好课文解读、试讲等。

课文解读能力，是成长为卓越教师的基础，是所有技能中的关键。目前的情况是职前教师的课文解读能力太过低下，以致离开教参就无法授课，因此卓越教师的培养第一步应该是解决课文解读能力问题。解决该问题，离不开学科专业课程老师合力打造解读平台。如中国古代文学、现当代文学、外国文学、文学理论、古代汉语、现代汉语、语言学概论等课程教师倾情努力，督促学生多读经典，指导学生掌握解读方法，监督学生认真学写鉴赏文章。

校内试讲，首先应要求学生阅读并掌握百篇经典课例，一方面注意将经典课堂实录还原为教学设计，感受课堂实录中教师的语言引领艺术；另一方面思考经典设计与实录背后的语文教学思想，做到知其然、知其所以然。其次，引导学生运用所学理论根据课程标准至少设计出10篇以上的试讲稿、说课稿与教案。再次，开展各种类型的试讲活动，注意将集中示范性试讲活动与分散性小组试讲活动相结合，充分发挥微格教室的功能，提高单位时间内试讲效率。最后，做好试讲评析与改进工作。学生试讲完后有讲评，讲评完后要求学生进一步修改试讲稿，并再做试讲与讲评。

(三) 学习方式强化自主、合作与探究

"真正对教学实践产生影响的是教师自己头脑中固有的那种'教学理论',对教师而言,这种'教学理论'是教师自己经过学习和亲身体验自发产生的,而不是专家直接讲授的。专家讲授的教学理论对教学实践的影响是间接的,它至多是为教师内发的那种"教学理论"提供概念基础或思维方式,但它不可能对教学实践产生直接而深刻的意义。外授的教学理论只有转化为教师自己的品格,成为教师生命的一部分,并指导教师自己日常的言论和行为时,才会产生指导实践、改造实践的作用。"①一味地依靠课堂教师讲授来学习语文教育理论的效果寥寥,要想真正提高职前教师的语文教育能力,主要还是依靠教师自身的努力。卓越教师的培养,关键在于学习方式的转变,需要由接受性学习转变为自主学习、合作学习与探究性学习。

1. 自主学习

职前教师要有计划、有目的地安排好自己分阶段的学习任务。首先,职前教师要将教材通读一遍,并思考:教材讲得有理吗?对指导教学实践有用吗?其次,职前教师要适当读一些教育名著,比如,不妨读一读施良方的《课程理论——课程的基础、原理与问题》,施良方和崔允漷主编的《教学理论:课堂教学的原理、策略与研究》;要了解语文教育研究情况,不妨读一读叶圣陶的《叶圣陶语文教育论集》、王荣生的《语文科课程论基础》、李海林的《言语教学论》等;还可以大量阅读一些语文教育名家的课堂实录和教学经验谈,如钱梦龙的《钱梦龙经典课例品读》等。此外,还不妨看一些语文专业期刊,语文教学方面的,如《语文建设》《中学语文教学》《语文教学通讯》,以及中国人民大学复印报刊资料《高中语文教与学》《初中语文教与学》等。在实践上,职前教师要严格要求自己,要亲自动手,主动地分析教材、观看教学实录、到中小学听课并积极参加有关模拟实习活动,在此基础上认真反思自己的教学行为和当前语文教学现状。

在学习过程中,职前教师要有意识地根据自己的计划适时调整学习内容,并根据需要适时调控自我的学习进展与学习态度。

2. 合作学习

"独学而无友,则孤陋而寡闻。"(《礼记·学记》)学习过程中,职前教师可以

---

① 施良方,崔允漷.教学理论:课堂教学的原理、策略与研究[M].上海:华东师范大学出版社,1999:前言3.

三五好友结为学习小组,相互鼓励,相互提醒,相互质疑,相互帮忙,力争在有分工、有目的的学习进程中提升学习效率;并在专业成长的过程中,不断调整小组学习任务甚至多管齐下,如:啃教材、练习"三字一话"、训练教学技能、模拟教学等。

3. 探究性学习

做法是:发现问题,围绕专题,翻阅资料,形成假设,在理论探索中加深认识,在自主的教学实践中验证并纠正观点,通过种种发表途径交流思想,丰富自身认识。在语文教育领域中,存在的问题很多,人们对相关观点的看法也很多。如何对待这些问题与看法?盲从或熟视无睹显然是不妥当的。特别在当代语文教育发展中,针对理论与现实中存在的问题,只要做有心人,就可以选择某一专题,进行深入探索。例如,语文学习任务群的概念、特点、实施策略、教学路径等,都有很多争议。究竟哪一个是正确的,抑或全都是错误的?正确的看法与做法究竟是什么?这些都值得职前教师深度探索,为成长为富有创造性和个性的卓越语文教师奠定基础。

当然,这里强调自主、合作、探究性学习方式,绝非要否定有意义的接受性学习。事实上,在校学习期间,在教师指导下有计划、系统地进行接受性学习,仍然是一条捷径。因此,职前教师需要在教师指导下认真读懂、读透一套语文课程与教学理论,选择性地阅读一些经典的语文教育名著,可能会少走一些弯路,使自己更早地成为一名卓越教师。

二、职后卓越教师专业发展策略

如果说职前卓越教师的专业发展重在基础性、全面性,那么职后卓越教师的专业发展就要注重高端化、特质化与个性化。职后教师可以根据自己的成长状况,扬长补短。"扬长"就是要发挥自身的优势,将其做大、做强,成为某一方面的专家能手;"补短",就是根据社会发展的需要,查漏补缺,积极完善自我,成为具有坚定信仰、高尚品德、优越教才的卓越教师。

(一) 积极参与各类研修学习

职后教师根据自己的成长需要,准确定位自己的发展需求,积极参与相关研修学习,尤其是各级各类体系化的研修系统学习。

职后教师经过1~3年的执教,会逐步认识到自己的成长方向,会发现自己在教学中存在的问题,需要带着问题思考自己的突破口,将自己碎片化的认识系统化、专业化。而各级各类的教师发展学院、研训中心、名师工作室、研究所,再加上高校系统的硕博研究生培养体系,可以多方面满足职后教师的发展需求。如:一位教师需要全面掌握于永正的"儿童的语文"教育思想的实质,可以主动地参与江苏省于永正语文教学研究所相关的学习研讨活动;如果想正确理解"情境创设"的奥妙,可以主动参加江苏省李吉林情境教育研究所的学习研讨活动;如果想系统提升自己的理论素养,可以考研究生,参加硕士、博士阶段的学习活动,沉浸在系统的理论学习之中。

  体系化的研修系统学习有助于卓越教师建构完整的认知结构,全面、系统、深刻地构建自我知识结构,使自己成长为德才兼备型卓越教师。在这一发展过程中,教师可以通过"滚绣球"的方式,拓展自己的成长空间。如教师在学习语境教学理论时,可以先系统学习语境学理论;根据上下文包括语体、风格、文体等知识,进一步学习语体学、语言风格学、文体学以及语篇学理论;在此基础上进一步学习语用学理论,能够运用语用分析、语篇分析、语境解读理论分析课文;运用语境理论分析教学设计、课堂实录及考试命题;再学习语境教学理论,学会根据语境教学理论进行教学设计,开展课堂教学与教学评价。根据自我发展需要,教师可以进一步研讨语境课程、语境教材理论。如此,通过"滚绣球"的方式,由小及大、系统地把握语境教育理论。

  另外,学习教育理论重要的路径策略之一,就是通过主动参与各级各类相关的体系化研修。这种体系化的研修,一般而言,系统高效,有助于教师在最短的时间内掌握相关知识与实践技能。当然,参加相关的各级各类体系化研修,是自主确立而非盲目参与的。职后教师要根据自己的爱好与需求,了解各类培训的主题与内容,了解各类培养单位专家学者的研究方向与特长,自主选择符合自我成长需要的相关培训机构与培训类型。

(二) 充分利用网络资源自主研修

  职后卓越教师的成长说到底是自己的事情,需要做到自主研修。在非信息时代抑或信息时代尚不发达的时间段里,一些教师之所以能成长为卓越教师甚至教育家,其主要原因就在于能做到自主研修,能根据自己的发展需要主动自学,甚至于能够有计划地自学。如,中师毕业后,李吉林就系统自学了中文本科教材。迨至 20 世纪 70 年代末起,李吉林在不同阶段自学不同的内容,推动情境教学改革:由情境教学法到情境教学,到情境教育,再到情境课程、情境学习等不同发展阶段。当然,由于信息不畅,李吉林的自主研修不可能系统、连贯,存在着断续现象,因而其情境教育思想,不可能自一开始就显得那么连贯完整,只能随着教育热点不断出现,逐步完善自我理论体系。

而今则不同,信息社会高度发达,网络资源十分丰富。职后卓越教师可以充分利用线上资源进行有针对性的系统学习。比如,在立德树人背景下,语文课程目标以提升学生的语文核心素养为课程取向,希望提升学生的语言运用、思维发展、审美创造以及文化自信等方面的素养。但由于高师课程设置等原因,职后教师在课程理论、当代语言学、美学、逻辑学、文化学等方面的修养有所欠缺,致使教师们想在提升学生的语文核心素养方面着力而力有不逮。这就需要教师们完善这些课程方面的自主学习。要比较迅速地提升这些素养,省时省事省力的方法可能就是利用网络资源。如登录"爱课程"网络资源共享课,跟着国内一流学者学习。要了解语文学科前沿研究信息,可以登录中国期刊网、维普网、中国人民大学复印报刊资料网等网站,及时了解相关领域研究情况。职后教师还可以通过一些研究单位组织的高质量的线上讲座、学术会议而学习。如教师们可以参加中国教育学会的小学或中学语文教学专业委员会所组织的腾讯会议讲学直播学习活动。利用网络资源学习要取得更好的效果,还需要进行混合式学习,注意将线上学习与线下学习结合起来。

(三) 以课堂教学实践带动专业发展全面提升

职后教师专业发展需要通过课堂教学实践将教育信念化为实际行动,以课堂教学实践带动专业发展全面提升,展现自己的人格魅力与教学魅力,实现自己的教育理想。

卓越教师要善于通过行动研究落实自己的思考,验证自己的认识,完善自己的教学行为。如余党绪坚持十余年开展批判性阅读指导,提升学生的思辨性阅读能力;吴泓执着开展专题学习研究与实验,终使语文专题学习落地开花;窦桂梅长期进行语文主题教学实践,使语文主题教学蔚为大观。卓越教师的成长经验表明课堂教学实践可以带动自己的专业发展获得全面提升。

职后卓越教师在专业发展过程中,善于学习前沿的语文教育理论来武装自己,如学习语篇教学理论、语用教学理论、语境教学理论、交际语境教学理论等等。这些教学理论从理论论证的角度而言,都是合理的,可以成立的,但是从教学实践角度而言,毕竟没有系统的、完整的实验依据,因而究竟可行与否,在什么情况下可行,需要什么样的条件才可行,都需要通过教学实践加以验证。职后卓越教师专业成长得天独厚的条件之一就是已经从事课堂教学实践,可以通过制定实验方案有计划地大胆实验,通过实验摆脱盲从,验证理论,丰富理论,发展自我。

别人的经验也需要在实践中将其转化为自己的专业成长因子。职后卓越教师加快专业成长的路径之一就是学习名师经验,模仿名师实践。"不会过日子看邻居"形象地说明了这一点。因此,职后卓越教师的专业成长不妨大量阅读名师的经典案例,学习其中的经验。如阅读于漪、钱梦龙、魏书生、李吉林等名师的课堂实录与经验介绍,有意识地分析其中的做法,适当地加以模仿,有助于加速自我专业成长。当然,学习这些名师的经验不是生搬硬套、亦步亦趋地挪用,而是要采取正确的方法。

比如,可以采用"实录还原法",把课堂实录还原成教学设计,再将教学设计还原为实录。具体做法是:教师整体观照课堂实录,条分缕析课堂实录,先将课堂实录还原成教学设计,然后进一步把教学设计还原为教学理念。这是第一个来回。第二个来回中,把该理念扩充为该课的教学设计,把教学设计再恢复为教学实录。在这两个来回中思考,咀嚼别人怎么开展教学实践的[①]。也可以采用"情境填空法",在观看相关课堂实录时,根据需要停下来,把自己想象成该课例的上课教师,思考如何处理的相关做法,再回过头来观看课堂实录中的相关做法,比较自己的做法与课例中老师的做法的优缺点[②]。这两种分析课堂实录的方法,运用了虚拟语境法和联系上下文法,能够设身处地把自己想象成原教学实录的执教者,思考人家如何确定教学理念,如何将教学理念落实为教学设计,将教学设计转化为课堂行为,还原该教师在课堂上如何处理相关难题。这两种方法对职后卓越教师起步阶段的专业成长,能够起到很好的引领作用。除此,更重要的是要思考名师教学背后的理念与教学方法。

卓越教师需要通过自己的课堂教学实践积累形成自己的教育经验,通过不断的反思、实践,形成自己的教育思想,成就学生,成就自我,成就新一代正在成长中的老师。

---

① 王崧舟.诗意语文:王崧舟语文教育七讲[M].上海:华东师范大学出版社,2008:35-36.
② 王崧舟.诗意语文:王崧舟语文教育七讲[M].上海:华东师范大学出版社,2008:36-37.

参考文献

一、著作类

[1] 解慧明.大概念大单元教学[M].北京:中国人民大学出版社,2022.

[2] 夏甘霖.新文科背景下的语言文化研究和教育教学思考[M].上海:上海社会科学院出版社,2022.

[3] 赵谦翔.绿色语文 诗意课堂:赵谦翔绿色语文12例[M].北京:开明出版社,2021.

[4] 田树林,刘强.项目式学习的教学研究与实践[M].北京:光明日报出版社,2021.

[5] 唐旭光.深入实施"四个育人",彰显本科人才培养特色:云南大学本科教育改革与创新优秀论文集[M].昆明:云南大学出版社,2020.

[6] 张悦,将文杰.群·课堂:高中语文学习任务群教学设计:任务三 跨媒介阅读与交流[M].杭州:浙江教育出版社,2020.

[7] 孟亦萍.语文大单元教学的设计与实践[M].南京:江苏凤凰教育出版社,2019.

[8] 刘邦奇.智慧课堂[M].2版.北京:北京师范大学出版社,2019.

[9] 汤普森.支架式教学:培养学生独立学习能力[M].王牧华,等译.重庆:西南师范大学出版社,2019.

[10] 邓彤.微型化写作教学研究[M].上海:上海教育出版社,2018.

[11] 伯格曼.翻转课堂与深度学习[M].杨洋,译.北京:中国青年出版社,2018.

[12] 柯清超.超越与变革:翻转课堂与项目学习[M].北京:高等教育出版社,2016.

[13] 荣维东.交际语境写作[M].北京:语文出版社,2016.

[14] 王荣生.写作教学教什么[M].上海:华东师范大学出版社,2014.

[15] 胡惠闵,王建军.教师专业发展[M].上海:华东师范大学出版社,2014.

[16] 艾利斯.开始写吧:非虚构文学创作[M].刁克利,等译.北京:中国人民大学出版社,2011.

[17] 宋君贤.高中语文读本新闻阅读与实践[M].北京:北京教育出版社,2010.

[18] 何克抗,李文光.教育技术学[M].2版.北京:北京师范大学出版社,2009.

[19] 艾德勒,范多伦.如何阅读一本书[M].郝明义,朱衣,译.北京:商务印书馆,2004.

[20] 富兰.变革的力量:透视教育改革[M].北京:教育科学出版社,2000.

二、期刊类

[1] 刘复兴,李清煜.关于新时代基础教育改革的几点思考[J].当代教育科学,2022(12):3-8,30.

[2] 吴岩.国际共识 中国创新:准确把握新时代高等教育发展的着力点[J].中国高教研究,2022(8):7-10,23.

[3] 吴岩.深化"四新"建设走好人才自主培养之路[J].重庆高教研究,2022(3):3-13.

[4] 吴文妹.智慧课堂 智慧校园 智慧环境:新时期智慧教育发展的阶段性及其建设[J].教育理论与实践,2021(25):33-37.

[5] 朱文辉,许佳美.新文科建设:背景解析、要义分析与路径探析[J].黑龙江高教研究,2021(11):1-6.

[6] 刘三女牙,孙建文.人工智能时代的课堂创变:解构与重构[J].国家教育行政学院学报,2021(9):16-22.

[7] 夏家顺.立德树人任务下的语文教学评价特质[J].语文建设,2021(9):50-53.

[8] 王丽华,刘炜.助力与借力:数字人文与新文科建设[J].南京社会科学,2021(7):130-138.

[9] 吕林海.中国大学"新文科教育"建设:价值蕴意、核心内涵与实践路径[J].大学教育科学,2021(5):49-59.

[10] 蔡苏,焦新月,杨阳,等.5G环境下的多模态智慧课堂实践[J].现代远程教育研究,2021(5):103-112.

[11] 蔡基刚.学科交叉:新文科背景下的新外语构建和学科体系探索[J].东北师大学报(哲学社会科学版),2021(3):14-19,26.

[12] 叶丽新,张春雷.深化语文教育信息化发展的多维思考[J].中学语文教学,2021(3):4-7.

[13] 张雷生,魏莲莲,袁红爽,等.我国新文科建设研究现状与未来趋势瞻望[J].新文科教育研究,2021(2):39-55,142.

[14] 熊澄宇.关于新文科建设及学科融合的相关思考[J].上海交通大学学报(哲学社会科学版),2021(2):22-26.

[15] 龙宝新.中国新文科的时代内涵与建设路向[J].南京社会科学,2021(1):135-143.

[16] 权培培,段禹,崔延强.文科之"新"与文科之"道":关于新文科建设的思考[J].重庆大学

学报(社会科学版),2021(1):280-290.

[17] 马骁,李雪,孙晓东.新文科建设:瓶颈问题与破解之策[J].中国大学教学,2021(Z1):21-25,34.

[18] 崔延强,段禹.新文科究竟"新"在何处:基于对人文社会科学发展史的考察[J].大学教育科学,2021(1):36-43.

[19] 齐卫,王文青.项目式教学过程与效果评价[J].河北师范大学学报(教育科学版),2020(6):119-121.

[20] 樊丽明."新文科":时代需求与建设重点[J].中国大学教学,2020(5):4-8.

[21] 黄志芳,周瑞婕,万力勇.混合学习环境下交互式课堂生态系统设计及实证研究[J].电化教育研究,2020(4):78-85.

[22] 宁琦.社会需求与新文科建设的核心任务[J].上海交通大学学报(哲学社会科学版),2020(2):13-17.

[23] 唐衍军,蒋翠珍.跨界融合:新时代新文科人才培养的新进路[J].当代教育科学,2020(2):71-74.

[24] 刘曙光.新文科与思维方式、学术创新[J].上海交通大学学报(哲学社会科学版),2020(2):18-22,34.

[25] 陈跃红.新文科:智能时代的人文处境与历史机遇[J].探索与争鸣,2020(1):11-13.

[26] 李文辉.面向未来的课程:机遇与挑战:基础教育课程改革与创新国际研讨会综述[J].基础教育课程,2020(1):6-15.

[27] 陈凡,何俊.新文科:本质、内涵和建设思路[J].杭州师范大学学报(社会科学版),2020(1):7-11.

[28] 崔允漷,雷浩.中国基础教育课程改革的70年历程:从规范为先的教学体系到育人为本的课程制度[J].人民教育,2019(22):50-52.

[29] 陆志平.语文大单元教学的追求[J].语文建设,2019(11):4-7.

[30] 王本华,朱于国.以立德树人为根本,以核心素养为依归,建设符合新时代需要的高中语文教材[J].课程·教材·教法,2019(10):10-18.

[31] 叶宜宜.基于支架式教学的思维发展与提升核心素养研究分析[J].文学教育(上),2019(8):180-181.

[32] 杨伟.语文核心素养概念的背景、意义与理论资源:论《普通高中语文课程标准(2017年版)》的创新[J].课程·教材·教法,2019(7):99-105.

[33] 赵永生,刘磊,赵春梅.高阶思维能力与项目式教学[J].高等工程教育研究,2019(6):145-148,179.

[34] 王兆璟.新文科建设与教育学的时代变革[J].西北师大学报(社会科学版),2019(5):

31-35.

[35] 崔允漷.学科核心素养呼唤大单元教学设计[J].上海教育科研,2019(4)：1.

[36] 吴丽华.基于核心素养培养的语文教学探究：问题、策略与路径[J].教育理论与实践, 2018(32)：43-45.

[37] 王慧勤.道技和合：信息化推变下语文教学的智性选择[J].语文建设,2018(21)： 72-74.

[38] 袁爱国.基于任务型学习的群文阅读:《新闻阅读》教学设计[J].中学语文教学,2017 (9)：65-70.

[39] 叶丽新."互联网＋语文"的思考路径与实践空间[J].中学语文教学,2017(7)：4-8.

[40] 胡红杏.项目式学习：培养学生核心素养的课堂教学活动[J].兰州大学学报(社会科学版),2017(6)：165-172.

[41] 杨向东.核心素养与我国基础教育课程改革的关系[J].人民教育,2016(19)：19-22.

[42] 左璜.基础教育课程改革的国际趋势：走向核心素养为本[J].课程·教材·教法,2016 (2)：39-46.

[43] 张华.核心素养与我国基础教育课程改革"再出发"[J].华东师范大学学报(教育科学版),2016(1)：7-9.

[44] 韩旭,王家伦.翻转课堂,能服语文教学的"水土"吗[J].中学语文教学,2016(1)： 11-13.

[45] 祝智庭.智慧教育新发展：从翻转课堂到智慧课堂及智慧学习空间[J].开放教育研究, 2016(1)：18-26,49.

[46] 倪文锦.语文课堂教学评价：评什么[J].语文建设,2015(28)：4-8.

[47] 段增勇.语文课堂教学评价当重内在理路[J].语文建设,2015(28)：15-18.

[48] 戴晓娥.整合视野下信息技术与语文教学深度融合的实践探索[J].中国电化教育,2015 (3)：110-114.

[49] 刘晓慧.支架式教学模式在语文教学中的应用[J].文学教育(上),2010(9)：46.

[50] 王海珊.教与学的有效互动：简析支架式教学[J].福建师范大学学报(哲学社会科学版),2005(1)：140-143.

三、硕博论文类

[1] 蒲小燕.跨学科视域下的高中整本书阅读教学：以司马迁《史记》为例[D].重庆：西南大学,2022.

[2] 王国庆.智慧校园环境下的教师信息素养发展行动研究：以南京市×小学为例[D].上海：华东师范大学,2022.

[3] 田轲.翻转课堂在高中语文阅读教学中的应用研究[D].武汉：华中师范大学,2022.

[4] 杨晓雪."跨媒介阅读与交流"学习任务群教学研究[D].重庆：西南大学,2021.

[5] 曾巧凤.中学教师专业发展需求与培训支持研究：基于×市的调查分析[D].上海：华东师范大学,2020.

[6] 毛彩霞.智慧课堂教学模式在初中语文课堂上的应用研究[D].武汉：华中师范大学,2020.

[7] 于甜.基于逆向设计理论的小学语文大单元教学设计优化研究[D].武汉：华中师范大学,2020.

[8] 徐瑶.初中整本书阅读阶梯式指导研究[D].芜湖：安徽师范大学,2019.

[9] 朱嫣洁.教育信息化背景下智慧课堂的教学效果研究[D].上海：华东师范大学,2019.

[10] 张丽娟.项目式学习在小学语文阅读教学中的应用研究[D].成都：四川师范大学,2018.

[11] 黎灵.基于项目式学习的初中文言文教学探究[D].昆明：云南师范大学,2018.

[12] 徐嘉乐.基于翻转课堂的小学低段语文综合性学习微课设计与实践[D].上海：华东师范大学,2017.

[13] 陈婷."互联网+教育"背景下智慧课堂教学模式设计与应用研究[D].徐州：江苏师范大学,2017.

[14] 张锦枫.支架式教学理论在高中古诗文教学中的应用研究[D].西安：陕西师范大学,2016.

[15] 刘荣文.高中语文新闻阅读教学的新思考[D].福州：福建师范大学,2008.

四、标准（文件）类

[1] 中华人民共和国教育部.普通高中语文课程标准(2017年版2020年修订)[S].北京：人民教育出版社,2020.

[2] 中华人民共和国教育部.义务教育语文课程标准(2022年版)[S].北京：北京师范大学出版社,2022.

[3] 中华人民共和国教育部.新文科建设工作会在山东大学召开[EB/OL].(2020-11-03)[2022-10-30].http://www.moc.gov.cn/jyb_xwfb/gzdt_gzdt/s5987/202011/t20201103_498067.html.